Winter
**Currys für Connaisseure**

Frank Winter

**Currys für Connaisseure**

Schottland-Krimi mit Rezepten

Haftungsausschluss: Die Rezepte dieses Buchs wurden von Verlag und Herausgeber sorgfältig erwogen und geprüft. Dennoch kann eine Garantie nicht übernommen werden. Die Haftung des Verlags bzw. des Herausgebers für Personen-, Sach- und Vermögensschäden ist ausgeschlossen.

Frank Winter kennt Schottland und insbe sondere den Schauplatz seiner Krimis, Edinburgh, wie seine Westentasche, Immer wieder zieht es ihn in die urwüchsige schottische Landschaft, seine historischen Städte und zu den geheimnisvollen Seen.

Gleich seinem Helden Angus MacDonald setzt er sich für die Küche des Landes ein. Sein Buch »Schottisch kochen« (erschienen im Verlag Die Werkstatt, 2014) wurde von der Gastronomischen Akademie Deutschlands mit einer Silbermedaille ausgezeichnet.

© 2016 Oktober Verlag, Roland Tauber
Am Hawerkamp 31, 48155 Münster
www.oktoberverlag.de

2. Auflage

Alle Rechte vorbehalten
Satz und Umschlag: Thorsten Hartmann unter Verwendung eines Fotos von Lilechka75 / Getty Images

Rezepte: Frank Winter
Gedruckt in der EU.

ISBN: 978-3-946938-34-7

# Inhalt

Die Personen ........................................................................................ 7
Ein seltsames Paar .............................................................................. 11
Signor Vitiello und der Engpass ......................................................... 19
Breakfast de Luxe ............................................................................... 35
Hausgemachte Probleme ................................................................... 49
Kulinarisches Rendezvous ................................................................. 63
Dabbawallahs in Edinburgh ............................................................... 79
Spukt es noch? ................................................................................... 93
Indisches Flair in der Villa Buongiorno ............................................. 111
Eine Kuh zuviel! ................................................................................ 135
Unerwarteter Hausbesuch ............................................................... 159
Scottish Country Dance .................................................................... 177
Hunderttausend Frühstückseier ....................................................... 195
Angus MacDonald will einfach nur seine Ruhe! .............................. 215
Wie alles endet ................................................................................. 233
Rezepte ............................................................................................. 251
    Currys etc. ................................................................................. 253
    Beilagen ..................................................................................... 269
    Getränke .................................................................................... 283
Glossar schottischer, britischer wie auch indischer Begriffe .......... 289
»Popping out for a Curry!« – Indisches Essen in Großbritannien ... 297

# Die Personen

**Angus Thinnson MacDonald**
Gleich zwei Damen wohnen beim Junggesellen und könnten unterschiedlicher nicht sein. Ein geordnetes Leben gerät aus der Form …

**Alberto Vitiello**
sucht verzweifelt einen Klempner. Um sich etwas zu zerstreuen, hilft er Freund Angus beim Ermitteln. Bis ein Gespenst in seinem Guest House auftaucht …

**Miss Armour, geborene Reid**
Die eisenharte Diplom-Ökotrophologin beißt sich an ihrem Zögling Angus Thinnson MacDonald fast die Zähne aus.

**Thomasina Armour**
Miss Armours Tochter entwickelt eine interessante kulinarische Geschäftsidee und bezirzt MacDonald, ihr zu helfen.

**Aadi Panicker**
Der erfolgreiche, indische Geschäftsmann nimmt zögerlich MacDonalds Hilfe in Anspruch und macht seltsame Kapriolen.

**Mrs Panicker**
Sie steht unverdient im Schatten ihres Ehemannes, scheint es aber mit Fassung zu tragen.

**Devasree Panicker**
Die bildhübsche, junge Frau hat einen starken Willen und konnte sich bislang noch immer durchsetzen.

**Doktor Kaphi, Psychoanalytiker und Ayurveda-Berater**
Er ist allen Panickers irgendwie bekannt. Doch auf wessen Seite steht er?

**Finlay Edgar**
Handelt es sich um Thomasinas Freund oder Devasree Panickers Verlobten? Mit dieser Frage verbringt Angus MacDonald unruhige Stunden.

**Dougal Dinwiddie**
Mister Dinwiddie, ein neuer, alter Gast im Hause Vitiello, hat lange in Indien gelebt.

**Malcolm MacDonald**
Angus' Vater findet neben dem Whiskytrinken im Sammeln von schottischen Redensarten eine weitere Beschäftigung und natürlich greift er den beiden Detektiven wieder gerne unter die Arme!

**Dr. Karen Miller**
MacDonalds Leibärztin hält sich auch während seines neuen Falls fern und nimmt so fast gespensterhafte Züge an.

**Sir Robert**
MacDonalds furchsroter Kater hat sich zwischen den beiden Armour-Damen entschieden: Die Mutter hasst er und die Tochter ist sein Liebling.

... sowie weitere Personen in Edinburgh.

*»Beefsteaks an porter is guid belly mortar.«*

Essen und Trinken hält Leib und Seele zusammen.

# Ein seltsames Paar

Aadi Panicker saß auf seiner liebsten Bank in *South Queensferrys* Hafen, heftig atmend. Er war ein großer Mann mit prominenter Nase und dünnen Lippen. Kohlrabenschwarze Haare ließen den Schluss zu, dass er aus Indien stammte, auch sein dunkler Teint, dem schottischen Wetter trotzend. Von diesen Merkmalen abgesehen, wirkte er sehr britisch: Zweireiher, weißes Hemd und distinguiertes Benehmen. Die Papageien-Krawatte wiederum schien all das zu belächeln. Mister Panicker liebte den ehemaligen Fischereihafen, der nur noch von Hobbyseglern genutzt wurde. *Robert Stevenson*, Großvater des berühmten Schriftstellers, hatte den Anlegeplatz mit John Rennie zwischen 1809 und 1818 neu konstruiert. Die Stevensons waren angesehene Ingenieure und bauten die meisten Leuchttürme Schottlands. Nur Robert Louis schlug mit seinen Büchern aus der Art. Doch würdigte er die Verwandten mit dem Ausspruch: »Wann immer ich Salzwasser rieche, bin ich dem Werk meiner Vorfahren nahe.« Wo aber waren seine Ahnen, wenn er Rat benötigte? Nicht in der Nähe! Auch mit dem Stolz South Queensferrys war es eines Tages zu Ende gegangen. Er konnte sich noch gut an die Empörung der Bürger im Jahr seiner Ankunft, 1975, erinnern. Über Jahrhunderte hinweg war das Städtchen autonom gewesen, betrachtete sich höchstens als Teil West Lothians. Bis diese arroganten Edinburgher kamen und uns eingemeindeten! Wo wären sie denn ohne die beiden Brücken, den famosen Eisenbahnübergang, hier von fast jedem Punkt zu sehen, und die Autobrücke im Hintergrund, ein weiteres Beispiel schottischer Ingenieurskunst? Bald würden sie Gesellschaft bekommen. Eine zweite Brücke für Pkws und Lastwagen baute man bereits: Am Anblick der gewaltigen Stützpfeiler, die ins Meer gestemmt wurden, konnte er sich nicht sattsehen. Regen, Sturm und klirrende Kälte machten alles noch beeindruckender. Brooklyn

Bridge, Golden Gate Bridge und wie sie alle hießen, konnten mit dieser Skyline nicht mithalten. Solange man nichts Essbares bei sich hatte, ließen die Möwen einen sogar unbehelligt! Die Angelegenheit war ein gewaltiges *Musibat*! Ja, ja, ein Musibat! Was mochte die Ursache sein? Hatte er sich in einem vergangenen Leben eines Verbrechens schuldig gemacht? Oder kämpfte er gegen irdische Plagen, kam bald sein Ende? Andächtig zog er ein Gläschen aus dem Jackett und liebkoste es.

»Wir sind immer noch auf dem Weg zum ernährungswissenschaftlichen Fachbereich der Universität!«, verkündete Miss Armour, ihren Stechschritt nicht ein Jota verlangsamend.

Für Angus Thinnson MacDonald war es eine allzu bittere Tatsache, dass ihm die Diplom-Ökotrophologin wie ein Mühlstein am Hals hing. »Ich erkundigte mich nur, weil wir bereits zum zweiten Mal an der *Quarter Mile* entlangschritten. So schön sie auch ist ...«

»Drei Worte: Bewegung, Bewegung und Bewegung.«

»Das ist immer das gleiche Wort, werte Miss Armour und ...«

»Genug geplappert! Jetzt verbrennen wir Kalorien.«

Welcher Erwachsene ließ sich gerne den Mund verbieten?, dachte MacDonald. Er jedenfalls nicht! Grotesk war es, dass sie solche Wüstheiten ausstieß und den Mund kaum öffnete. Die Beine bewegten sich, doch die Arme klebten am Oberkörper, welcher in einem blauen Polyacrylpullover steckte. Schuld an allem war Karen Miller, seine ... sehr gute Bekannte und Hausärztin, in Großbritannien als GP, General Practioner, bekannt. Immer wieder riet sie zum Abnehmen. Bar sichtbaren Erfolges, war ihm die Armour erneut einquartiert worden, und zu seiner Buße gehörte der heutige Termin. Sie hatte das Büro wohl aus Nervosität zwei Mal passiert, wollte sich im Gehen beruhigen. Selbstverständlich würde Miss Armour das niemals zugeben, denn jemand, der sich gesund ernährte, glich einem Wunder und konnte nur von Fledermaus-Batman übertroffen werden. Er öffnete den untersten Knopf seines Harris-Tweed-Jacketts, weil der Oktober sich in den letzten Tagen frühlingshaft gerierte.

»Obacht!«, blaffte sie ihn an. »Was genau besprachen Sie mit den Waddells?«

»Die … äh … Waddells?«, erkundigte er sich unschuldig.

»Leiter der ernährungswissenschaftlichen Forschungsgruppe!«

»Sind es Brüder?«

»Nein! Mann und Frau! Sie führten doch eine Unterredung?!«

»In der Tat. Nur an den Namen der Herrschaften konnte ich mich nicht mehr erinnern. Man erwartet uns um zehn Uhr.«

»Schweigen!« Miss Armour hob den rechten Polyacrylärmel in die Luft, derweil der linke nach dem mobilen Telefon fischte. Doch so flink war sie nicht. Das Läuten brach ab. »Thomasinas Nummer! Ich rufe kurz zurück.«

MacDonald nickte verständig. »Unbedingt! Wir sollten wissen, was los ist.«

Thomasina war mit ihrer Mutter eingezogen. Obwohl er nicht um Erlaubnis gebeten wurde, hatte er gegen eine derart liebreizende, junge Dame natürlich nichts einzuwenden. Am Abend zuvor wollte sie ihn um detektivischen Rat angehen, brachte die Sprache schüchtern auf sein neues Buchprojekt »Currys für Connaisseure«. Wie ihre Sache mit der Kulinarik verquickt war, schien noch nicht klar, denn nur solche Fälle übernahm er und als er nachfragte, wehrte sie ab. Miss Armour wählte die eingespeicherte Nummer und schüttelte den Kopf. »Nimmt nicht ab! Es wird alles in Ordnung sein!« Träten Worte als Kanonenschläge auf, wäre er an diesem Vormittag mehrfach zermalmt worden. »Kommen Sie oder halten wir Maulaffen feil?«, fragte sie, ohne sich umzudrehen.

»Immer mit der Ruhe.«

»Achtung!« Erneut läutete ihr Telefon. Einmal, zweimal, Schluss. »*Shite*!«

»Miss Armour! Ich kann vieles ertragen. Doch Kraftausdrücke sparen Sie sich besser für Kreaturen, die sie zu schätzen wissen!«

»Irgendetwas stimmt nicht. Doch wir gehen weiter.«

»Ihre Frau Tochter …?«, erwiderte MacDonald weitaus milder.

»Später, später. Kommen Sie jetzt. Die Waddells hassen Unpünktlichkeit.«

»Wer tut das nicht? Aber machen Sie sich keine Sorgen. Es wird schon klappen.«

»Pah, Sie haben gut reden mit Ihren Artikeln, Bestsellern und Fernsehsendungen!«

»Arbeit schändet nicht, Gnädigste«, antwortete er indigniert.

Es kam selten vor, doch Miss Armour gab keine Widerrede. Zu ihrem Glück! Sonst hätte er sie alleine zu dem Gespräch wandern lassen. Sorgen musste sie sich keine machen, denn er, Angus MacDonald, hatte alles arrangiert. Auf die Nase binden würde er es ihr nicht, denn womöglich lehnte sie ab und Thomasina zog aus. Also gingen sie gemeinsam weiter und als er kaum noch damit rechnete, standen sie vor dem Gebäude. Ein Herr in mittleren Jahren, sehr wahrscheinlich der Hausmeister, hielt ihnen die Tür auf und nickte ihm ironisch zu. Unerhört! Wie konnte er annehmen, dass die Armour seine Bekanntschaft war!

»Vierter Stock!«, sagte sie bellend und eilte zu den Treppen.

»Wir nehmen besser den Aufzug.«

»Bewegung ist …«

»Danke für die Durchsage. Sie erinnern sich, dass ich kein Waldläufer bin, ja?«

»Stimmt allerdings. Los, einsteigen.« Armour drückte den Knopf mit der Nummer vier. Der Aufzug startete raketenhaft, die Anzeige erlosch und sie blieben stecken. »Hülfe! Zu Hülfe!«, schrie die Ernährungsberaterin jämmerlich und trommelte die Fäuste gegen die Tür.

»Sicherlich streikt die Kabine auch bei anderen Nutzern hin und wieder. Sie müssen es nicht persönlich nehmen.«

»Mensch, wir haben einen Termin!«

»Ich weiß«, erwiderte er stirnrunzelnd, »und deswegen sollen Sie sich zügeln. Ein erhitztes Gemüt ist jeder Präsentation abträglich.« Er suchte in seiner Aktenmappe nach Notizbuch und Kugelschreiber.

Miss Armour stemmte die Arme in die Flanken. »Was machen Sie da?«

»Notizen, Miss Armour.«

»Wie können Sie in dieser Situation an Essen denken?!«

»Ein neuer Bestseller, wie Sie es so drollig bezeichneten, schreibt sich kaum von alleine, gnädige Frau. Schon gar nicht, wenn das Thema ›Currys für Connaisseure‹ ist.«

»Ich dachte, Sie wollen meine Bewerbung unterstützen?«

»Miss Armour! Wenn Ihnen jemand zur Seite steht, dann bin ich …«

»Hallo, ist da wer?«, fragte eine männliche Stimme vor der Kabine.

Er nahm Haltung an. »Guten Morgen, Sir. Hier spricht Angus Thinnson MacDonald. Neben mir steht Miss Armour. Wir haben einen Termin bei Familie Waddell.«

»Befinden Sie sich in der richtigen Fakultät?«

»Er meint Mister und Mrs Waddell!«, sagte die Armour ärgerlich.

»Warum haben Sie das nicht gleich gesagt?«

»Sind wir noch weit weg?«

»Im Gegenteil.«

»Ihre Stimme kommt mir sehr bekannt vor. Kennen wir uns, Sir?«

»Wir hatten telefoniert. Waddell, der Name.«

Schwarztee mit Pfeffer drin! Waren alle Ernährungsfachleute so kauzig? »Mister Waddell, ja. Wusste ich es doch.«

Mit einem sanften Schnurren öffnete sich die Tür. »Sehen Sie, alles ist gut.«

Miss Armour drückte sich die Hand auf den Mund und konnte das infernalische Lachen doch nicht zurückhalten! Wenn doch nur ihr Telefon wieder klingelte, er sich vom Abspecken fernhalten und detektivisch arbeiten könnte …

*»Tak the bit an the buffet.«*

Man soll das Leben nehmen, wie es ist.

# Signor Vitiello und der Engpass

Alberto saß mit dem Branchenbuch auf dem Schoß im Wohnzimmer der Villa Buongiorno. Seitdem billige Hotels wie Pilze aus dem feuchten Waldboden sprossen, gingen die Buchungen zurück. Detektivische Arbeit stand nicht an und so entwickelte er, um Langeweile zu bannen, ein neues Projekt. Neben dem Schlafzimmer sollte ein Badezimmer installiert werden. In vielen Ländern hätte man dieses Vorhaben senza problema umsetzen können, nicht aber in Großbritannien, das einmal mehr auf den Sonderstatus in Europa bedacht zu sein schien, und deshalb war die Chance, in Edinburgh professionelle Handwerker zu finden, gering. Eher konnte man mit einem Lotteriegewinn rechnen. »Die Klempner sind die Schlimmsten von allen«, wurde Alberto nicht müde, Maria zu klagen, so als ob er unter einer brutalen Besatzungsmacht zu leiden hätte. Fünfzehn solcher Unmenschen hatte er bereits kontaktiert. Die ersten zwölf erachteten es nicht für nötig, in seinem Haus aufzukreuzen, und nur ein Einziger war gewillt, einen Kostenvoranschlag aufzusetzen. Zumindest behauptete der Mann das. Leider wurde der Brief niemals durch die Klappe in der Haustür geworfen und Alberto musste weiterfahnden. Maria bezweifelte, dass er so viele Telefonate hinter sich hatte, kapitulierte aber und lobte sein hervorragendes Gedächtnis. Sollte der Traum von einem neuen Badezimmer so schnell ein Ende finden? Das konnte er Enkelin Fiona nicht antun. Sie glaubte, dass Großvater nur für sie eine besondere Toilette baute. Nachdem alle Gäste versorgt waren und er das Geschirr in die Spülmaschine geräumt hatte, nahm er, um sich etwas abzulenken, den Bus zur Princess Street. Die schicke Tram glitt fast geräuschlos über die Einkaufsstraße. Alteingesessene Edinburgher nörgelten wegen eines überzogenen Budgets. Aber das war bei solchen Projekten immer so! Alberto schlenderte an den Schaufenstern vorbei. Ein Geschäft mit Taschen und Koffern zog seine Aufmerksamkeit auf sich und dann rief er: »Ein Klempner, ein Klempner!« Den hatte er als Spiegelbild in der Fensterscheibe entdeckt. Blitzschnell drehte er sich zu dem Lastwagen auf der anderen Straßenseite um, wo der Fahrer geduldig auf Grün wartete. Er war Mitte dreißig und kahlköpfig. Alberto wollte über die Straße spurten, doch der Verkehr war zu dicht und er musste am Straßenrand warten. Als der nächste Bus herandonnerte, sprang er zurück. Exakt in dieser Schrecksekunde fuhr der Installateur weiter. Vitiello stampfte mit dem Fuß auf.

MacDonald war erbost. Ja, der arme Mister Waddell schielte. Dicke Brillengläser vergrößerten sein Missgeschick für die Welt und darüber zu kichern, war ein Zeichen miserabler Erziehung!

»Fühlt sich Ihre Begleiterin ungut?«, fragte Waddell, der so etwas schon oft erlebt hatte, gleichmütig.

»Es ist nur die Freude über unsere unverhoffte Befreiung. Nicht wahr, Miss Armour?« MacDonald schob sie aus dem Aufzug.

»Wenn Sie mir bitte folgen wollen«, sagte Waddell. »Meine Frau wartet bereits.«

Sie schritten über einen langen, tristen Flur bis zum letzten Büro. Waddells Schuhe quietschten bei jedem Schritt. Als Miss Armour seine Gattin erblickte, verlor sie gänzlich die Kontrolle und rannte davon. Das Ehepaar ähnelte sich wie ein Ei dem anderen: braune Haare mit grauen Strähnen, Hornbrillen, erdfarbene Kleidung. Mrs Waddell wurde allerdings noch ein bisschen mehr als ihr Ehemann vom Schielen geplagt. Sich darüber zu belustigen, war das Allerletzte! MacDonald empfand die Situation als sehr misslich. In Armours »Pause« legten sie das Honorar fest, das MacDonald in Form einer großzügigen Spende aufbrachte. Drei Monate sollte das Projekt dauern und sich auf seinen Wunsch mit der indischen Küche beschäftigen. Über Inhalte wollte man sich in der Konversation einig werden. Falls die Armour jemals von ihrer Erfrischungstour zurückkehrte! Bam! Der Teufel sprach, will heißen, sie klopfte an die Tür. »Ja, bitte«, sagte Mister Waddell schmunzelnd, weil so förmlich um Eintritt gebeten wurde. »Ich hoffe, es geht Ihnen besser, Miss Armour.«

Dem Himmel sei Dank, dass der Mann über den Dingen stand, dachte MacDonald. Seine Mitbewohnerin fuhr sich mit der Hand übers Gesicht, versuchte, ihrer habhaft zu werden und schaffte es nicht! MacDonald sprach ein Machtwort: »Da die Dame sich noch immer krank fühlt, schlage ich vor, alles Weitere in einer Telefonkonferenz zu regeln, wenn Sie einverstanden sind, Mister und Misses Waddell?« Die beiden nickten. Man verabschiedete sich und MacDonald schob die Armour aus dem Büro, durch den langen Flur, über die Treppen (!) und zum Ausgang. Dort war es dann an ihm, die Beherrschung zu verlieren. »Sie hatten die Waddells doch schon einmal gesehen!«

»Nein.«

MacDonald überlegte. Wenn sie an der Universität gearbeitet hatte, war das unmöglich. Entweder die Armour schwindelte oder sie hatte sich, grässlicher Gedanke, an seinen Whiskybeständen vergriffen und delirierte! Mitunter waren es Abstinenzler, die sich abrupt am Alkohol labten. »Wie konnten Sie es wagen, sich so daneben zu benehmen?«

»Wovon reden Sie?«, fragte Armour putenrot. »Ich habe nichts getan.«

»Außer Ihre Arbeitgeber wegen eines körperlichen Gebrechens zu verlachen!«

»Gebrechen …? Ach, Sie meinen das Schielen? Zu ulkig!«

»Vielleicht wollen Sie sich das nächste Mal noch auf die Schenkel klopfen, ja? So etwas macht man einfach nicht!«

»Fanden Sie es nicht komisch?«

»Hat man mich vielleicht kichern gesehen? Würden Sie einen Einarmigen ebenfalls verspotten?«

»Das ist etwas anderes«, antwortete sie griesgrämig.

»Nein, es ist genau das Gleiche! Wir können uns glücklich schätzen, wenn die Waddells noch Interesse haben.«

»Ich dachte, wir sprechen am Telefon weiter?«

»So lautete mein Vorschlag, auf den die Herrschaften eingehen müssen.«

»Das geschah doch bereits?«

»Es könnte auch schiere Höflichkeit gewesen sein.«

Sie wurde schneegansweiß. »Oh Gott, meinen Sie, die beiden haben etwas bemerkt?«

»Miss Armour, ich weiß nicht, was Sie mit dieser Frage bezwecken.«

»Es ist also alles aus? Erst verliere ich wegen Ihnen meine Projektstelle zur Atkins-Diät und nun vermasseln Sie mir den zweiten Job auch noch!«

»Sind Sie übergeschnappt? Den Schaden haben Sie ... einen Moment mal eben.« Sein Telefon klingelte. »Hier spricht Angus MacDonald. Beruhigen Sie sich bitte. Wir sind gleich da. Ja, sie steht neben mir. Bis gleich.«

»War das meine Tochter?«

»So ist es. Thomasina benötigt unsere Hilfe.«

»Ist etwas passiert? Geht es ihr gut?«

»Lassen Sie uns nach Hause fahren.«

»In Ihrer Benzinschleuder? So weit käme es noch!«

»Schön, dann steigen Sie eben auf Ihren Drahtesel mit angehängtem Leiterwägelchen! Wir treffen uns in Dean Village.« MacDonald ging zu seinem Käfer, den er nahe des Museum of Scotland geparkt hatte. Von wegen Benzinschleuder! Sein Volkswagen war ein treuer Geselle und ließ ihn niemals im Stich. Als er zu Hause ankam, stand Thomasina vor dem Haus und winkte in albatrosähnlichen Flügelschlägen. Indien ist in Not, hatte sie am Telefon furchtsam gesagt und nun würde er hoffentlich erfahren, was das zu bedeuten hatte.

Miss Armour kochte eine große Kanne Kräutersud und stellte sie auf den Küchentisch: Fenchel mit Anis. Nach MacDonalds Auffassung hatte das mit Tee nichts zu tun. Ebenso gut könnte man ein Stück Holz in Wasser erhitzen! Vielleicht Pinie, der Herr? Oder lieber eine Tasse Eiche rustikal?

»Mit Milch und Zucker, Mister MacDonald?«, fragte Thomasina.

»Um Gottes ... äh, nein danke. Ich finde, pur mundet er am allerbesten.« Wenn sie ihn so anschaute, hätte er auch das Abwaschwasser getrunken. Dieses gelockte Haupt, perfektes Antlitz wie eine Statue. »Nun, Miss Thomasina, wo drückt der Schuh?«

Sie lächelte ihn zauberhaft an. »Welcher Schuh?«

Im eingeschränkten Vokabular der Jugend waren keine Redensarten enthalten. Da ihre liebste Fußbekleidung, Sportschuhe, »super bequem« waren, fehlte auch die Assoziationsbrücke. »Indien ist in Not, hatten Sie vorhin gesagt?«

»Stimmt, ja. Meine Freundin Devasree steckt in Schwierigkeiten.«

»Die Prinzessin von der Erbse!«, warf Miss Armour senior schnippisch ein.

»Sie hegen den Verdacht, dass die Dame etwas unbedarft durch die Welt schreitet, ja?«

»Das ist noch harmlos ausgedrückt!«, rebellierte die Ernährungsberaterin. »Außerdem benötige ich kein Mannsbild, meine Worte zu erklären! Schon lange nicht mehr!«

MacDonald wusste, dass sie auf Bräutigamschau war – sich, obwohl geschieden, »Miss« nannte, um jugendlicher zu wirken, enthielt sich aber eines Kommentars, denn so langsam begann sein Magen zu knurren und gegen diesen Kumpan zu kämpfen, war aussichtslos.

»Also«, fuhr Thomasina fort, »gestern Nachmittag habe ich Devasree getroffen …«

»Darf man fragen wo?«

»In der Cafeteria der Uni …«

»Ha!«, rief Miss Armour.

»Lassen Sie Ihre Frau Tochter bitte ausreden!«

»Von dieser Person kommt nichts Gutes. Immer schon habe ich es gesagt!«

»… hat sie mir ihr Herz ausgeschüttet«, fuhr Thomasina fort, »obwohl ich das überhaupt nicht abkann. Es geht um ihren Vater und die Fabrik.«

»Was stellt der Gentleman her?«

»Och, alles Mögliche: Chutneys, Pickles, Soßen. Auch Fertiggerichte.«

»No, thank you«, erwiderte MacDonald nachdrücklich.

»Die Sachen schmecken superlecker.«

»Liebe Thomasina, Sie sollten nicht zu häufig in Cafeterien einkehren. Deren sogenanntes Essen verdirbt den Gaumen.«

»Aber bei Aadis Kram ist das anders. Glauben Sie mir.«

»Na, ich weiß nicht.«

»Sie müssen unbedingt probieren. Devasree hat mir eine kleine Kiste mit Artikeln gegeben. Moment, ich hole sie.«

»Das wird nicht nötig ...« Zu spät, Thomasina war nach oben in ihr Zimmer gejoggt. Auch das noch, traute Zweisamkeit mit der Ernährungsberaterin! Er war kurz davor, zwanghaft Konversation zu machen, als ihre Tochter wieder auftauchte. Die Kiste stellte sie mitten auf den Tisch und ihre Mutter brachte seine Teekanne in Sicherheit. MacDonald war es egal, ob sie zu Bruch ging, denn in dem kontaminierten Gefäß konnte er keinen guten Tee mehr aufgießen.

»So, das sind die Sachen«, sagte Thomasina. »Zitronenchutney, Curry mit Lamm und das Allerbeste, Pathia-Soße. Kennen Sie die?«

»Gewiss, wenn auch nicht als Fabrikprodukt.« MacDonald musterte die Produkte mit hochgezogener Augenbraue. Auf allen prangte das lächelnde Gesicht des Fabrikanten Aadi Panicker.

»Kosten Sie doch mal, Mister MacDonald.«

Die Armour legte die Ellbogen auf den Tisch und beugte sich vor. »Thomasina, erzähle uns, worum es geht!«

»Ach so, ja. Devasree möchte so bald wie möglich ihren Schatz heiraten. Die Eltern sind einverstanden. Aber immer wenn sie über den Termin spricht, bekommt sie keine richtige Antwort.«

»Was heißt das, Miss Thomasina?«

»Ihre Mutter sagt, sie solle Vater fragen. Der spricht in Rätseln und will nur seine Geschäfte in Ordnung bringen.«

»Ohne einen Termin zu nennen?«

»Ja, das stimmt.«

»Welcher Religion gehören die Panickers an?«

»Hindus.«

»Ist der zukünftige Gatte auch Hindu?«

»Glaub ich eher nicht.«

»Vielleicht lehnt Panicker den Herrn aus anderen Gründen ab. Es ist zwecklos«, sagte MacDonald, »kein Hase liegt im Pfeffer.«

Thomasina sah hilflos zu ihrer Mutter.

»Unser Herbergsvater übernimmt nur Fälle, die mit Essen oder Trinken zu tun haben.«

»Meine Damen! Ich möchte mich an die Arbeit für mein Buch machen.«

»Wie auch mit der Diät beginnen!«

»Meinethalben! Ich bin übrigens nicht Ihr Herbergsvater!«

»Devasrees Problem hat mit Essen zu tun!«, erklärte Thomasina freudig. »Jemand vergiftet die Pathia-Soße. Mister Panicker liebt sie und kann kaum ertragen, was abläuft. Aber ich verstehe total, wenn Sie keine Zeit finden. Hab ihr gleich gesagt, dass es schlecht aussieht.«

Angesichts ihrer geweiteten Pupillen war MacDonald chancenlos: »Wie wird vergiftet?«

»Mit Salz.«

»Das ist kein Gift.«

»Schon Paracelsus wusste: Im Übermaß kann alles schädlich werden«, dozierte Miss Armour senior.

MacDonald starrte sie wie eine fehlgezündete Silvesterrakete an. »Hat der Erpresser sich schon gemeldet?«

»Welcher Erpresser denn?«

»Derjenige, der die Pathia-Soße versalzt.«

»Von Erpressung hat niemand was gesagt. Nur, dass bei Waitrose auf der Morningside Road Gläschen mit zu viel Salz drin auftauchten.«

»Aber woher weiß Ihre Bekannte dann, dass die Soßen wegen Böswilligkeit ungenießbar sind? Es könnte ein Produktionsfehler sein. Immerhin handelt es sich um Fabrikerzeugnisse.«

Thomasina schwieg, drehte sich mit dem Zeigefinger eine zusätzliche Locke.

»Wie lange kennen Sie diese Devasree schon, Miss Thomasina?«

Sie zeigte mit den Händen einen meterlangen Abstand an.

»Also einige Jahre?«

Thomasina zuckte mit den Schultern.

»Ich frage nur, weil Sie sehr gut über die familiären Verhältnisse Bescheid wissen?«

»In der letzten Zeit sehen wir uns nicht mehr so oft.«

»Warum bitte?«

»Puh, manchmal entwickelt man sich eben auseinander.«

»Ehrenvoll, dass Sie sich trotzdem engagieren.«

»Was sollte ich denn machen?! Devie hat schrecklich geheult. Hab ich ein Problem mit!«

»Ich werde den Herrn mit meinem assoziierten Detektiv aufsuchen. Mal sehen, was wir eruieren können.«

Thomasina blickte ihn wie einen fremdsprachigen TV-Moderator an.

»Er und dieser Vitiello kümmern sich darum«, dolmetschte ihre Mutter.

»Fein! Vielen Dank. Sie sind der Größte, Mister MacDonald! Da gibt es allerdings ein Problem …«

Als Alberto die Villa Buongiorno betrat, rief er. »Peter Pirie, der Ire! Dass ich nicht früher daraufgekommen bin.«

Maria rannte ihrem Mann entgegen. »Ist alles in Ordnung?«

»Hab mich selten besser gefühlt.«

»Darf man deine Freude teilen?«

»Ich habe einen Klempner aufgetrieben!«

»Sitzt er in deiner Jackentasche?«

»Princess Street«, sagte Alberto.

»Ist das nicht die Einkaufsstraße in der Innenstadt?«

»Haha, sehr gut! Erinnerst du dich an die Firma Robertson?«

»Si, mein Gatte hat die Installateure aus dem Haus geworfen.«

Alberto atmete kräftig durch. »Zu Beginn, mit diesem jungen Klempner, lief alles tadellos. Peter arbeitete gut und schnell. Heute ist er auf der Princess Street an mir vorbeigefahren. Wie es aussieht, hat er sich selbstständig gemacht. Nun muss ich nur noch seinen Nachnamen und die Geschäftsadresse ausfindig machen.«

»Eine weitere Herausforderung für Alberto Vitiello.«

Das Telefon klingelte.

»Die Ironie habe ich überhört, liebe Frau.«

Maria reichte ihm das Telefon. »Hast du Zeit, ein Gespräch zu führen?«

Alberto nickte. »Pronto. Du bist es, Angus. Schon wieder ein Fall für uns kulinarische Detektive? Ich weiß nicht so recht.«

Maria drückte sich die Hände auf den Kopf und rannte in die Küche. Diese Zeremonie kannte sie zur Genüge. Er wollte von Angus ausgiebig um Hilfe gebeten werden.

»Du kämst also ohne mich nicht aus? Sisi, dann mache ich natürlich mit. Wie, jetzt gleich? Da muss ich Maria fragen …« Alberto riss die Tür zum Garten auf, doch seine Frau fand er nicht. »Angus, bist du noch dran? Sie muss hinten in ihrem Gewächshaus sein. Nein, warum sollte Maria etwas dagegen haben? In zehn Minuten also. Ciao.« Wie hatte Angus das gemeint: Indien ist in Not? Bei ihrem ersten Fall[1] wäre er im Zuge der Ermittlungen in einem indischen Restaurant fast gestorben, so scharf war das Curry Vindaloo! Sein Freund erwartete doch hoffentlich nicht, dass er erneut sein Leben aufs Spiel setzte?

MacDonald war wieder auf die Minute pünktlich, rangierte seinen tuckernden Käfer in eine Parklücke. Die Aktenmappe in der Linken, klingelte er dezent. Vitiello riss die Tür auf und sprudelte los. »Hab überhaupt keine Zeit, muss einen Klempner auftreiben.«

»Freut mich ebenfalls, dich zu sehen, Alberto. Darf ich reinkommen?«

»Natürlich, entschuldige.«

MacDonald nickte. Er hatte eine Vermutung, was das Problem war.

»Ich mache uns Tee«, sagte Alberto umgänglicher.

»Schwarztee bitte!«

---

[1] »Das Auge des Feinschmeckers«

Vitiello schüttelte den Kopf. »Anderen habe ich gar nicht. Es ist sehr einfach, Angus: In dieses indische Restaurant gehe ich nie mehr im Leben. No, no!«

Bombay Palace hatte längst geschlossen. Nur das *Kebab Mahal* hielt sich mit seinen exzellenten Speisen am Nicholson Square und sollte dort oder anderswo eine Ermittlung notwendig werden, würde MacDonald sich darum kümmern. »Natürlich, mein Freund.«

»Versprochen?«

»Aber ja. Mach dir keine Sorgen.«

»Molto bene. Miss Thomasina steckt also in Schwierigkeiten?«

»Eine Freundin von ihr. Sie heißt Devasree Panicker.«

»Der Name kommt mir bekannt vor.«

»Vielleicht hast du dir schon einmal die Produkte ihres Papas einverleibt. Er fabriziert Fertigsoßen, Chutneys, Pickles und dergleichen Dinge. Alle tragen sein glückliches Konterfei.«

»Solche Sachen esse ich nicht.«

Angus räusperte sich, denn Pesto im Glas kaufte sein Freund durchaus. »Wie auch immer. Ein Unhold versalzt sein erfolgreichstes Produkt, die Pathia-Soße, und wir müssen herausbekommen, wer es ist.«

»Was sagt denn Karen dazu?«

»Wozu?«, fragte MacDonald unleidlich.

»Allora, diese junge Dame wohnt bei dir und nun kümmerst du dich auch noch um ihre Freundinnen …«

»Frau Mutter ist als Anstandswauwau präsent, wie du sehr genau weißt.«

»Du solltest ihr etwas Schönes schenken, Angus.«

»Wem, Miss Thomasina?«

Alberto drohte ihm spaßeshalber mit dem Zeigefinger. »Verbrenn dich nicht. Karen meine ich natürlich.«

»Ihr Geburtstag ist erst in ein paar Monaten.«

»Eine Geste der Versöhnung, etwas Romantisches.«

»Doch keinen Ring? Das wirkte überstürzt!«

»Angus, willst du mich nicht verstehen?«

»Doch, doch, ich habe Karen bereits zu einem Dinner eingeladen.«

»Ich bezweifle, dass ein Abendessen reicht, Frau Doktor wegen deiner verschleppten Diät gnädig zu stimmen. Habt ihr einen Termin ausgemacht?«

»Nein, sie wollte sich noch melden.«

»Da haben wir es schon. Lass dir vom verheirateten Mann etwas sagen. Zum Abendessen muss auf jeden Fall ein Ausflug kommen.«

»Vielleicht nach Islay. Ich wollte ohnehin wieder bei den örtlichen Destillerien vorbeischauen. In der Bruichladdich-Destillerie machen sie auch *Gin*. Ihr Werk heißt ›The Botanist‹«, mit 22 handgepflückten Pflanzen der Insel, darunter Stechginster und wilde Minze. So wunderbar!«

»Das Geschenk soll für Karen sein und nicht für dich! Jetzt habe ich es: eine Bootstour.«

»Auf dem Meer?«

»Nein, vergiss Islay, besser eine Fahrt auf unserem Kanal.«

»Wer sollte den Motor starten? In solchen Dingen bin ich völlig unerfahren.«

»Dann mietest du eben ein Ruderboot oder ein Paddelboot mit aufgeschraubtem Fahrrad. Gestern habe ich in der Zeitung gesehen, dass es das jetzt auch gibt.«

Welch körperliche Anstrengung!, dachte MacDonald. »Einverstanden, das mache ich.« Ein Schluck Schwarztee heiterte ihn auf. »Zurück zum Thema: Ich habe über Panicker recherchiert. Interessiert dich das Resultat?«

»Ma si, aber ja! Schieß los.«

»Schön. Der Mann ist vor 40 Jahren aus Indien nach Edinburgh gekommen, übte alle möglichen Gelegenheitsjobs aus und gründete dann eine kleine Import-Export-Firma.

»Keine Probleme mit Rassisten?«, wollte Alberto wissen. »*South Queensferry* ist ein verschlafener kleiner Teil Edinburghs, und mit den vielen neuen Immigranten …«

»Nein, Panicker integrierte sich gut. Er und seine Frau haben zwei Söhne und eine Tochter. Die Söhne sind Mitte dreißig, die Tochter ist Anfang zwanzig. Eine Geschichte, auf die ich bei meiner Recherche immer wieder stieß, geht folgendermaßen: Als die Jungs noch klein waren, kehrte einer von beiden einmal völlig aufgelöst aus der Schule zurück, weil er wegen der schlechten Qualität indischen Essens gehänselt wurde.«

»War das Curry zu scharf?«

»Warte bitte. Der Mitschüler bezog sein Wissen vom Verzehr eines abgepackten Curry. Mister Panicker ging schnurstracks in den nächsten Supermarkt und erwarb ebenfalls eine Packung. Die Familienmitglieder probierten es und spuckten aus. An diesem Tag entstand der Plan für eine zweite Firma, welche den Reichtum der Familie begründete. Der Herr des Hauses komponierte am eigenen Herd die Pathia-Soße und verfeinerte sie über die nächsten Tage. Panicker fuhr zur nächsten Sainsbury's-Filiale, wo er mit dem Manager zu sprechen begehrte. Der wies ihn darauf hin, dass in Großbritannien ohne Termin kein Meeting stattfindet. Panicker nutzte den nächstmöglichen Zeitpunkt, zwei Wochen später. Nicht bei Sainsbury's, sondern, Strafe musste sein, bei Waitrose. Der dortige Manager, ein reservierter Zeitgenosse, probierte, nahm zwei Nachschläge und am Ende hatte er die Soße fast alleine gegessen.«

»Hm.« Alberto fuhr sich mit der Hand übers Kinn.

»Was ist?«

»Ist das auch deine Meinung? Es handelt sich um Industrie-Essen ...«

»Ich habe nur zitiert«, erwiderte MacDonald diplomatisch.

»Hat er noch weitere Abnehmer?«, wollte Alberto voller Misstrauen wissen.

»Tesco zum Beispiel.«

»Ho capito. Wenn sie so gut im Geschäft sind, gibt es viele Feinde. Wusste der Manager damals, dass er die Soße zu Hause kocht?«

»Ich könnte mir vorstellen, dass sie sich in dieser Beziehung irgendwie durchmogelten. Panicker besaß ja bereits die Import-Export-Firma und ein findiger Geschäftsmann kann bei einer Zusage schnell neue Räumlichkeiten mieten.«

»Oder der Manager des Supermarktes war auch Inder …«

»Wie gut, dass wir keine Vorurteile haben!«

»Genau! Aber woher weiß der Konservenkönig, dass seine Soße nur versalzen ist? Vielleicht wurde noch mehr manipuliert. An seiner Stelle würde ich sie in einem Labor analysieren lassen.«

»All das werden wir ihn fragen. Wobei es nicht einfach sein wird, denn er ist ein Patriarch, der selbst guten Rat als Einmischung in persönliche Angelegenheiten betrachtet. Thomasinas Freundin hat ihr erzählt, dass er fuchsteufelswild werden kann. Wir treffen ihn morgen früh um zehn Uhr.«

»Sag mal, ist die indische Miss ebenso hübsch wie Thomasina?«

MacDonald fuhr sich durchs Haar. »Ich, äh, habe sie noch nicht gesehen. Diese Devasree möchte gerne heiraten und wegen der Kalamität des Herrn Papa ist das gegenwärtig nicht möglich.«

»Wer hat unser Treffen arrangiert?«

»Die Tochter. Ohne sein Wissen. Ich werde offiziell als Autor erscheinen, der ein Buch über die indische Küche schreibt.«

»Si, und ich?«

»Du bist mein Assistent.«

»Grazie! Das ist ja nichts Neues! Aber wie sollen wir den Mann dazu bringen, von seinem Problem zu erzählen, wenn er so schweigsam und eigenwillig ist?«

*»A body can like a haggis weel eneuch that wadna like the bag blaudit on his chafts.«*

Mäßigkeit erhält den Leib.

# Breakfast de Luxe

Angus hatte Alberto vorgeschlagen, ihn um acht Uhr zu Hause in Fountainbridge abzuholen. Das wies er von sich, wollte erst nach getaner Arbeit kommen: »Ich muss Spiegeleier braten für meine Gäste!« Also saß MacDonald alleine im Restaurant »Orocco Pier« in South Queensferry und ließ sich sein überreichliches schottisches Frühstück schmecken: Würstchen, Schinken, Spiegeleier, Tomate, Pilze, Tattie Scone, würzige Bratkartoffeln, Haggis, Black *Pudding* und Bohnen.

»Molto interessante! Ist das deine neue Fett- und Salzdiät?« Alberto war im Stillen an den Tisch getreten und reichte seinem Freund eine Visitenkarte mit einem kleinen, mittigen Foto: Alberto im Zugspeisewagen.

»Dr. Spiegel-Ei«, las Angus laut vor. »Du hast dein Vorhaben also in die Tat umgesetzt. Der Mann, der 60.000 Eier briet. Was bedeuten K. A. und C. S.?«

»K. A. steht für Kitchen Administration und C. S. ist Common Sense. Heutzutage heißt sogar ein Putzgehilfe Cleaning Manager. Da muss ich mit meinen Fähigkeiten nicht hinter dem Berg halten.«

»Der Bindestrich zwischen Spiegel und Ei ist orthographisch falsch, wenn ich das bemerken darf.«

»Weiß ich, aber man muss den Menschen immer etwas zum Nachdenken geben.«

Angus strich den Zeigefinger über die Nasenspitze. »Es wäre mir fast lieber, du händigst bei unserem Meeting keine Karte aus. Nicht alle Menschen haben Sinn für Humor.«

Vitiello schüttelte den Kopf. »Verrätst du mir jetzt, wie du den Mann zum Plaudern bringst?«

»Lass dich überraschen.«

Alberto, der mit Geheimnissen schwer zurechtkam, sprang vom Stuhl auf. »Wir können zu Fuß gehen. Es ist nicht weit.

Hab's mir im Internet angesehen. Wir marschieren die Hauptstraße entlang und nach einer Weile rechts hoch. Ein kleiner Verdauungsspaziergang wird dir guttun, amico.«

Kalorien benötigte MacDonald als Arbeitsgrundlage. Warum sollte er sie mutwillig verbrennen? Hanebüchen! Die malerische High Street war ihm eine Erquickung. Ihre Häuser auf der höher gelegenen, anderen Seite hatten die Bewohner schön weiß gestrichen, unverputzt belassen oder nur in der unteren Hälfte mit Farbe versehen. Ein angenehmer Kontrast, der MacDonald an sein geliebtes Wohnviertel Dean Village erinnerte. Nach wenigen Metern blieb er stehen.

»Willst du dir noch ein Sandwich als Wegzehrung kaufen, Angus?«

»Haha, wie originell, nein, auf die Forth Road Bridge sehen. Sieh nur, wie hinreißend.«

»Ich kenne die Brücke, von weitem, als Autofahrer und darüber geflogen bin ich auch schon häufig. Ein bisschen Weg haben wir aber noch vor uns …«

»Ist gut, Alberto. Sag mal, hast du in der letzten Zeit etwas von meinem Dad gehört?«

»Io? Er mag mich nicht besonders, wenn ich dich daran erinnern darf?«

»Irgendwie kann ich mich des Gefühls nicht erwehren, dass er uns von der anderen Seite aus beobachtet.«

»Nur weil er in North Queensferry wohnt, bedeutet das kaum, dass er ständig mit dem Feldstecher am Ufer sitzt. Stellt er noch der alten Armour nach?«

»Ist das eine Redeweise! Ich weiß es nicht. Sie gibt mir keine Antwort und er sendet mir schottische Weisheiten.«

»Molto interessante! Hauptsache, er will uns nicht wieder bei den Ermittlungen helfen. Jetzt müssen wir rechts abbiegen und den Hang hoch.«

»Ojemine!«

»Ist es das erste Mal, dass Panicker in geschäftlichen Schwierigkeiten steckt?«, fragte Alberto, und ging auf das theatralische Gestöhne nicht ein.

»Soweit ich weiß, ja. Thomasina meint, wir sollen den Gentleman bauchpinseln. Inder mögen es, wenn man zum Beispiel ihr Land und Essen lobt.«

»Mit dem Essen ist das so eine Sache …«

»Keine Sorge, ich werde die Introduktion übernehmen. Vergiss nicht, du bist mein Assistent.«

»Wir sind da, Angus! Sieh dir diese Villa an. Hat bestimmt ein Vermögen gekostet. Sein Geschäft scheint gut zu gehen. Komm, wir gehen einmal um das Grundstück herum.«

»Puh«, erwiderte MacDonald und schleppte sich hinterher. Panickers Anwesen durfte man mondän nennen: mehrere aneinandergereihte Häuser, mit Flachdach und schrägen Vordächern, die auf Säulen ruhten. In Indien wären sie hundert Jahre zuvor nicht aufgefallen. Dem schottischen Regen waren die saftigen und perfekt ziselierten Grünanlagen zu danken. Vor der Tür parkten ein goldener Rolls Royce und ein weißer Ambassador mit den personalisierten Kennzeichen P – AP 1 und P – AP 2. »Nicht zu fassen!«, sagte Angus und beäugte den gut fünfzig Jahre alten, geräumigen Oldtimer. Seiner rundlichen Form halber nannte man ihn auch schwangerer Büffel.

»Zwei Wagen, ja«, antwortete Alberto, für den ein Auto nur der schnellen und bequemen Fortbedienung diente, trocken.

»Einen Amby sieht man in Edinburgh nicht alle Tage!«

»Altes Auto, neu lackiert.«

»Weit gefehlt. Ein Ambassador darf Unikat genannt werden. Sein Besitzer fühlt sich in die Fünfziger Jahre gezaubert.«

Hinter den Gebäuden lag ein ausgedehnter Garten. Exotische Früchte fehlten, doch mit zwei geräumigen Treibhäusern wehrte sich der Besitzer gegen den meteorologischen Nachteil. »Im Vergleich sind die Peperoncini in unserem Gewächshaus Zwerge. Gut, dass Maria das nicht sieht. Sie würde Depressionen bekommen. Ich frage mich, ob er den Schuppen heizt.«

Angus zückte sein gutes Baumwolltaschentuch im Familientartan, tupfte sich die Schweißperlen von der Stirn und drückte mit Zeige- und Mittelfinger auf den großen Klingelknopf.

Ein Diener in maßgeschneiderten, schwarzen Hosen, weißer Livré und Handschuhen öffnete die Tür. Er war offensichtlich überrascht, die Herren zu sehen. »Sie wünschen?«, fragte er mit schottischer Intonation.

Von seiner immens großen Nase und dem stark geölten Haar waren beide Besucher irritiert. »Wir, äh, haben eine Verabredung mit Mister Panicker.«

»Treten Sie bitte ein, Gentlemen, und nehmen Sie Platz.«

»Wo sollen wir uns denn hinsetzen?«, flüsterte Alberto.

»Wäre es hier kommod, mein Herr?«, fragte der Diener und zog einen großen Vorhang zur Seite: zwei vollschlanke Sessel und ein Sofa tauchten auf. Auf einem der Sessel stand ein gelbwurzfarbener Karton mit Pathia-Soße, den er eilig an sich nahm. »Wer den wohl hier vergessen hat?«, sagte er mehr zu sich selbst. »Ich bin gleich zurück, Gentlemen.«

Alberto sah zu Angus, der nickte, weil ihm dieses Benehmen auch ungewöhnlich vorkam.

»Mister Panicker wartet in seinem Arbeitszimmer. Wenn Sie mir bitte folgen wollen?« MacDonald erhob sich ächzend. Die Hand, mit der Alberto ihn hochziehen wollte, wies er ab. Sie gingen im Gänsemarsch durch eine majestätische Halle, geflutet von mehreren Kronleuchtergebinden. Die monatliche Stromrechnung musste horrend sein und Vitiello wollte auch gar nicht daran denken, was ein Palast dieser Größe kostete, teure Tapeten mit indischen Ornamenten, tadellos gebohnertes Parkett und erst die Antiquitäten, mannshohe Standuhren, ausgestopfte Tierköpfe, Ritterrüstungen; insgesamt ein Sammelsurium zweier Länder des ehemaligen Empire: Indien und Großbritannien. Das Haus hätte einem *Raj* gehören können, jenen Briten, die sich in ihrer Kolonie einst jedweden Luxus gönnten.

Nach etwa zehn Metern blieb der Butler vor einem hohen, verhüllten Gegenstand stehen. »Ich muss Sie nun inspizieren, meine Herren.«

»Was hat er gesagt?«, fragte Alberto.

»Dass ich Sie inspizieren muss.«

Der Italiener schüttelte den Kopf. »Angus, red du bitte mit ihm.«

MacDonald, über das seltsame Begehren ebenso erstaunt, hob an: »Das wird nicht nötig sein. Mister Vitiello und ich sind friedliebende Menschen.«

»Es tut mir sehr leid, doch Mister Panicker hat mir strikte Anweisung gegeben.«

Alberto sah seinen Freund frustriert an.

Der Butler zog das Tuch zurück. Eine Security-Tür mit Beistelltischchen! »Wir wollen keine Flugreise antreten«, informierte MacDonald ihn und starrte die Utensilien an.

»Sie haben einen guten Sinn für Humor, Mister MacDonald. Wenn ich das sagen darf. Unsere Sicherheitsbestimmungen sind zugegebenermaßen dieselben. Schlüssel, Münzen und dergleichen Dinge legen wir bitte in das Kästchen auf dem Tisch. Dürfte ich auch um Ihre Aktenmappe bitten, Sir?« Er nahm an dem Tischchen Platz und sortierte ohne eine Gefühlsregung den Inhalt der Mappe: »Ein Notizbuch, Lederetui mit Füllfederhalter und Kugelschreiber sowie ein Päckchen Minzbonbons für frischen Atem.«

MacDonald zog sein Portemonnaie aus dem Harris-Tweed-Jackett und reichte es ihm. Der wichtigste Gegenstand würde unbemerkt in den Weiten seiner Innentaschen verbleiben …

Alberto sah ihm zu. Wenn er sich zum Gespött machen wollte, war das seine Sache! Als ob es nicht genügte, dass er die Fregatte bei sich wohnen ließ, um seine Chancen bei der jungen Frau zu steigern.

Angus ging durch die Tür. Der Diener bat ihn, die Arme zu heben, was er bereitwillig tat. Nun war Alberto an der Reihe.

»Wenn Sie so freundlich wären, Gentleman?«

Vitiello knirschte mit den Zähnen und warf mehrere Ein-Pfund-Münzen mit Wucht in das Kästchen. Dann ging er ebenfalls durch die Tür.

»Ich danke Ihnen, meine Herren. Es ist alles in Ordnung.«

»Bleibt die Tür hier stehen?«, erkundigte der Italiener sich. Angus schob ihn weiter. Sie gingen um die Ecke, dann noch einmal, und nach MacDonalds Berechnung befanden sie sich jetzt auf der Rückseite des Hauses, dem Garten zugewandt. Über der Bürotür des Hausherrn hing ein sinnträchtiger Spruch: A puir man is fain o little.

»Was heißt das?«, raunte Alberto, der kein Scots sprach, seinem Freund zu.

»Ein armer Mann schätzt auch kleine Dinge«, antwortete Angus leise.

»Porca miseria! Das sagt sich leicht, wenn man Multimillionär ist!«

»*Haud yer wheesht*! Schweigen sollst du! Gute Manieren sind kein Luxus, sondern die Säulen jeder zivilisierten Gesellschaft.«

Trainierte Nonchalance ließ den Diener diesen Zwischenfall ignorieren. Er zeigte mit gestrecktem Arm zur Tür. »Wenn die Herren so weit wären ...?«

MacDonald nickte großbürgerlich. »Unbedingt!«

Das Faktotum öffnete die dicke Eichentür. »Sir, Mister MacDonald und sein Begleiter sind bereit.«

Panicker blickte von einem Stapel Unterlagen auf, stand auf und kam ihnen mit gewaltigen Schritten entgegen.

Meine Güte, Demonstration des gestressten Businessman!, dachte Vitiello.

»Wie freue ich mich, Sie zu sehen, Misder MacDonald.« Er zeigte zwei Reihen unnatürlich perfekter Zähne. »Nichd jeden Dag hat man einen Verdreder der schreibenden Glasse im Hause. Einen Mann wie mich, der nur bescheiden Lebensmiddel verkaufd, ehrd das sehr.«

Angus wusste sofort, warum sein Freund den Zeigefinger hob. Er wollte fragen, was Verdreder und Glasse bedeuteten. Also hauchte er ihm die Information zu: »Vertreter und Klasse.« In Kombination mit Panickers Oxford-Akzent wirkte diese indische Eigenart drollig. Nach dem Gespräch sollte er Alberto erklären, dass ein Inder es extrem übel nahm, wenn sein Gegenüber den Finger hob.

»Sie sind ...?«, fragte Panicker in Albertos Richtung.

»Alberto Vitiello.« Er reichte ihm mit der linken Hand seine Visitenkarte.

»*Chi-chi!*«, sagte Panicker chilischarf und hielt das Kärtchen zwischen Daumen und Zeigefinger von sich weg. »Dogdor Spiegel-Ei. Wie inderessand.« Er schnippte die Karte auf den Schreibtisch.

Angus sah sich, auf der dringenden Suche nach Konversationsstoff, im Zimmer um. An der Wand hing ein riesiges, goldgerahmtes Foto: Der Thronfolger schüttelte Panicker die Hand. »Kennen Sie Prinz Charles?«

»Er isd in der Dad ein guder Freund. Für meine bescheidene Undersdüdzung der bridischen Undernehmer mit indischem Hindergrund had mir seine Mudder den Didel MBE verliehen. Eine viel zu große Ehre, würde ich sagen. Aber bidde, wie gönnde ich unserem Gönigshaus etwas abschlagen? Man weiß auch nie, was in den Sdernen stehd. Vielleichd werde ich eines Dages noch mehr geehrd. Harde Arbeid machd sich bezahld! Das sollden gerade junge Menschen sich hinder die Ohren schreiben!«

Die beiden Detektive warteten auf weitere Ausführungen, vergeblich.

»Was bedeuded das G. A. auf Ihrer Visidengarde, Misder Vidiello?«

»Mein Freund ist zu bescheiden, darüber zu sprechen«, sagte MacDonald. »Stimmt es nicht, Alberto?«

»No, senza problema, es steht für …«

»Mister Vitiello ist ein Experte im gastronomischen Bereich, besitzt ein Hotel.«

»So?«, antwortete Panicker, sichtlich interessiert. »Dann sind wir also beide Geschäfdsleude. Nadürlich, ohne sie zu beleidigen zu wollen, Misder MacDonald.«

»Überhaupt nicht, mein Herr.«

»Als Hodelier besidzen Sie besdimmd einige audhendische Rezebde, Signor Vidiello?«

»Si, aber eher italienische …«, erwiderte Alberto zaghaft und sah zum Photo vom Thronfolger. »In meinem Garten wohnt auch ein Charles!«

»Oh ja? Namensvedder des Prinzen?«

»Nein, mein Fasan.«

»Ich wussde nichd, dass man in einem schoddischen Hodel solche Deligadessen bekommd.«

»Charles ist ein Haustier!«

»Machd er viel Schmudz?«

»Nennen wir ihn eben Gartentier, aber geschlachtet wird er nicht!«

MacDonald schüttelte den Kopf. »Mister Panicker, wir möchten Sie nicht um Ihre kostbare Zeit bringen. Wäre es möglich, dass wir über den Anlass meines Besuches sprechen?«

»Selbsdversdändlich. Sie schreiben ein Buch, ja?«

»Die indische Küche«, stotterte MacDonald. Fast hätte er vergessen, was seine Tarnung war! »So ist es.«

»Wir haben eine Vielzahl von Exberden, die Ihnen helfen gönnen. Werden Sie unsere Firma im Buch nennen?«

Fragte Panicker plump oder sehr plump, und wer würde ihm nun Auskunft geben? Der Meister oder ein Angestellter? »Bei den Danksagungen. Natürlich, ist doch Ehrensache, Sir.«

Panicker grinste. »Ehrlich währd am Längsden. So denge ich auch, und schlimmer, als eine schlechte Dad zu begehen, ist, sie zu leugnen.«

»Also, äh …«

»Gud, gud, was möchden Sie wissen?«

»Sie kommen aus Mumbai?«

»Wo ist das denn?«, fragte Alberto.

»Im bridischen Embire als Bombay bezeichned, Misder Vidiello.«

»Im Norden. Stimmt's? Trotzdem haben Sie eine schöne Bräune.«

Der Geschäftsmann hob die Hände in die Luft und blickte dann interessiert auf seinen Laptop. »Was haben Sie gesagd?«

»Ich dachte, nur Südinder haben so einen schönen Teint. Zumindest ist das im Internet so zu lesen.«

MacDonald wusste, dass es jeden Moment zu spät sein konnte, den Joker zu zücken und griff in sein Jackett.

Panicker beobachtete ihn unauffällig. »*Bas!* Gendlemen, ich bin undrösdlich. Gerade habe ich eine E-Mail erhalden, die mich zur Fabrik rufd. Wir müssen unser Gespräch leider verschieben.«

MacDonald sah, nach Fassung suchend, von Panicker zu Alberto und zurück, räusperte sich umständlich. Dem Mann von Welt war klar, dass nichts mehr zu machen war. Versalzene Suppe! »Sie müssen entschuldigen, Sir. Mein Freund ist etwas zerstreut, hat sanitäre Probleme und sucht dringend einen Klempner, der ihm ein Badezimmer installiert.« Etwas Besseres fiel ihm auf die Schnelle nicht ein. Alberto hatte es vermasselt!

»Darf man fragen, was sich der Herr bei seinen Beleidigungen dachte?«, fragte Angus auf dem Weg zum Wagen. Ein kleiner Trost war, dass es nun erst einmal bergab ging.

»Was willst du denn von mir? Hab überhaupt nichts getan!«

»Schön, beginnen wir mit dem Anfang. Du gibst Mister Panicker deine Visitenkarte mit dem erfundenen Titel und benutzt dazu die linke Hand!«

»Ja, und?«

»In Indien wird die für gewisse sanitäre Zwecke benutzt.«

»Red deutlich. Ich kann dir nicht folgen.«

»Den Popo wischt man sich damit, wenn du es genau wissen willst!«

»Pfui, Teufel! Wie ekelhaft! Warum denn? Es gibt so viele Sorten Toilettenpapier, farbig, grau, geblümt. Da findet jeder seinen Typ.«

»Andere Länder, andere Sitten. Uns muss es nicht kümmern.«

»Meinst du, Panicker macht das auch?«

»Ich vermute nein. Nur gibt es eben in seinem Land eine sehr lange Tradition, den Mitmenschen die rechte Hand zu reichen. Vom Standpunkt der Hygiene ist es nach Ansicht mancher Experten gar nicht so verkehrt.«

»Silenzio! Mehr muss ich über das Thema nicht wissen.«

»Um die Liste deiner Fauxpas abzuschließen: Sage einem Inder niemals, dass er eine schöne Bräune hat.«

»Was ist daran so falsch, Schlaukopf?«

»Die Menschen der niedersten Kaste sind meist dunkelhäutig. Der Absatz an Cremes, welche die Haut aufhellen, ist in Indien allgemein sehr hoch.«

»Ist das alles difficile. Da kann ich nur hoffen, dass ich keine indischen Gäste bekomme.«

»Was haben wir für unseren Fall gelernt?«

»Niente? Nichts.«

»Ich widerspreche. Mister Panicker war sehr aufgeregt. Hast du das komische Geräusch nicht bemerkt?«

»Natürlich, aber ich dachte, es sei vielleicht ein Haustier.«

»Nein, als Katzenfreund kann ich dir versichern, dass es diese Tiergattung nicht war und sicher auch kein Hundchen. Panicker hat sich unter dem Tisch vehement die Hände gerieben.«

»Ein nervöser Tick?«

»Möglich.«

»Wie wolltest du ihn denn zum Sprechen bringen, Angus?«

»Ich hatte vor, ihm ein Gläschen von mir versalzene Pathia-Soße zu präsentieren.«

»Ho capito. Damit er uns sein Herz ausschüttet.«

Angus verschwieg seinem Freund, dass Panicker die Spitze des Gläschens sah und eventuell deswegen die Konversation abbrach: Alberto hätte sich wieder bitter beschwert, nicht eingeweiht worden zu sein. Wie man sah, gelang es ihm aber auch ohne alle Informationen blendend, sich in die Nesseln zu setzen! Eine simple Erklärung für Panickers Verhalten wäre also: Er wollte seine Angelegenheiten alleine regeln. Oder er glaubte an die Geschichte mit dem Kochbuch und ärgerte sich über Albertos ungebührliches Benehmen. »Was sagst du zu dem Karton, den der Butler wegbrachte?«

»Wenn der bei mir arbeiten würde!«

»Schlichte Nachlässigkeit also? Ich frage mich, ob es sein Karton war.«

»Glaube ich nicht. Eher ein Geschenk des Inders für irgendjemanden.«

Eine Schnellantwort, über die Alberto nicht nachgedacht hatte. In der letzten Zeit verhielt er sich oft unbesonnen, und MacDonald ging davon aus, bei diesem Fall den Löwenanteil der Ermittlung übernehmen zu müssen. »Noch etwas: Panicker scheint mit einem noch bedeutenderen Titel als MBE zu rechnen. Schlechte Publicity kann ihm sehr schaden.«

»Was denn für ein Didel bitte?«

»Darüber könnten wir spekulieren. Doch ein kluger Detektiv ermittelt.«

»Ich verstehe nicht, warum Panicker diskrete Hilfe ablehnt. Benutzt er die verdorbene Soße als Vorwand, um den Bräutigam zu schmähen?«

*»Daena teach yer Granny tae souk eggs!«*

Das Ei will klüger sein als die Henne!

# Hausgemachte Probleme

MacDonald brachte Alberto nach Fountainbridge und beschloss, den Rest des Tages ebenfalls zu Hause zu verbringen. Nach dem unergiebigen Treffen hatte er sich eine Stärkung verdient. Alle Alkoholika lagerten im Tresor namens Leibwächter, offiziell zur Wahrung von Unterlagen erworben – im Keller! Seine kleine Flüssigreise nach Aberdeenshire machte ihm einen Heidenspaß. Indian Summer Gin vereinte unter anderem Koriander, Zimt, Orangenschalen und Safran! Drei Stunden später wachte er ob eines eigentümlichen Geräusches im Bett auf. Spatenstiche? Was kümmert es mich?, dachte er und schnarchte weiter. Weil ein Fenster leicht geöffnet war, weckte ihn ein stechender Geruch endgültig auf. Er nahm seine Schlafmaske ab, ging zum Fenster und rieb sich die Augen. Handelte es sich um drei Gläschen Pathia-Soße, die sie einbuddelte, oder ein durch Schläfrigkeit induziertes Trugbild? Er schlüpfte in seine Pantoffeln und zog den Bademantel an. Niemals zuvor gelangte er so schnell in den Garten. Miss Armour trug Blue Jeans, klobige Gummistiefel und natürlich ihren unvermeidlichen Pullover. Ob sie ihn je auszog? Je näher er kam, umso schlimmer wurde der Gestank. Er rührte von dem Erdhaufen, den sie in weiten, ausholenden Bewegungen mit einer Schaufel verteilte. MacDonald zog den Gürtel seines Mantels straffer. Von den Gläschen war nichts mehr zu sehen. »Darf man erfahren, was für ein seltsames Happening Sie in meinem Garten veranstalten?«

Miss Armour war so sehr in ihre Arbeit vertieft, dass sie ihn, obwohl nur wenige Meter entfernt, nicht bemerkte.

»Hallo! Hallo! Wäre es möglich, mit der Ökotrophologin Armour zu sprechen? Es geht um Fragen der Gesundheit.«

Seine Mitbewohnerin rammte die Schaufel in den Boden. »Ja, bitte?«

»Vergraben Sie Pathia-Soße?«
»Auf keinen Fall!«
»Schön, aber wer trug Ihnen auf, meine Grünfläche zu kontaminieren?«
»Thommie hat mir gesagt, dass Sie dem Projekt Ihren Segen erteilten.«
»Gut, nehmen wir einmal an, es sei so gewesen, mit welcher Intention?«
»Sie stellen komische Fragen! Um Gemüse anzubauen natürlich. Kein Mensch dieses Planeten wird erleben, dass ich mit künstlichem Dünger hantiere. Gesunde Ernährung beginnt auf der eigenen Scholle!«
»Sagt wer?«
»Angus Thinnson MacDonald schrieb es.«
Hatte sie in seinen Unterlagen gestöbert, den Computer durchforstet? »Wann habe ich denn die Erlaubnis erteilt?«
»Vorgestern«, antwortete Miss Armour und stützte sich auf der Schaufel ab.
»Schön, machen Sie weiter. Vielleicht könnten Sie sich aber etwas beeilen? Der Gestank ist beträchtlich.«
»Gut Dung will Weile haben.«
»Sagte ich das auch?«
»Weiß ich nicht!«, antwortete sie und warf die Schaufel wieder in die Luft. »Karen wird nichts gegen meine natürliche Kompostierung haben, oder?«
Meine Güte!, dachte MacDonald. Schon einige Zeit hegte er den Verdacht, dass sie Frau Doktor gegen ihn aufhetzte. Von Thomasinas dauernder Präsenz in seinem Haus wusste Karen nichts. Alberto hatte deshalb, als er ihn danach fragte, in ein Hornissennest gestochen. Ihm wiederum hatte niemand erläutert, womit die junge Dame ihren Lebensunterhalt bestritt, und jetzt noch zu fragen, wäre unpassend gewesen. Im Arbeitszimmer rief er William an, um zu eruieren, welchen neuen Titel Panicker sich erhoffte. Als MSP, Mitglied des schottischen Parlaments, hatte sein Bruder gute Kontakte und würde sich gerne für ihn erkundigen.

Alberto wälzte wieder das Branchenbuch. Die Firma Robertson, Klempner Peters letzter Arbeitgeber, befand sich wie die Villa Buongiorno in Fountainbridge und so ging er zu Fuß. Sympathisch war der Laden: Regale aus dunklem Holz, ein spiegelblank gewienerter PVC-Boden und ordentlich gereihte Waren. Mister Robertson, ein dickbäuchiger, blasser Schotte Ende vierzig, stand hinter dem langen Tresen und bediente einen Kunden, nach Albertos Einschätzung allzu geflissentlich. Der hat immer noch ein schlechtes Gewissen, dachte er, gut, dann wird er keine Schwierigkeiten machen. Robertson war anderer Meinung. »Sie wünschen!«, blaffte er ihn an, nachdem der Kunde gegangen war und klappte ein Brett im Tresen, das Alberto erst jetzt bemerkte, kraftvoll nach oben.

Der ließ sich nicht einschüchtern. »Kennen Sie mich noch?«
»Natürlich, der Mann, der uns aus seinem Haus warf!«
»Sie müssen mir helfen«, erwiderte Alberto.
»Ich muss überhaupt nichts!«
»Okay, Sie können mir helfen. Ich möchte nur eine bescheidene Auskunft.«
»Sehe ich wie ein Informationsbüro aus?«
»Bei Ihnen hat Peter früher gearbeitet. Er ist Mitte dreißig und Ire. Man kann ihn gut an seinem Glatzkopf erkennen.«
»Empfehle Ihnen das Branchenbuch!«
»Grazie! Als ob ich das nicht längst studiert hätte!«
»Auf Wiedersehen.«
»Gut gesagt, denn ich komme auf jeden Fall wieder!«

Robertson hatte nicht die geringste Vorstellung, auf was er sich einließ. Alberto suchte das Geschäft in den folgenden Stunden wieder und wieder auf. Jedes Mal kaufte er etwas: Dichtungsringe, dann einen Wasserhahngriff, wieder Dichtungsringe. Wie beiläufig erkundigte er sich bei den Angestellten nach dem netten, jungen Mann Peter. Kurz vor Feierabend verließen Robertson die Nerven. Als er Alberto auf das Geschäft zusteuern sah, rannte er in den rückwärtigen Hof. »Gebt ihm alles, was er will! Ich muss in einem vergangenen Leben schreckliche Dinge begangen haben, dass man mich derart heimsucht!

Das ist ja wie in Indien!«, konnte man ihn rufen hören. So kam Alberto zu Peter Piries Telefonnummer. Wie eine Trophäe trug er den Zettel vor sich her und war zu Hause so nervös, dass er sich vertippte und wildfremden Menschen die einstudierte Rede aufsagte. »Vermutlich kennen Sie mich nicht mehr. Mein Name ist Alberto Vitiello. Ich führe ein Guest House in der Leamington Terrace in Fountainbridge. So, ja, ich verstehe, Sie sind kein Klempner. Entschuldigen Sie bitte vielmals.« Beim vierten Anlauf klappte es tadellos. Pirie war am Apparat und er erinnerte sich auch an Alberto, hatte er ihm doch damals ein saftiges Trinkgeld in die Hand gedrückt. Das Erfreulichste aber war, dass er bereits am nächsten Tag die Arbeit aufnehmen würde. Vitiello konnte es kaum fassen und selbst Maria war überwältigt. Allerdings kannte sie die Konditionen für den Auftrag nicht …

Als MacDonald am nächsten Morgen erwachte und das Schlafzimmerfenster öffnete, hatte sich der Gestank etwas verflüchtigt und im Erdgeschoss wurde gehämmert. Keine Frage, wer es war: Miss Armour rückte einer pestidizierten Flugananas zu Leibe! Er ging ins Badezimmer und duschte. Seitdem die Damen bei ihm wohnten, empfand er es als unschicklich, sein Frühstück im Bademantel einzunehmen. Er kleidete sich an und sah wieder in den Garten. Sir Robert, sein fuchsroter Kater, ließ sich seltener denn je blicken. Mit Miss Amour stand er auf Kriegsfuß, spürte, dass sie ihn nicht mochte. MacDonald schritt nach unten. Vor der Küche holte er tief Luft. »Guten Morgen.« Seine Nemesis hockte mit einer Kokosnuss auf dem Boden. »Wie ich sehe, sorgen Sie für Abwechslung auf Ihrem Frühstücksteller.«

Armour senior nickte heftig. Einem Menschen mit schwächerer Halsmuskulatur wäre der Kopf weggepurzelt. »Eben schnaubten Sie wie ein Wasserbüffel.«

»Wenn Sie meinen, dass ich … oh, guten Morgen, Miss.« Thommie war ins Zimmer getreten. Ihren Kopf krönte ein Turban und der Rest des Körpers war mit einem T-Shirt bedeckt, das weit oberhalb der Knie endete. Schuhe oder Socken trug sie keine. Angus wusste nicht, wie er diese leichtschürzige Kostümierung ignorieren sollte.

»Hallo, Mister Mac. Haben Sie gut geschlafen?«

Er räusperte sich. »Oh ja, danke. Sie hoffentlich auch? Ist Ihnen nicht kalt?«

Sie schüttelte den Kopf, weitaus reizender als die Frau Mama, und holte sich Cornflakes aus dem Schrank, die sie ohne ein Quentchen Milch fingerspitzig zu sich nahm, stehend, mit Blick in den Garten. Im Gegensatz zum Hausdrachen mochte die junge Frau Sir Robert. Ihre Mutter hob zum finalen Schlag an und spaltete die Kokosnuss in zwei Teile. Kein Wunder, dass sein Kater das Weite suchte. »Es ist geschafft!«

»Darüber sind wir alle sehr froh, Miss Armour.«

»Ihre Gesundheit würde von Vitaminen ebenfalls profitieren! Weil wir gerade beim Thema sind: Haben die Waddells sich gemeldet?«

»Bei mir nicht, äh, ich meine, Sie riefen bislang noch nicht an.« Hohe Zeit für einen Themenwechsel! »Thomasina, wir waren bei Mister Panicker.«

»Super! Hat er Ihnen helfen können?«

»Wobei bitteschön?«

»Er interessiert sich für spirituelle Erleuchtung, hat sogar einen Berater.«

»Wie interessant! Ich bezog mich jedoch auf das Soßenproblem.«

»Die Pathia-Soße?«, fragte sie lächelnd. »Stimmt's?«

»Äh, durchaus, ja. Leider fand unser Gespräch ein abruptes Ende. Mein Kollege Vitiello setzte sich, seiner Unerfahrenheit mit der indischen Lebenswelt geschuldet, etwas in die Nesseln.«

Thomasina sah ihn mit offenem Mund an. Ihre Mutter, die länger Umgang mit dem Vielfraß hatte, übersetzte: »Sein kleiner Italiener hat sich blamiert, woraufhin Devasrees Vater die Nase voll hatte und die beiden rauswarf!«

»Nun ja, das ist etwas drastisch formuliert, Miss Armour. Wir sind nicht als genuine Feinde geschieden.«

Thomasina nickte. »Er ist ein empfindlicher Mann. Das hatte ich Ihnen ja gesagt.«

»Kennen Sie den Herrn gut?«

»Er ist Devasrees Vater.«

»Wissen Sie etwas über das Malheur mit seinem Sitz im House of Lords?«

»In Westminster, England?«, fragte Miss Armour lauernd und sehr neugierig.

»So ist es. Panicker soll ein Sir werden. Nun kommen aber Gerüchte auf, dass Bestechung im Spiel sei.«

»Muss uns das wundern? Menschen sind von Natur aus neidisch«, sagte Armour senior. »Bestimmt hat jemand dieses Gerücht ausgestreut, um ihm zu schaden.«

Warum nahm sie den Vater in Schutz, wenn sie von der Tochter nichts hielt?, dachte MacDonald. »Möglich. Man munkelt jedenfalls, dass eine großzügige Spende an die Conservative Party eine Rolle spielte.«

»Ist doch egal! Man hat seine Pathia-Soße versalzen. Darum geht es.«

»Herzlichen Dank für den Hinweis, Miss Armour. Das eine lässt sich vom anderen nicht trennen. Möglicherweise steckt derselbe Feind dahinter und ...«

»Sicher nicht!«

Angus seufzte tief und lang anhaltend.

»Da haben Sie es wieder!«

»Bitte?«

»Ihr Schnauben.«

»Nächster Schritt?«, fragte Thomasina.

»Da Mister Panicker die Kommunikation vorerst abbrach, will ich mich dem Geheimnis der Pathia-Soße widmen. Vielleicht öffnet sich so die Büchse der Pandora.«

»Wieso denn das?«, fragte Thomasina bang.

»Eventuell will ein Konkurrent Panicker aus dem Geschäft drängen. Die Pathia-Soße beschert ihm großen Umsatz. Ich muss also wissen, ob sie leicht zu kreieren ist. Falls nicht, bleibt einem geschäftlichen Widersacher nur die Möglichkeit, sie zu verunglimpfen. Bringt er dann eine billige Kopie auf den Markt, steigt der Absatz.«

Thomasina hatte folgendes Problem: »Aber was ist, wenn sich jemand an den Geschmack des Originals erinnert?«

»Es gibt andere Firmen, die Pathia-Soße produzieren«, ergänzte Miss Armour, »was sollte ein Übeltäter also davon haben, nur Panicker vom Markt zu entfernen?«

»Wir wissen nicht, was der Kriminelle danach macht. Vielleicht ist der Plan, weitere Konkurrenten ebenfalls zu verdrängen. Selbstverständlich werde ich weitere Soßen verköstigen. Sie erwähnten vorhin einen spirituellen Berater Panickers, Thomasina. Was hat es damit auf sich?«

»Ich weiß nur, dass Aadi in der letzten Zeit psychisch instabil war und so eine Art Guru aufsuchte.«

»Haha, dass ich nicht lache! Sämtliche Probleme der Welt lassen sich mit einer ausgewogenen Diät beheben.«

MacDonald schüttelte den Kopf, freute sich, eine Marschrichtung zu haben. »Wo ließe sich mit diesem Herrn reden?«

»Was soll das denn bringen?«, fragte Thommie quengelnd.

»Vielleicht kennt er Mister Panickers Feinde.«

»Sie glauben ans Spirituelle?«

»Tja, es ist nicht unbedingt eine viel versprechende Spur. Doch im Moment bin ich über jeden Strohhalm froh.«

»Ich werde mich darum kümmern«, sagte Miss Thomasina ominös. »Wollen wir uns jetzt an die Soße machen?«

MacDonald stutzte. Wieso hatte die junge Dame Interesse an einem spezifischen, kulinarischen Test? Für gewöhnlich kochte sie allenfalls Wasser …

Alberto fuhr zum Waitrose-Supermarkt auf der Morningside Road, um auf eigene Faust zu ermitteln. Normalerweise war das Geschäft nicht seine erste Wahl beim Shoppen. Viel zu teuer und *posh* waren die Artikel, durch und durch ein Supermarkt der Upper Class. Wer benötigte Dutzende Sorten Mineralwasser? San Pellegrino reichte aus! Alberto steuerte zielsicher die Sektion mit indischen Lebensmitteln an. Panickers Pathia-Soße war in großer Zahl vorhanden. Er kaufte drei Gläschen und fuhr gemächlich nach Hause. Als er die Tür aufschloss, kam Maria ihm entgegen. »Wieviel Geld hast du dem Mann gegeben?«

»Wovon redest du?«, fragte er mit gespieltem Entsetzen.

»In der Küche wartet dein Idol, Klempner Pirie.«

»Er ist schon hier? Viel zu früh!«

»Sag das ihm und nicht mir. Nun?«

»Ich verstehe überhaupt nicht, wer solch komische Sachen sagt, von wegen Geld geben.«

»Dein Freund hat es jemandem prahlerisch am Handy erzählt.«

»Du kennst den Betrag?«, fragte Alberto kleinmütig.

»Ja, aber ich hoffe immer noch, mich verhört zu haben. Hast du ihm eintausend Pfund gezahlt?«

Alberto nickte.

»Gütiger Gott! Was geschieht hier nur?«

»Wie soll ich denn einen guten Handwerker bei der Stange halten? Das verrate mir, Ehefrau.« Dass er die tausend Pfund der Sekretärin zu treuen Händen gegeben hatte, würde er niemals gestehen!

»Du bist unbelehrbar. Wenn er nach dem Termin heute wieder auftaucht, können wir uns glücklich schätzen.«

»Wo ist Peter Pirie?«

»In der Küche. Hab ich doch gesagt!«

»Va bene. Ich übernehme nun das Ruder.«

»Wie sehr mich das beruhigt! Der Herr des Hauses ist hier und ich kann mich zum Shopping aufmachen.«

»Tu das. Ciao, bella! E buon divertimento!«

»Ich kaufe Toast und Orangensaft für unsere Gäste! Mal sehen, wieviel Vergnügen ich dabei haben werde!«

Maria packte ihre Tasche, die bereits am Eingang lag und verließ das Haus. Ihr Gatte ging in die Küche, wo Pirie leise vor sich hinpfiff. Als er Alberto sah, stand er auf und verneigte sich leicht. Er hatte einen teuren, hellbeigen Angorapullover und Hosen im selben Farbton an, eine exotische Handwerkertracht. Bäcker trugen ja auch keine Smokings! Auf seinem Kopf spross nicht ein Haar und so war die verbrannte Stirn sehr prominent. Alberto stellte seine Einkaufstüte auf dem Tisch ab. »Bleiben Sie sitzen. Tut mir leid, dass Sie warten mussten.«

»Macht nix, Mister Vitiello. Ich hab derweil Ihrem Fasan zugesehen«, sagte der Klempner lüstern. »Sie sind ein Feinschmecker?«

»Porca miseria! Charles wird niemals geschlachtet werden!«

»Sie essen gerne indisch ja?«

»Nein, das nicht.«

»Warum haben Sie sich dann Pathia-Soße gekauft?«

»Das ist eine lange Geschichte. Aber Sie sind ein scharfer Beobachter.«

»Bringt mein Beruf so mit sich.«

Was immer das heißen mochte, dachte Alberto.

»Der Produzent wohnt in South Queensferry. Hab vor kurzem in seinem Haus gearbeitet.«

»Molto interessante.«

»Sie glauben mir nicht?«

»Doch, natürlich.«

»Kennen Sie seinen Butler?«

Was sollte er darauf antworten? Immerhin war er als Detektiv zur Vertraulichkeit verpflichtet.

»Ist eine komische Type.«

»Könnten Sie etwas genauer sein?«

»Wüsste nicht warum.« Der Klempner merkte, dass er seinen Kunden zu unhöflich behandelte. »Man munkelt, dass er sich gerne etwas dazuverdient …« Pirie verneigte sich abermals vor ihm und legte die Hände aufeinander.

Von seiner Internetrecherche wusste Alberto, dass es der traditionelle indische Gruß war. »Haben Sie einen Bezug zu Indien?«

»Wenn ich ein Curry Vindaloo gegessen habe! Dann singt Johnny Cash in meinem Bauch.«

Vitiello musterte ihn fassungslos, und so langsam kamen ihm Zweifel an den handwerklichen Fähigkeiten des Mannes.

»Ring of Fire! Einen Feuerring habe ich im Bauch. Nach dem Curry. Verstehen Sie?«

»Haha, irrsinnig unterhaltsam. Folgen Sie mir bitte.« Er führte Pirie ins Schlafzimmer und erläuterte ihm den Plan. Ein Teil des Raumes sollte abgetrennt und zu einem Badezimmer mit Toilette umgebaut werden. Der Handwerker war sofort wie verwandelt, mit Eifer bei der Sache, machte sich sogar Notizen.

»Kann ich Sie nun alleine lassen, Peter?«

»Selbstverständlich. Ich gehe kurz zum Wagen und hole mein Werkzeug.«

Alberto brachte den Klempner zur Tür und wartete, angesteckt von Marias Sorge, bis er wieder eintrat. Er schloss die Haustür und ging in die Küche, wo er zwei Gläschen der Pathia-Soße in den Küchenschrank räumte. Das dritte öffnete er. Als ausgebildeter Chef de Partie ging er systematisch vor und machte zunächst eine Kaltprobe. Schmeckte gar nicht so schlecht wie befürchtet, ordentlich Zwiebeln und Knoblauch drin, buono.

»Hallo, Mister Vitiello?« Peter wartete seine Antwort nicht ab und trat ein. »Können Sie mir verraten, wo die Toilette ist?«

»Sie verlassen meine Küche, gehen in den Flur, die Treppe hoch, der erste Raum zur Rechten.« Der Klempner tippte sich an die Stirn und rannte aus der Küche. Musste ein Notfall sein, dachte Alberto und zog einen Topf hervor, um die Soße zu erwärmen. Ein weißes Probiertellerchen stellte er daneben. Keine zwei Minuten darauf schrie Pirie infernalisch: »Hilfe, zu Hilfe! Hier kann ich auf keinen Fall arbeiten!«

Porca miseria! Der Kerl war wohl geflogen. »Was soll das heißen?«

»Bei Ihnen spukt es!«

»Seien Sie vorsichtig. Keiner macht sich ungestraft über Alberto Vitiello lustig!«

»Verzweiflung, äh Verzeihung, war nicht meine Absicht. Aber Sie haben ein Gespenst!«

»So? Habe ich das? Sitzt es in der Toilette? Oder kroch der Geist vielleicht aus dem Wasserhahn?«

Pirie überlegte kurz. »Weiß ich doch nicht, wo er herkam!«

»Wollte der Herr Ihnen einen Schraubenschlüssel stehlen?«

»Tee!«

»Come?«

»Das Gespenst hat Tee verlangt, ›anständigen Tee‹, um genau zu sein.«

»Soll ich ihm eine Tasse indischen Darjeeling aufbrühen? Selbstverständlich echten vom Himalaya, keine billige Kopie.«

»Unglaublich! Genau das hat der Kerl auch gesagt! Jetzt reicht's! Ich gehe!«

»Für einen Moment war Ihre Nummer nett. Aber jetzt machen Sie sich bitte wieder an die Arbeit.«

»Nein! Schauen Sie doch selbst, wenn Sie mir nicht glauben! Sofern Sie sich von Ihrer Pathia-Soße losreißen können.« Pirie verließ das Haus. Alberto zog den Topf vom Herd und ging nach oben, um der Sache auf den Grund zu gehen. Warum rumpelte plötzlich sein Magen?

*»Ae scabbit sheep will smit a hail hirsel.«*

Ein fauler Apfel kann den ganzen Korb verderben.

# Kulinarisches Rendezvous

MacDonald freute sich über Thomasinas Gesellschaft. Doch warum band sie seine gute Kochschürze im Familienkaro um? Nur Clanmitglieder sollten das tun. Zahlreiche Personen, darunter Karen, hatten ihn schon wegen Aberglaubens verspottet. Träte sie nun zufällig in die Küche, entstünde eine große Wirrnis.

»Sie schauen so traurig, Mister Mac. Ist es, weil ich die Adresse von diesem Guru noch nicht hab? Oder wollen Sie Ihre Schürze lieber selbst tragen?«

»Wie kindisch wäre das«, erwiderte Angus mit der Gebärde eines Königs, der auf ausgedehnte Ländereien verzichtet. Konnte es sein, dass Thomasina nervös war? »Fangen wir an.« Auf dem Küchentisch stand ein Töpfchen mit warmer Pathia-Soße, Brot zum Auftunken, zwei Essteller, Löffelchen und schöne Stoffservietten. »Wir probieren die Soße erst pur, dann mit Brot. Einverstanden? Sollen wir eine Art Blindprobe machen?«

Die junge Frau machte große Augen. »Was ist das?«

»In dem Fall schmecken wir, ohne vorher die Zutaten vom Etikett abzulesen.«

Thomasina nickte. »Klar, klar. Hört sich spannend an. Los geht's!«

Sie kosteten beide. »Nun, was meinen Sie?« Eine elaborierte Antwort erhoffte er sich nicht, gehörte die junge Dame doch zur Generation Fast Food.

»Soll ich alles aufzählen?«

»Ich bitte darum«, antwortete er gütig.

»Okay, Zwiebeln.«

Das war offensichtlich. »Ja, und weiter?«

»Knoblauch, Karotten, rote Paprika …«

MacDonald war verwundert. Es bestand natürlich die Möglichkeit, dass sie das Etikett schon vorab studiert und auswendig gelernt hatte, um ihn zu beeindrucken.

»… Tomaten und Gewürze.«

Er hatte eine noch präzisere Vorstellung. Doch der Gentleman ließ einer Dame immer den Vortritt. »Können Sie auch sagen, welche Gewürze?«

»Natürlich.«

Oha! Jetzt wurde es spannend!

»Ingwer, Kreuzkümmel, Koriander. Aber ich hab schon genug geplaudert. Sie sind dran, Mackie.«

Mackie! Das hatte sich noch niemand getraut. »Alles, was Sie sagten, trifft zu. Ein weiteres Gewürz ist Gelbwurz. Er gibt der Soße die schöne Farbe. Auch können wir davon ausgehen, dass zum Anbraten *Ghee* benutzt wurde. Ich schmecke noch mehr Dinge heraus, kann sie aber im Moment nicht benennen. Minze vielleicht … rundherum ein gutes Produkt, alles ohne chemische Zusätze und dergleichen Dinge.«

»Hab's Ihnen doch gesagt. Wollen wir jetzt auf die Zutatenliste sehen?« Thomasina holte ein Gläschen und studierte das Etikett.

»Nun?«

»Jop, haben fast alles erraten, was drauf steht, sind echt ein gutes Team.«

»Mir gefällt Ihr Jargon.«

»Mein Pulli …?«

»Eher die Art, wie Sie sich ausdrücken.«

»Sie nehmen mich auf den Arm!«

»Aber nein. Was, äh, lehrt uns die Verköstigung?«

»Dass es schwierig wäre, eine so gute Soße zum gleichen Preis herzustellen?«

Wieder erstaunte sie ihn. »So ist es. Auch, dass unser Gläschen unmanipuliert war.«

»Wenn man ein Labor hat wie Aadi …?«

»Bitte? Der Herr besitzt ein eigenes Labor?«

»Denk schon. Wieso?«

»Er hätte längst testen können, ob man außer Salz noch etwas anderes beimischte.«

»Hab Ihnen ja erzählt, dass er eitel ist. Wenn der ehrenwerte Aadi zu viel Salz schmeckt, lässt er das nicht überprüfen.«

»Da wir gerade so nett beieinandersitzen: Könnten Sie mir etwas über Mister Panickers familiären Hintergrund berichten?«

»Sie wollen, dass ich einen Bericht für Sie schreibe?«

MacDonald lächelte. »Nein, Sie sprachen von seiner Eitelkeit. Auch kennen Sie die Tochter. Wie sieht es mit dem Rest der Familie aus?«

»Die Söhne sind schon älter, wohnen nicht mehr zu Hause.«

»Arbeiten Sie im Betrieb?«

»Nö, haben sich früh abgesetzt. Fanden's zu schrecklich daheim. Muss irgendwann 'nen Streit gegeben haben.«

»Das ist für eine indische Familie ungewöhnlich. Was macht die Tochter beruflich?«

»Devasree studiert Psychologie und die Mutter hält sich im Hintergrund. Ist nicht gerecht.«

»Wie meinen Sie das?«

»Mrs Panicker hat die Soße erfunden, nicht Aadi.«

»Die Pathia-Soße?«

Thomasina lächelte und schaute in Richtung des Gläschens. »So sieht es aus. Die anderen Produkte auch.«

»Seltsam, sämtliche Quellen sagen, dass der Herr federführend ist.«

»Quatsch, für die Rezepte ist seine Frau zuständig. Ihre Quellen sind falsch.«

»Nun, wie kommt die Dame des Hauses damit zurecht, will sagen …«

»Weiß schon, wen Sie meinen. So lala, hat mir Devasree erzählt.«

»Ich könnte mir vorstellen, dass es nicht einfach ist, Kinder zu erziehen, sämtlichen Pflichten eines Haushalts nachzugehen und nebenher noch Rezepte zu entwickeln.« Er selbst machte nur Letzteres und war bereits ausgelastet.

»Stimmt genau.«

»Ich sollte mit der Dame sprechen.«

»Schwierig, schwierig. Da gibt es kulturelle Barrieren. So 'n westlicher Mann kann nicht einfach mit 'ner indischen Frau reden.«

»Dann wenigstens mit der Tochter?«

Als es an der Haustür klingelte, erschrak MacDonald. Wer konnte das bloß sein? Er nickte Thomasina zu und ging zum Eingang. »Oh, Karen, was für eine nette Überschwemmung, äh, Überraschung.«

»Ich habe immer noch nicht verstanden, warum Karen böse wurde«, sagte Alberto in Angus' Küche. In Wahrheit hatte er alles begriffen, doch die gequälte Miene seines Freundes war zu lustig, und weil er von seiner besseren Hälfte die Hölle heiß gemacht bekam, freute er sich über jeden Leidensgenossen.

MacDonald suchte nach Worten. »Sie hat uns überrascht ...«
»In flagranti?«
»Selbstverständlich nicht und auch vollständig bekleidet!«
»Was missfiel ihr denn?«
»Das Maß unserer Vertrautheit, welches zum Vorschwein, äh, Vorschein kam.«
»Du und Thommie?«
»Ja! Ich und Thommie! Sie trug meine Kochschürze mit dem Familientartan.«
»Die darf doch niemand außer dir anlegen.«
»Eben! Dann assoziierte Thomasina frei darauflos, wie auf der Couch eines Psychoanalytikers, war der Auffassung, ich wollte sie zu einer Bootsfahrt einladen!«
»Karens Bootsfahrt?«
»Signor Vitiello! Ich darf um Ruhe bitten, damit ich den Hergang chronologisch, ohne Unterbrechungen, schildern kann?«

Alberto nickte. Nur die Ahnung eines Lächelns war auf seinem Gesicht auszumachen.

MacDonald gab sich damit zufrieden. »Thomasina entdeckte den Prospekt und dachte, sie sei eingeladen.«
»Lag er in der Küche?«
»Nein, in meinem Arbeitszimmer.«

Alberto hob die Hände in die Luft. »Auweia!«
»Heute strapazierst du mein Nervenkostüm! Ich verstehe selbst nicht, was sie in meinem Büro suchte. Bevor du mir jetzt

die Frage stellst, ich sprach sie darauf an. Um zu lüften, war die Antwort. Den Armours fällt immer etwas ein.«

»Karen war also nicht zu besänftigen?«

»Nein, versetz dich in ihre Lage. Sie kam, um mir grünes Licht für Abendessen und Bootstour zu geben und kaum hatte sie ausgeredet, sprang Thomasina auf und sagte: »Aber die hat er doch mir versprochen! Fahren wir nun zu dritt?«

»Porca miseria! Hört sich an, als ob der Haussegen gewaltig schief hängt. Die kleine Armour scheint allerdings einen Narren an dir gefressen zu haben.«

Angus lächelte beglückt. »Wie kommst du darauf?«

»Tja, wie? Überleg doch mal. Sie möchte gerne eine Bootstour mit dir machen …«

»Du hast recht. Könnte sein.« MacDonalds Laune besserte sich spürbar.

»Gibt es zu unserem Fall etwas Neues?«

»Ich hatte dir bereits am Telefon berichtet, dass die Soße hervorragend schmeckt. Meines Erachtens ist deren Qualität schwer nachzuahmen, nicht zum bestehenden Preis. Wenn jemand Panicker vom Markt gedrängt hat, müsste er danach um einiges teurer werden.«

»Was mit dem Monopol nicht schwierig wäre.«

»Du hast Recht. Oder es wird eine schale Kopie produziert. Thommie, ich meine Thomasina, hat einen neuen Termin mit Mister Panicker ausgemacht. Sie war übrigens exzellent auf unsere Blindprobe vorbereitet und hatte ein verblüffendes Wissen über die indische Küche.«

»Du meinst, vom Verzehr ihrer Takeaway-Mahlzeiten kann es nicht kommen?«

»So ist es. Ich denke, sie hat mit einem Experten der indischen Küche Kontakt, und zwar schon länger …«

Alberto klatschte in die Hände. »Molto bene. Wann fahren wir zu Panicker?«

»Leider gibt es, äh, eine kleine Änderung. Der Herr hat mich gebeten, alleine zu erscheinen.«

»Hat er was gegen mich?«

»Nein, natürlich nicht.« Es war vermutlich der Grund, aber Angus wollte seinen Freund nicht verletzen.

»Panicker wird mich mit einem Fluch belegen!«

»Die Sache scheint dich stark zu belasten.«

»Ganz zu schweigen von meiner Frau«, sagte Alberto. »Heißt das, dass du mich für den Fall nicht mehr brauchst?«

»Im Gegenteil. Ich hätte sogar eine spannende Aufgabe für dich. Interessiert?«

»Machst du Witze? Ich bin froh über jede Angelegenheit, die mich aus dem Haus führt.«

»Du könntest Panickers spirituellen Berater aufsuchen.«

»No! Zu viel verlangt! Wo mir die komische Soße schon fürchterliche Magenschmerzen bescherte. Ich glaube, dieser Panicker mischt Dinge unter, die nicht auf dem Etikett stehen.«

»Was sollte das sein, Alberto?«

»Ich weiß es noch nicht!«

Wer hatte die exzellente Pathia-Soße erfunden? Als erfahrener Detektiv würde MacDonald die gegensätzlichen Informationen checken. Zur Klärung war kein Restaurant besser geeignet als das Kebab Mahal. Den Besitzer bat er, sich in der Sache umzuhören. Bereits eine Stunde später klingelte das Telefon. Alberto war nicht verfügbar und so fuhr er alleine hin. Ein Stammgast, Mister Singh, war bereit, mit ihm zu sprechen. Wie es der Zufall wollte, hatte der Gentleman früher für Panicker gearbeitet. Als MacDonald den Imbiss betrat, überkam ihn eine wohlige Vorfreude. Hier mundete alles: Currys, Basmatireis, Naanbrot, Lassi. Könnte man doch in einem Restaurant ein Zimmer beziehen! Dass auch Inder hier aßen, war eine exzellente Bestätigung für authentisches Essen, kein minderwertiges »Curry in a Hurry«. Der Inhaber grüßte MacDonald überschwänglich und wies in die rechte, hintere Ecke. Am großen Tisch saß ein indischer Gentleman mit dunkelblauem Hemd westlicher Produktion, Kilt und Turban! MacDonald wusste, dass für die Kopfbekleidung bis zu 25 Meter Stoff vonnöten waren. So ein Turban war eine praktische

Sache, konnte als Kopfkissen dienen, abgewickelt als Leintuch oder auch zum Hochziehen und Filtern von Brunnenwasser benutzt werden. Der vollbärtige Besitzer war vermutlich ein *Sikh*. Im Punjab fuhren sie, wie man ihm erzählt hatte, oft Taxi und litten unter dem Spott ihrer Mitmenschen: Wenn sich jemand über ihren Fahrstil ärgerte, tippte er mit dem Finger auf die Armbanduhr. Das sollte bedeuten, dass es auf zwölf Uhr zuging: Wenn die Hitze am Größten war, so hieß es, kochten die Köpfe unter den dicken Turbanen. Ein gemeiner Scherz, aber es war vielleicht besser, er sah während des Gesprächs nicht auf die Uhr. Er lächelte dem Herrn zu und streckte ihm die Hand entgegen. Singh erhob sich und senkte den Kopf auf die Brust. »Angus Dhinnson MacDonald? Mein guder Freund hier sagde mir, dass Sie für ein indisches Gochbuch recherchieren. Jaja?«

Nun war MacDonald perplex. Das stimmte zwar, aber reden wollte er mit dem Herrn über etwas anderes. Warum hatte man ihn so eingeführt? Vor allen Dingen: Woher wusste der Wirt, dass er an »Currys für Connaisseure« arbeitete?

Hatte er Kontakt mit Panicker? »Äh, so ist es.«

»Fein! Bin ich im Bunjab geboren und kann viel sagen, jaja? Selbst Briden würdigen middlerweile die feinen Underschiede unserer Güche.«

»Verzeihung, Mister Singh, wollen wir vielleicht etwas zu uns nehmen? Sie sind herzlich eingeladen.«

Sein Gegenüber hob die Arme in die Luft. »Oh, under geinen Umsdänden kann ich annehmen.«

»Ich bestehe darauf, Sir.«

Singh wackelte in seltsamer Weise mit dem Kopf. »Schön, wenn Sie meinen …«

Über dem Lunch, beide wählten ein Lammcurry, Basmatireis, Naanbrot und einen Becher Lassi, unterhielten sie sich weiter. MacDonalds Gesprächpartner war ein kapitaler Esser und erwarb sich, ob bescheidener Körpergröße. seinen Respekt. »Mister Singh, wie ich höre, waren Sie für Mister Panicker tätig?« Schüttelte er nun den Kopf oder nickte er? Ja oder nein? Mit der schwingenden Bewegung vermied er eine eindeutige Position. Es konnte auch ›vielleicht‹ oder ›wahrscheinlich‹ bedeuten. »Zumindest erzählte man mir das.«

»So sdimmd es auch. Lange Jahre war ich in Banickers Brodugdion beschäfdigd, Einhaldung der Hygiene vor allem.« Singh rutschte auf seinem Stuhl hin und her. »Doch warum wollen Sie das wissen?«

»Weil ich bestrebt bin, in ein Länderküchenbuch möglichst viele Facetten einzubringen. Fertiggerichte und -soßen spielen natürlich eine Rolle. Sie wissen ja, wie bequem manche Menschen dieser Tage sind. Es soll sogar welche geben, die niemals mehr hinter dem Herd stehen, ausschließlich die Mikrowelle benutzen und ...«

»Habe versdanden!«

»Wo arbeiten Sie jetzt, wenn ich fragen darf?«

»Bin ich selbsdsdändig.«

»Können Sie als Freiberufler die Hygiene von Betrieben kontrollieren?«

»Nadürlich! Überhaupd nichds sprichd dagegen.«

MacDonald hatte seine Zweifel. »Genossen Sie Ihre Zeit in der Firma?«

»Oh ja, wer überwunden had die Bewerbung, kann sich wohl fühlen.«

»Könnten Sie das bitte erläutern?«

»Grilld Misder Banicker die Brobanden.«

»Er hat Zeit, sich um Bewerbungen zu kümmern?«

»Banicker gondrollierd alles. Liesd Underlagen, und bei ausgewählden Gesprächen sidzd er hinder einem Spiegel.«

»Sodass die Bewerber ihn nicht sehen können?«

»Nadürlich, haha, Sonsd es wäre sinnlos.«

»Wann haben Sie das erfahren?«

»Had es späder jemand in der Firma erzähld.«

»Wie lange haben Sie für Herrn Panicker gearbeitet?«

»Mehr als drei Jahre. Dann drennden sich unsere Wege. Gehd es um meinen Beruf, mache ich geine Gombromisse. Zu viele Midarbeider bekamen einen Delhi Belly.«

»Durchfall? Dürfen die Angestellten denn von den Produkten kosten?«

»Jaja.«

»Bedeutet das, es wird nicht sauber gearbeitet?«

»Verzeihen Sie, aber darf ich in dieser Beziehung nichd mehr berichden. Mein ehemaliger Verdrag gebieded mir Stillschwigen …«

»Ich verstehe.« Konnte er als Sikh einen konfessionellen Streit mit dem Hindu Panicker gehabt haben? »Wissen Sie, wer die Pathia-Soße kreierte, Mister Singh?«

»War es offiziell Aadi Banicker.«

»Gut, und wenn wir hinter diese Kulisse blicken?«

»Seine Frau. In der Firma weiß das jeder.«

»Bemerkenswert, in sämtlichen Dokumenten steht, dass er der Erfinder sei.« Singh drehte den Kopf nach unten. Nun wusste MacDonald auch, wie ein indisches Nein aussah. Nicht viel klarer! »Wie haben die Mitarbeiter es herausbekommen?«

»Oh, Misder MacDonald, das ist nichd schwirig. Banicker had geine Ahnung vom Gochen. Wie sollde er da eine Soße gombonieren gönnen?«

»Von den anderen Produkten und Fertiggerichten nicht zu reden.«

»So isd es. Alles, was die Firma entwiggeld, stammd von der Misses.«

»Es muss sehr schwirig für die Dame sein, so im Verborgenen zu arbeiten.«

»Sie gönnen ein weideres Geheimnis wahren, Sir?«

MacDonald legte die Hand aufs Herz. »Aber ja.«

»Oft schon gab es Ehesdreid.«

»Denkt eine der beiden Parteien über Scheidung nach?«

»Davon weiß ich nichds. Behalden indische Familien solche Geheimnisse für sich. Nehmen Sie noch Budding, Sir?«

»Pudding? Wenn Sie mir Gesellschaft leisten, mit Vergnügen.«

»Oh je, ob ich das schaffe …«

»Sie müssen sich zwingen.«

»Muss ich?«

»Auf jeden Fall.« MacDonald reichte ihm die Speisekarte. »Kaffee doch auch?«

»Hm ...«

Wenn Singh den Kopf weiter so rasant wiegte, würde er ihm abfallen. Der Kellner brachte den Kaffee. MacDonald nippte daran und schob ihn zur Seite. Er hatte vergessen, dass es etwas im Kebab Mahal gab, das ihm nicht behagte. Andererseits hatte er bislang in keinem indischen Restaurant eine passable Tasse serviert bekommen.

»Ihnen schmeggd das Heißgedräng nichd?«, fragte Singh.

»Doch, doch.« Er sah ihn fragend an. »Ist Ihnen bekannt, ob der Herr des Hauses eine Liebschaft hat?«

»Weiß nichd, ob ich darüber sprechen soll ... mögen sie unsere Sweeds?«

»Indian Sweets? Aber ja. Lassen Sie uns beim Gehen zwei Kästchen mitnehmen.«

»Siehd es ganz so aus, wie Sie sagen.«

»Ist etwas Genaues bekannt?«

»Schoddische Dame, sehr jung und ungonvendionell ...«

Wollte er damit andeuten, dass Panicker die Dienste gewisser Damen in Anspruch nahm? »Wird Geld ausgetauscht, um die Liaison aufrechtzuerhalten?«

»Chi-chi! Aber das doch nichd!«

»Kennt man den Beruf der jungen Dame?«

»Niemand weiß es genau, vielleichd eine Sdudendin. Aber wie Sie das in Ihrem Buch verwenden, ist mir nichd glar.«

»Äh, wollen wir beide ein 500-Gramm-Kästchen Sweets mitnehmen?«

Singh nickte wieder, rätselhaft nun, griff in die Hosentasche.

Panickers »Verhältnis« war eine potenzielle und geradezu klassische Spur, dachte MacDonald: die Geliebte, die sich gegenüber der Gattin zurückgesetzt fühlte.

»Möchden Sie auch?«, fragte Singh mit einer gewissen Tücke, ein Betelblatt in der Hand.

»Oh, das!« Der Feinschmecker erinnerte sich an seine Aufenthalte in Indien: Wege und Wände waren mitunter mit dunkelroten Flecken gesprenkelt, von der Flüssigkeit, die Betelkauer ausspuckten. »Im Moment nicht, danke.«

Singh legte das Blatt auf eine Hand, strich aus einer Metalldose weiße Kalkpaste und kleingehackte Betelnüsse darauf. Luxuriöse Versionen enthielten noch Chutney und Gewürze wie Nelken oder Minze. Er faltete das Blatt zu einem kleinen Päckchen und schob es gierig in den Mund. »Wissen Sie nicht, was Sie verbassen, Sir!«

Doch, das wusste er sehr genau!

»Danach riechd gud der Mund und isd die Verdauung blendend!«

MacDonald absolvierte die schnellste Verabschiedung seines Lebens. Als er zügig davonging, hörte er Singh bereits in den Rinnstein spucken. Immerhin blieb ihm der Anblick verfärbter Zähne erspart. Der Himmel war wolkenlos blau und so beschloss MacDonald, zur Universität zu spazieren und irgendwo eine Kleinigkeit zu sich zu nehmen. Er hatte nicht erwartet, in einem Coffee-Shop eine seiner Mitbewohnerinnen zu sehen, in konspirativ wirkendem Gespräch …

Angus und Alberto saßen in Marias Treibhaus, das die Sonne mollig erwärmt hatte. Im Haus wollte Vitiello nicht reden. Seine Frau war immer noch verstimmt wegen Klempner Peter und es war klug, ihr aus dem Weg zu gehen.

»Willst du bald mit Panickers Guru sprechen?« Es war natürlich ein wenig gemein, Alberto damit aufzuziehen, ohne die Adresse zu besitzen.

»No!«

»Woran hapert es denn?«

»Ich habe im Guest House genügend Verrückte um mich.«

»Guru bzw. spiritueller Berater.«

»Ist mir doch egal, wie der Bursche sich verkauft!«

»Das Gespenst fordert dich sehr. Obgleich ich keinen Zusammenhang mit dem Fall sehe, ist es wahrscheinlich das Beste, du erzählst mir alles. Um es aus dem System zu bekommen.«

»Aber das sage ich doch immer!«

»Ich weiß, mein Freund. Hin und wieder wollen wir alle gebauchpinselt werden.«

»Allora, dann will ich dich nicht enttäuschen. Für unseren Fall ist es bedeutsam! Heute Nacht hat mich ein Yorkshirer Ehepaar aus meinem wohlverdienten Schlaf gerissen.«

»Wann genau war das?«, fragte MacDonald, den Albertos Lied über seine unverständigen Gäste ein bisschen anödete. Mehrfach hatte er ihm nahegelegt, Ohrstöpsel zu benutzen. Doch davon wollte sein Freund nichts hören. Angeblich fielen die Wachspropfen nachts auf den Boden.

»Gegen drei Uhr fünfzehn. Viel zu früh, um aus dem Tiefschlummer geholt zu werden! Da steht also dieser Yorkshireman und hämmert gegen meine Schlafzimmertür. Ich habe mir natürlich Sorgen gemacht. Wie du weißt, bin ich schon dreimal überfallen worden. Da hegt man gleich den schlimmsten Verdacht.«

»Natürlich«, erwiderte MacDonald, »ich fühle mit dir.«

»Der Mann sagte, er habe ein wahrhaftiges Gespenst gesehen.«

»Mit übergezogenem Bettlaken?«, konnte sich MacDonald nicht verkneifen zu fragen.

»Du warst derjenige, der die Geschichte hören wollte, oder?« MacDonald nickte gewichtig.

»Ich beruhigte ihn und bat um eine präzise Beschreibung des Vorfalls. Der Gentleman hatte am Wasserkocher etwas Verdächtiges bemerkt. Die Dinger knacken aber immer ein wenig, tags und nachts, hängt mit der Spannung zusammen. Leider konnte diese Erkenntnis ihn nicht trösten. Er bestand darauf, dass ihm eine Gestalt erschienen sei: ein weißhaariger, älterer Herr, der sich Tee zubereitete.«

»Was macht ihn so sicher, dass es ein Gespenst war?«, fragte MacDonald.

»Menschen gleiten nicht durch die Wand. Es handelt sich um den ersten Besitzer des Hauses, Mister Dinwiddie. Vor Jahren fand ich auf dem Dachboden eine Kiste, in der Fotos und auch seine Rezepte lagen. Der Mann war passionierter

Hobbykoch, eröffnete in Edinburgh im 19. Jahrhundert ein indisches Restaurant und eine indische Kochschule. Leider ist Dinwiddie irgendwann ein Missgeschick unterlaufen.«

»Kulinarischer Art?«, fragte MacDonald begierig.

»No, er lebte lange Zeit in Indien auf großem Fuß, als Raj. In dieser Zeit ging er gerne auf die Jagd. Seine stattliche Waffensammlung brachte er mit nach Schottland, wo sich aus einem Gewehr Schüsse lösten.«

»Durch ein Gespenst?«

»Ein Dienstbote war übereifrig. Gegen das Verbot von Mister Dinwiddie reinigte er die Gewehre. Eines war geladen. Der Schuss traf den Diener in den Magen.«

»Hat er überlebt?«

»Er siechte einige Tage dahin, bevor er starb und verfluchte seinen Herrn. Dinwiddie nahm das mehr mit, als er zugab. Angeblich hat er sich nie mehr richtig unter Menschen getraut und soll sich im Wahnsinn getötet haben.«

»Höchst fesselnd, aber leider ohne Bezug zu unserem Fall.«

»Non è vero. Das stimmt doch nicht.«

»Erleuchte mich.«

»Es kann kein Zufall sein, dass Dinwiddie gerade jetzt auftaucht, wo wir den indischen Fall übernommen haben.«

»Kann es nicht?«

»No! Panicker steckt dahinter. Er kann mich nicht ausstehen, weil ich frei meine Meinung äußere. Vielleicht will er auch Dinwiddies Rezepte an sich reißen.«

»Nach diesem Schema könnte es auch verwundern, dass ich, ein Curry-Buch schreibend, in einem indischen Fall ermittle.«

»Esatto!«

»Nein, du übertreibst mal wieder, Alberto.«

»Hat sich Panicker noch einmal gemeldet und mich auch zu dem Termin gebeten?«

»Leider nein. Interessiert dich, was ich im Kebab Mahal ermittelt habe?«

»Erzähl nur.«

Angus las von Albertos Miene, dass seine Gedanken immer wieder abschweiften. Falls er tatsächlich an die Existenz des Gespenstes glaubte, stand seine geistige Gesundheit in Frage! Noch mehr verblüffte MacDonald, dass er ihm die Dachboden-Rezepte über all die Jahre verschwiegen hatte. Allein die Abneigung gegen indisches Essen schien kein hinreichender Grund zu sein. Wenn er es sich recht überlegte, war auch Panickers Bitte, Alberto nicht mitzubringen, etwas drakonisch.

*»Oot on the brainch, the fruit is gey ripe.«*

Wer wagt, gewinnt.

# Dabbawallahs in Edinburgh

MacDonald hatte das vakante Badezimmer genutzt, und saß mit formschönen, goldenen Schaumkrönchen in der Wanne, als er den infernalischen Schrei vernahm: »Worhuoooor!« Pause. »Worhuoooor!!« Er patschte die Hand auf die Wasseroberfläche, ohne Pfützen auf dem Boden verursachen zu wollen. War das sein Kater? Miss Armour war in dieser Beziehung alles zuzutrauen. Noch halbfeucht warf er den Bademantel über und rannte los. Wie so häufig in der letzten Zeit, stand die Küchentür sperrangelweit offen, die Tür zum Garten ebenfalls. Jetzt schwante ihm Böses. Am Ende des Grundstücks, vor der hohen Steinmauer, drohte Miss Armour jemandem mit dem Besen. »Hallo, was machen Sie da?«

Armour drehte sich in Slow Motion um und MacDonald dachte, das Geräusch eines fallenden Baumes würde gut dazu passen.

»Fragen Sie Ihre Bestie!«

»War der Fuchs wieder da?«

»Papperlapapp! Um den kleinen Teufel geht es. Er hat mich gekratzt!«

Erst jetzt bemerkte er die rote, leicht gezackte Linie auf ihrer Backe, eine Katzenspur. »Gute Frau, Ihnen will ich etwas sagen. Solange Sie die Füße unter meinen Tisch strecken …«

»Juchhe, juchhe«, rief jemand aus dem oberen Stockwerk. Thomasina. »Ich komme nach unten. Bitte nicht streiten, ihr beiden.«

Miss Armour nickte ihm böse zu und er revanchierte sich. Zwei feindliche Panzer standen sich gegenüber. Dreißig Sekunden später war Thomasina bei ihnen. »Reicht euch die Hände.«

MacDonald, der diese Szene möglichst schnell hinter sich bringen wollte, drehte der Armour die Seite zu. Anstelle einer Pistole streckte er die Hand aus und ähnelte nun einem klassischen Duellanten.

»Jetzt du, Mutter.«

Armour senior imitierte ihren Herbergsvater, ohne es zu merken.

»Bravo! Der Tag ist viel zu schön, um zu streiten.«

»Thomasina hat recht«, sagte MacDonald, angetan von ihrer Freude am Schlichten. »Ich hätte aber noch eine Frage, Miss Armour.«

»Die wäre!«

»Waren Sie gestern an der Universität?«

»Derjenigen zu Edinburgh?«

»Ja-a!«

»Mit einem klaren Nein beantworte ich das.«

»Erstaunlich, ich hätte schwören können, Sie dort gesehen zu haben, mit einer Dame indischer Provenienz.«

Thomasina warf ihrer Mutter einen strengen Blick zu. »Nun, Mutter?«

»Wird das ein Verhör? Ich habe bereits geantwortet! Wenn ich nicht mehr gebraucht werde, desinfiziere und verarzte ich meine Wunde! Wer weiß, wo diese … Katze sich überall rumtreibt!«

»Sir Robert ist ein Edelkater«, sagte MacDonald, als sie mit dem Besen außer Hörweite war. »Zivilisten greift er aus Prinzip nicht an.«

»Weiß ich doch, Mackie.«

MacDonald blickte zu den Nachbarhäusern. Gott sei Dank waren alle Fenster geschlossen und niemand hatte es mitbekommen! »Lassen Sie uns reingehen, meine Liebe.«

Sie hakte sich bei ihm ein. »Ihnen würde ich überallhin folgen.«

»Das, äh, hört man gerne. Thomasina, ich habe gestern mit einem Herrn Singh gesprochen. Wissen Sie, ob Mister Panicker ein Verhältnis pflegt?«

»Mit einer Frau, meinen Sie?«

Er nickte.

»Typisch männliche Denkweise!«

»Wie bitte?«

»Nur weil seine Firma sabotiert wird, hat er kein Recht, fremdzugehen!«

Was für ein unproportional heftiger Gefühlsausbruch. »Nichts dergleichen habe ich behauptet.«

»Dann ist ja gut. Ich denk nicht, dass er 'ne Freundin hat. Soll ich uns Tee machen?«

»Wenn er aus schwarzen Teeblättern besteht, sehr gerne.«

Sie verstand wieder einmal nicht, was er sagte, kochte aber brav Wasser und holte Tassen, keine Unterteller. Das Adjektiv, welches sie trefflich beschrieb, war ›unkonventionell‹. Hatte das nicht auch Singh über Panickers Bekanntschaft gesagt? Nein, das konnte nicht sein …

»Geht es Ihnen schlecht, Mister Mac? Sie sind ganz blass.«

»Alles okay! Der Tee wird mir guttun.«

»Ich würde gern beim Treffen mit Aadi Panicker dabei sein.«

Noch so ein Paukenschlag! War heute Vormittag eine Orchesterprobe auf seinem Anwesen? »Wem sollte das dienlich sein?«

»Für meinen Dabawallah-Service.«

»Dabawaba …?«

»Nö! Dabbawallahs. Kennen Sie nicht? Die arbeiten in Mumbai.«

»Würden Sie mir bitte eine gedankliche Auffrischung geben?«

»Passen Sie auf. Es geht um so 'nen Takeaway-Service. Hausfrauen kochen das Essen am Vormittag und lassen es zu ihren Männern bringen, in Blechbüchsen.«

»Jetzt erinnere ich mich. Was bekommen die Gentlemen bei Ihnen zum Lunch? Auch Currys?«

»Jop, und Reis und Chutney und Fladenbrot. Jeder Dabbawallah holt ein paar Portionen ab und fährt sie zu einem bestimmten Treffpunkt, an dem ein Kollege übernimmt. Das geht noch zwei, drei Mal so weiter. Ein Lunch kann so bis zu siebzig Kilometer zurücklegen.«

»Sie sind ja blendend informiert«, sagte MacDonald.

»Klar, weil mir die Geschichte so viel bedeutet. Viele der Dabbawallahs können nicht lesen. Die Behälter sind deswegen mit 'nem Code aus Farben und Zahlen beschriftet. Die Fehlerquote liegt bei 0,0000001 Prozent. Von insgesamt sechzehn Millionen Behältern wird nur einer an die falsche Adresse gebracht.«

»Wenn das keine gute Logistik ist! So etwas wollen Sie für Edinburgh einrichten?«

»Äh, ja.«

»Was wäre der Unterschied zu einem Takeaway vom Restaurant?«

»So was fragen ausgerechnet Sie mich! Es schmeckt natürlich viel besser.«

»Wer soll das Essen zubereiten und ausliefern?«

»Hab mir gedacht, dass wir erst mal hier anfangen. Zustellen könnte Mutter.«

»Ein guter Einfall«, erwiderte MacDonald sarkastisch, »ist doch ausreichend Platz auf ihrem Anhängerchen und schnell fährt sie mit dem Rennrad auch. Ich nehme an, Sie suchen sich dann Stammkunden, die fünf Mal die Woche Ihr Essen ordern?«

Thomasina überlegte kurz. »So machen wir's!«

»Wir?«

»Mutter und ich«, antwortete sie betrübt.

»Natürlich stehe ich Ihnen mit gutem Rat zur Seite.«

»Prima! Das hatte ich gehofft.«

Verflixt! Nun hatte sie ihn überrumpelt. Seines Wissens konnte Thomasina nur Wasser erhitzen. Die Armour wiederum interessierte sich für Geschmack nicht die Bohne. »Wie sollte Mister Panicker Ihnen bei diesem Projekt behilflich sein?«

»Na, er kommt doch aus Mumbai und ist 'n kulinarischer Geschäftsmann.«

»Hm, und Sie denken nicht, dass er Ihr Projekt als Konkurrenz betrachtet oder eventuell nachahmenswert findet?«

»Nope! Das wird er nicht wagen!«

»Es tut mir sehr leid, aber ich halte es dennoch für keine gute Idee, dass Sie mich zum Treffen begleiten. Der Gentleman hat ausdrücklich darum gebeten, dass ich alleine erscheine.«

»Damit hat er Ihren Freund gemeint, nicht …«

»Wie bitte?«

Thomasina schlang die Arme um sich. »Vergessen Sie es. Ich seh zu, wie ich durchkomme!«

»Marktanalyse mit Kalkulation nebst Liste mit potenziellen Kunden wären förderlich. Besitzen Sie Töpfe, Pfannen und dergleichen Utensilien?«

»Noch nicht …«

Wider besseres Wissen hakte er nach. »Wie viele Essen wollen Sie pro Tag anbieten?«

»Och, nur eines, am besten mit einer Fertigsauce.«

»So wie die Pathia-Soße? Sie benötigen ein gutes Rezept dafür. Würde Ihre Frau Mutter denn tatsächlich mitmachen wollen?«

»Klar, klar. Bis das neue Projekt anfängt, hat sie eh nix zu tun. Sobald wir den Tandoori-Ofen im Garten aufgebaut haben, kann's losgehen.«

»Stop, stop! Was für ein Tandoori-Ofen?«

»Mann, Sie stellen Fragen! Den fürs indische Essen natürlich. Es muss doch echt schmecken.«

Thomasina war zwar ein unbedarfter Mensch, aber nahm sie wirklich an, das Projekt lediglich mit der Mutter stemmen zu können? Oder gab es einen unbekannten Helfer? Irgendwann würde noch ein indischer Elefant über sein Grundstück spazieren!

Die lange Fahrt nach South Queensferry hatte MacDonald etwas beruhigt und das große vegetarische Frühstück dann völlig besänftigt, sodass er über seine häusliche Situation entspannter nachdenken konnte. Konnte Thomasina Panickers Geliebte sein? Ein absurder Gedanke, aber als Detektiv war er verpflichtet, darüber nachzudenken. Die junge Frau reagierte stark emotional, als er sie nach einem Verhältnis Panickers fragte. Weil sie die Geliebte war? Dagegen sprach: Thomasina wollte bei seinem Treffen dabei sein. Als Liebschaft würde sie eine derartige Situation eher meiden wollen. Alberto, mit dem er während der Fahrt telefoniert hatte, lachte, bis er Bauchschmerzen bekam. Nach seinem Empfinden räsonierte Angus eher aus Eifersucht. Dann tauchte wie erwartet seine moralische Keule auf: »Ich habe gleich gesagt, es ist nicht gut, die Damen bei dir biwakieren zu lassen. Auch der Ärger mit Karen war vorprogrammiert. Hat sie sich noch mal gemeldet?« Nein! Auch war es überflüssig, ihn darauf anzusprechen. Als Angus sich revanchierte, Edinburghs Klempnermangel und den Hausgeist der Villa Buongiorno erwähnte, endete das Gespräch. Da sein wanderlustiger Freund nicht dabei war, konnte er den treuen Käfer gemächlich über die pittoreske Hauptstraße zum Ziel lenken. Auf dem Anwesen atmete er tief durch. Das Brimborium mit der Sicherheitsschleuse hätte er heute gerne ausgelassen, blieb noch einen Moment vor dem Haus stehen und begutachtete den Firth of Forth und seine herrlichen Brücken. Ruckartig wurde die Haustür geöffnet. Der Butler nickte ihm zu. Seine Haare waren heute noch stärker pomadisiert. Fast mochte man meinen, dass er Walfett benutzte. Kam er ihm deswegen verdächtig vor? »Hallo, Mister MacDonald. Wir warten bereits!«

»Schön, dann wollen wir mal ran an den Feind. Wo steht Ihre Apparatur bitte?«

»Sie sind unter Leuten, die es gut meinen.«

»Heißt das, ich muss nicht durch die spezielle Tür schreiten?«

»So ist es. Mister Panicker hat gesagt, dass Sie ein seriöser Gentleman sind und wir auf die üblichen Sicherheitsvorkehrungen verzichten können.«

Ein breites Grinsen legte sich über MacDonalds Gesicht. »Freut mich, das zu hören.«

»Wenn Sie mir bitte in die Küche folgen wollen. Mein Arbeitgeber sitzt an einer kulinarischen Anordnung und will Sie dabeihaben.«

»Ich wüsste nicht, was mir lieber wäre.«

Der Butler schritt voran und öffnete die Tür zur Küche. »Sir, Mister MacDonald ist hier.«

In den verchromten Bereichen konnte man sich spiegeln. Decke und Wände waren in der Farbe der indischen Gelbwurzel gehalten. Sehr geschmackvoll, dachte MacDonald. Ein riesiger, gläserner Kühlschrank enthielt unzählige Gläschen Pathia-Soße. Aadi Panicker lächelte ihn aus allen Richtungen an und überprüfte in persona, mit weißem Kittel und Hornbrille, eine Versuchsreihe auf dem langen Tisch: sieben gekochte Eier, mit Nummern versehen. »Ah, Misder MacDonald. Sie bewundern unsere Güche, nichd wahr? Ja, Saubergeid ist wichtig, außen wie innen. Das gild gleichfalls für den Menschen. Wer sich nichd bflegd, ist meisdens ein Lügner! Nadürlich gibd es auch saubere Schwindler, haha. So gönnen wir also unser *gub-shup* beginnen. Verstehen Sie, was ich hier mache?«

»Sie nehmen Ihr Frühstück zu sich?«

»Oh no, mein Naashda hadde ich vor drei Sdunden schon. Ich versuche, das berfegde gegochde Ei zu finden.«

»Für eine neue Produktreihe?«

Der Inder betrachtete ihn entgeistert. »Ich forsche für mich selbsd. Auf Prince Charles' Spuren könnde man sagen.«

»Sie beziehen sich auf Jeremy Paxmans Buch ›On Royalty‹?«

»Yes, Sir. Der Dhronfolger nimmd nach der Jagd gerne ein opdimal gegochdes Ei zu sich.«

Die Geschichte war herrlich exzentrisch, eine Eigenschaft, welche in Großbritannien geschätzt wurde, solange sie mit gewissen Fähigkeiten einherging. Deshalb brachte MacDonald es auch nicht fertig, ihm zu sagen, dass »die Firma«, wie die Royals sich selbst bezeichneten, die Episode damals nach Erscheinen von Paxmans Buch dementiert hatte. Aber wer konnte wissen, was stimmte und was nicht? Solange er kein Mitglied der königlichen Familie mimen musste, wie bei seinem vorletzten Fall[2], sollte es ihm egal sein.

»Nun, wie lange sollen wir ein Ei gochen? Drei Minuden, vier Minuden? Oder länger?«

MacDonald dachte nach. »Für mich müssten es mindestens vier Minuten sein.«

»Wie interessand. Wollen wir uns hier underhalten?«

»Unbedingt, Küchen und Bibliotheken sind die schönsten Räume auf der Welt.«

»Ledzde Nachd dräumde ich von Ihnen, Misder MacDonald.«

---

[2] »Dicke Luft in der Küche«

»Hoffentlich nur Gutes?«

»Haha, nadürlich. Sie halfen mir, eine bersönliche Grise zu meisdern. Erinnern Sie sich?«

An seinen Traum? »Bislang hatten Sie mir noch nichts davon erzählt ...«

Panicker sah ihn prüfend an. »Gud gesagd! Aber Sie springen mir bei, ja?«

Ob seine Tochter zwischenzeitlich mit ihm gesprochen hatte? Am besten, er antwortete neutral. »Selbstverständlich, Mister Panicker. Eine Hand wäscht die andere. Sie helfen mir mit meinem Kochbuch und ich Ihnen bei ... worum es auch gehen mag.«

»Es gibd Schwieriggeiden mit meiner Badhia-Soße. Jemand boygoddierd sie.«

»Das tut mir leid. Verraten Sie mir bitte auch wie.«

»Ein Ganove mengd Salz dazu.«

»Salz?«, fragte MacDonald, sich für seinen gemimten Gefühlsausbruch ein wenig schämend. »Wer macht denn so etwas?«

»Das möchde ich auch wissen! Ein Geisd vielleichd.«

Nein, auf übersinnliche Einflüsse würde er nicht eingehen! »Wie bemerkten Sie es? Haben sich Kunden beschwert?«

Panicker senkte den Kopf. »Wissen Sie, Misder MacDonald, die Badhia-Soße isd das Flagschiff meiner Firma. Als ich sie damals greierde, ging ich nichd davon aus, reich zu werden. Aber alles kann sich ändern im Leben. Dadsächlich brachden nun Waidrose-Gunden in Morningside Gläschen zurück.«

»Wie haben Sie reagiert?«

»Den Herrschafden haben wir für jedes manibulierde Gläschen drei unversehrde gegeben.«

»Waitrose hat Ihnen keine Schwierigkeiten gemacht?«

Aadi Panicker lächelte, nur die Augen blieben kalt, und er antwortete nicht.

»Verzeihen Sie die Frage, aber das Kind ist doch bereits in den Brunnen gefallen. Ich meine, wäre es nicht in Ihrem Interesse, alle Gläschen vom Markt zu nehmen, bis der Täter gestellt ist?«

»Auf geinen Fall! Stellen Sie sich nur vor, die Bresse begommd Wind davon. Der Sgandal gönnde mich ruinieren! Es gehd nadürlich nichd gegen Sie, Sir.«

MacDonald wiegte den Kopf hin und her.

Panicker beobachtete ihn belustigt.

»Was sagt denn bitte die Geschäftsführung von Waitrose dazu?«

Nun zwinkerte der Inder ihm zu. »Den Filialleider genne ich gud. Er hilfd mir gerne, wie sagd man … aus der Badsche. Aber das gehd nur in kleinem Rahmen, mid zwei absolud verdrauenswürdigen Angesdellden, die Bescheid wissen. Dafür zahle ich eine bedrächdliche … Endschädigung. Sie had sich bereids erhöhd. Nun ja, welcher Mensch gann gein Geld gebrauchen? Dabei machd Mammon alleine nichd glügglich. Mein Vader spendede immer zehn Brozend seines Gewinns für wohldädige Zwegge. Wissen Sie, manchmal denge ich sogar daran, alles wegzugeben und zu verdufden.«

MacDonald wunderte sich über dieses Statement: Es war sehr wahrscheinlich, dass die Manipulation weiterging, und Durchwursteln würde nichts bringen.

»Waitrose hat doch Überwachungskameras, auf denen man sehen könnte, ob jemand vor Ort versalzene Soßen ins Regal stellt?«

»Oh, davon weiß ich nichds!! Auch würden zu viele Midarbeider midbegommen, wenn ich danach fragde.«

War das kompliziert! »Wie kann ich helfen?«

»Sie sind doch im brivaden Leben gulinarischer Dedegdiv, oder?«

»Woher wissen Sie das?«

»Lieber Misder MacDonald, ich habe Sie nadürlich überbrüfen lassen.«

»Thank you very much.«

»Es isd nichd persönlich gemeind, und selbsversdändlich begommen Sie eine sdaddliche Honorierung. Sind fünfdausend Bfund okay?«

»Das wird nicht nötig sein, Mister Panicker!«

»Zu wenig also. Sechsdausend dann, abgemachd?«

»Mein Herr, lassen Sie sich etwas gesagt sein: Nicht des schnöden Mammons wegen arbeite ich als Detektiv, sondern immer, wenn authentisches Essen und Trinken bedroht sind! Geld verdiene ich mit meinen Büchern, Artikeln und TV-Sendungen ausreichend, wenn ich so sagen darf.«

»Deshalb sind Sie ja auch ursprünglich zu mir gegommen, stimmd es nichd? Für ein Buch ... Wir verdagen die Geldfrage, mein Herr? Ich habe eine starge Ahnung, dass ich mit Ihrer Hilfe weidergomme.«

MacDonald justierte seine Krawatte. »Sie müssten mir bitte ausreichend Informationen zukommen lassen, Mister Panicker.«

Panicker wich zurück. »Habe ich Sie edwa belogen?«

»Lassen Sie mich präziser werden. Könnte ich Ihre Produktionsanlage sehen?«

Auf Panickers Gesicht zeichnete sich eine Landkarte der Krise ab. Die Stirn war in Falten gelegt und der Mund schmollte. »Wollen wir vielleichd einen Dermin machen?«

War das nun eine höfliche Absage oder nur eine Verschiebung? Vielleicht täuschte er sich, aber der Fabrikant schien einen Knopf unter dem Tisch zu drücken. So langsam steckte Alberto ihn mit seinen Visionen an! Ein Segen, dass er nicht dabei war, hätte er sich doch unter einem Vorwand gebückt und nachgeschaut. Als schottischer Gentleman würde MacDonald natürlich auf den Vorschlag eingehen. Bevor er die Worte formulieren konnte, schwebte ein elfengleiches Wesen in den Raum: eine junge schwarzhaarige Frau, groß, schlank und von der Nationalität her schwer einzuordnen. indisch, italienisch, spanisch? Sie lächelte ihn an, setzte sich auf Panickers Schoß und drückte ihm schmatzende Küsse auf den Mund. MacDonald kam ins Nachdenken: Küssen in der Öffentlichkeit war in Indien selbst zwischen Liebespaaren tabu!

»Meine, äh, Dochder Devasree«, sagte Panicker.

So? Das nun hätte er nicht gedacht! Die Miss sah ihm kaum ähnlich, hatte eine wohlgeformte Nase und wunderschöne, schwarze Augen.

»Wie Sie sehen, ist mein Gind ein herzlicher Mensch«, erklärte Panicker, von Peinlichkeit berührt.

»Bezaubernd«, sagte MacDonald.

Das Gesicht des Geschäftsmannes verdunkelte sich. »Bidde?«

»Ich, äh, meine, es ist schön, dass Sie ein inniges Verhältnis hegen.«

Die Tochter tippte sich den Zeigefinger ans Kinn. »Sind Sie Schauspieler?«

Obwohl das Lob durchschaubar war, freute MacDonald sich. »Zu viel der Ehre. So bedeutend bin ich nicht.«

»Nachrichtensprecher also?«

»Misder Angus MacDonald ist ein berühmder Food-Journalisd und Audor!«

Devasree zeigte mit dem Finger auf ihn. Wollte sie ihn absichtlich vor den Kopf stoßen? Angesichts ihres freundlichen Lächelns war es schwer zu sagen. »Richtig, vom Fernsehen kenne ich Sie. Warum machen Sie nicht mal etwas über indische Küche?«

Wenn sie ihn über Thomasina um Hilfe hatte bitten lassen, müsste sie sich an seinen Namen erinnern, dachte MacDonald. Er erwartete natürlich nicht, dass sie sich das anmerken ließ. Aber dieses Verhalten war befremdlich.

»Eben deswegen ist der Gendleman heude zu mir gegommen.«

»Er will dich interviewen, Dad? Da hat er ja genau den richtigen Ansprechpartner, haha.«

Panicker schob sie sich vom Schoß. »Ich weiß nichd, was daran lusdig sein sollde! Bin ich doch ein versierder Genner der Maderie.«

»Natürlich, natürlich.« Seine Tochter verdrückte sich in die nächste Ecke. »Was ich meinte, ist, äh, warum Mister MacDonald sich für Fertig-Soßen interessiert.«

»Meine Dochder! Ich darf dich daran erinnern, dass ich mehr als Soßen broduziere! Currys, Chudneys, Biggles, alles von frischesder Qualidäd. Frück̈̈de harder Arbeid!«

»Hab ich vergessen. Tschuldigung, Dad.«

»Wir haben einen Dermin, ja, Dochder?«

Sie nickte unterwürfig.

»Misder MacDonald, Sie müssen endschuldigen, unsere Zeid isd leider um.«

Der Gourmet verabschiedete sich steif. Panicker sollte wissen, was von dem abgebrochenen Termin zu halten war. Devasree schien seine Hand nicht mehr loslassen zu wollen. »Mein Dad kann Ihnen bestimmt helfen. Das spüre ich.«

»Ist schon gud, Liebes. Misder MacDonald will jedzd gehen. Grüßen Sie bidde Misder Vidiello.«

»Äh, ja, mache ich gerne.«

»Abrobos, sind die Gäsde, die ich ihm gesended habe, gud angegommen?«

Welch bizarres Verhältnis hatte Panicker zu seiner Tochter und nun schickte er auch noch Gäste auf den Weg? Vielleicht sogar Geister? »Eine letzte Frage noch, Mister Panicker. Können Sie mir einen erfahrenen spirituellen Berater nennen?« Wenigstens diese Information wollte er verifizieren!

Vater und Tochter meisterten die Aufgabe, einander nicht anzusehen wie professionelle Schauspieler. Um ein Haar hätte MacDonald geklatscht.

»Sbiridueller Berader, sagen Sie …?«

In dieser, dem Feinschmecker wohlbekannten Methode wiederholte man die Frage, um Zeit zum Nachdenken zu gewinnen. Sein Bruder William war wie alle Politiker ein Meister darin. »Nur wenn Ihnen auf die Schnelle jemand einfällt.«

Panicker versprach, sich zu dem Thema kundig zu machen. Seiner Tochter schien das nicht recht zu sein. Überhaupt war sie augenscheinlich ein willensstarker Mensch. Wenn der Senior die geschäftliche Krise nur vorspielte, um die Heirat mit ihrem Schwarm zu vermeiden, kannte er sie nicht sehr gut. Diese junge Dame würde ihren Willen bekommen, selbst wenn sie durchbrennen musste. Aber wer war nun bitte der Glückliche? Miss Thomasina huschte tags zuvor, als er sie danach fragte, aus dem Zimmer, dabei »juchhe, juchhe« rufend. So wie seine Untermieter sich benahmen, wäre es besser, sie ermittelten selbst!

*»Keep yer ain fish guts tae yer ain sea maws.«*

Nächstenliebe beginnt zu Hause.

# Spukt es noch?

Nachdem Alberto die letzten Vorbereitungen für la cena, das Abendessen, getroffen hatte, betrat er das Zimmer, in dem der Geist zuletzt erschienen war, und sah sich um. Er kniete sich vor das Bett und steckte die flache Hand zwischen Matratzenunterseite und Bettenrost. Langsam und gründlich zog er Kreise, vergrößerte den Radius, bis alles ertastet war. Ich sollte froh sein, wenn ich nichts finde, dachte er und rückte das Nachttischchen ein Stück von der Wand weg. Vom Boden funkelte ihn ein Stück Metall an.

Zwei Räumen des Hauses maß MacDonald besondere Bedeutung zu. Zum einen dem Labor, wo er neue Rezepte und Ideen realisierte, im Volksmund auch Küche genannt. Rossini, vielen nur als Komponist bekannt, war sein großes Vorbild. Der Italiener liebte es zu kochen, zu essen und zu bewirten. Das andere favorisierte Zimmer MacDonalds war die Bibliothek, die mehr als fünftausend Werke zur Kulinarik beherbergte, Kochbücher, Enzyklopädien und Anthologien über die Küchen der Welt. Am heutigen Tag fand er glücklicherweise Zeit, darin zu sitzen und zu lesen, das große Universalwerk zur indischen Küche, »India«, verfasst von Professor *Pushpesh Pant*, ein sehr sympathischer Gentleman und Bruder im Geiste, den er bereits auf zwei Food-Kongressen getroffen hatte. Mitten in seiner Lektüre klingelte das Telefon. Wer wollte ihn stören? Es war Alberto. Ob er sofort bei ihm vorbeikommen dürfe? »Aber natürlich«, sagte MacDonald, der schon höflich auf die Welt gekommen war. »Ich wollte dich ohnehin anrufen, damit wir über den Fall sprechen.« Sein Freund brach sämtliche Geschwindigkeitsrekorde und bereits eine Viertelstunde später klingelte er Sturm. Angus hätte eine Menge sagen können, zum Beispiel, solches Gebaren nicht zu schätzen, enthielt sich aber eines Kommentars, denn Alberto schien sich in der Zwischenzeit bezüglich seines Hausgeistes kaum abgeregt zu haben. »Gott sei Dank bist du zu Hause!«

»Ein glücklicher Zufall, für den gute Lektüre verantwortlich zeichnen darf.«

Alberto blickte respektvoll zu dem schweren Band. »Wenn der einem auf die Zehen fällt, hat man nichts mehr zu lachen.«

»Eine ungewöhnliche Perspektive. Ich kann dir jedoch versichern, dass dieses Buch friedlich ist und auch kein Gespenst es bewegen wird«, erwiderte MacDonald. »Was gibt es Neues über dein bewegliches Bettlaken? Habt ihr schon eines seiner Rezepte ausprobiert?«

Alberto zog ein zerknülltes Papiertaschentuch aus der Hosentasche und hielt es MacDonald hin.

»Vielen Dank, Alberto, ich verfüge über eine stattliche Zahl feinster Baumwolltaschentücher.«

»Schau es dir an, bitte.«

Widerstrebend entwirrte MacDonald das Bündel. »Schöne Pulverhülse. Hast du auf Tontauben geschossen?«

Alberto nickte. »Du sagst also auch, dass es sich um eine Pulverhülse handelt? Porca miseria! Mein Guest House wird untergehen!«

»Stehen die vier apokalyptischen Reiter vor der Tür?«

»Es ist Dinwiddie, der spukt!«

»Bitte?«, sagte MacDonald mit einem sehnsüchtigen Blick zu Pants Buch.

»Angus, ich hatte dir doch erzählt, dass er fanatischer Jäger war!«

»Ja, und weiter?«

»Stell dir bitte das Szenario vor: Der Kerl zieht mit der Großwildbüchse über mein Anwesen!«

»Deswegen würde ich mir keine Sorgen machen. Fasan Charles im Garten fällt unter die Kategorie Kleinwild.«

»Wer garantiert mir denn, dass Dinwiddie nicht auf meine Gäste schießt? Als er das Ehepaar aus York aufsuchte, hatte er ein großes Kaliber dabei.«

»Es kam zu einem weiteren Zwischenfall? Wann denn bitte?«

»Weiß ich nicht! Aber da die Hülse aus ihrem Zimmer stammt, wird er die Leute noch einmal beehrt haben.«

»Ich finde, du machst dir zu viele Gedanken. Vielleicht hat einer der vorherigen Gäste das Ding vergessen.«

»Unmöglich! Professor Schnell-Zimmer putzt gewissenhaft!«

»Schnell-Zimmer …?«

»Maria.«

»So wie Doktor Spiegel-Ei?«

»Naturalmente!« Alberto zauberte eine Karte aus dem Ärmel. Bevor er von seinem Guest House ausschließlich leben konnte, arbeitete er als freiberuflicher Magier.

»S. E. N. N.«, las Angus vor. »Wofür steht das?«

»Willst du bestreiten, dass Maria schnell, effizient und auf der Basis von ›No Nonsense‹ arbeitet?«

»Das würde ich niemals tun. Sag, wie hoch ist die Wahrscheinlichkeit, dass die Pulverhülse aus Indien stammt?«

»Du glaubst mir nicht? Ich werde Sie von einem Experten überprüfen lassen! Wirst schon sehen, dass ich Recht habe.«

»Schön, tu das. Können wir nun über unseren Fall reden?«

»Va bene! Du bist wieder zum Konservenkönig gefahren«, sagte Alberto.

MacDonald brachte Alberto auf den neuesten Stand der Ermittlung, und dann schwieg er, eine Minute, zwei Minuten, und Angus fürchtete bereits, dass sein Freund krank geworden sei. »Willst du gar nichts sagen?«

»Una idea: Vielleicht manipuliert er doch einige Soßengläschen selbst!«

»Wie kommst du darauf?«

»Man liest immer wieder in der Zeitung, dass Familienväter sich bei Hochzeitsfeiern ruinieren, und wenn ihm der Bräutigam ohnehin nicht gefällt …«

»Panicker ist äußerst wohlhabend.«

»Also muss er auch Hunderte von Gästen einladen.«

»Früher oder später wird die Tochter heiraten.«

»Der Aufschub reicht ihm eventuell, um wieder liquide zu werden oder einen genehmen Gatten für sie zu finden.«
»Hm, ich weiß nicht.«
»In indischen Familien suchen die Eltern normalerweise den Bräutigam aus. Kannst du Thommie dazu fragen?«
»Theoretisch ja, aber die Antworten der jungen Dame sind sehr elliptisch. Mir würden ja schon Name und Adresse des Glücklichen genügen! Oder des Gurus.«
»Panicker macht mehr Salz in die Soße, um ein hygienisches Problem zu verdecken?«
»Dann müssten alle Soßen versalzen schmecken.«
»Kommt vielleicht noch.« Alberto zuckte mit den Schultern.
»Allora, was machen wir?«
»Der Gentleman hat nun offiziell meine Hilfe angefordert. Wir ermitteln nach Gusto. Ich schlage vor, in der Höhle des Löwen.«

Doktor Kaphi stand im Badezimmer seiner Praxis. Die gängige Erwartung an einen spirituellen indischen Berater erfüllte er nicht, trug glänzende Tanzschuhe und ein weißes Hemd, ähnelte mehr einem Bankangestellten in der Freizeit. Nach jedem Patientenbesuch schrubbte er sich die Zähne, vor und zurück, hoch und runter und von vorne. Obwohl kein Feind der Technik, verzichtete er auf eine elektrische Zahnbürste. Der Körper musste von Hand gereinigt werden. So war es immer schon Brauch. Nach drei Minuten legte er die Zahnbürste zur Seite, füllte den Becher mit Wasser und gurgelte hingebungsvoll. Dann zog er ein Stück Zahnseide aus dem kleinen Kästchen und entfernte imaginäre Speisereste. Obwohl er den Zungenschaber schon früh am Morgen benutzt hatte, machte er sich, um ruhiger zu werden, an eine erneute Reinigung seiner Zunge. Nach der Lektüre des ekelhaften Briefes war das kein Schaden. Er würde mehr Informationen sammeln und seinen Freund in der hohen Politik kontaktieren. Die heutige Klientin konnte sich als hilfreich erweisen. Sein Schaber war aus Silber und u-förmig gebogen. Schon lange hatte er sich damit abgefunden, dass nur Inder diese Gerätschaft benutzten und bei Westlern auf Unverständnis stießen. Ebenso verhielt es sich mit dem Ölen des Haars und Reinigen der Rektalöffnung mit Wasser und linker Hand. Wenn ihn Menschen fragten, ob er mehr Inder oder mehr Schotte sei, suchte er gerne die Analogie zum diskontinuierlichen beruflichen Werdegang: zunächst ein betriebswirtschaftliches Studium, dann eine Ausbildung zum Psychoanalytiker in Wien, und als ihm dämmerte, dass seine Landsleute, fast alle Menschen aus Südasien, ihre prägenden Vorstellungen über Körper und Person aus den ayurvedischen Texten bezogen, noch eine Ausbildung zum Ayurveda-Arzt in Kerala, Indien. Als solcher musste er alles über seine Patienten wissen: seelischer Zustand, typische Charaktereigenschaften, familiärer, sozialer sowie geographischer Hintergrund. Ganz wichtig war auch eine Landprüfung: Wo wuchs der Mensch auf? Was aßen die Bewohner seiner Gegend? Wie war ihre Gesundheit? Britische Kollegen bemühten sich um ihre Patienten nicht so intensiv, hielten die Nase hoch in die Luft und priesen die Segnungen der Kolonialherren für Indien: Doppeldecker-Busse, Eisenbahnen, das Postwesen, ein Verwaltungssystem, Cricket und nicht zu vergessen Englisch. Bevakoofs, Narren! Die Nachteile zerrten die Waage auf der anderen Seite nach unten: wirtschaftliche Ausbeutung, landlose Bauern, Hunger, die jahrhundertlange Unterdrückung, nicht zuletzt durch die Raj! Genug! Er gurgelte mit seinem liebsten Mundwasser, und als sich der Geschmack von Rosen ausbreitete, wurde er sanfter. Gerade zur rechten Zeit, denn es läutete. Entschlossen, doch in einem seltsam eiernden Gang, ging Kaphi zur Tür. Durch die Glasscheibe wirkte die Frau sehr kompakt, fast quadratisch. Er schob den halbmeterbreiten Riegel zur Seite, entfernte die drei Ketten und öffnete beide Schlösser. »Wir wussten, dass du früher oder später kommen würdest!«

Miss Armour hatte die Expertise, die man ihr über den Mann gegeben hatte, er sei ein Gelehrter, der Bibliotheken ersetzt, genügt. Sie war einigermaßen unruhig und überhörte die prophetische Begrüßung. »Doktor Kaphi, zur Bezahlung wollte ich Folgendes sagen ...«

»Aber, aber, was für ein unschönes Wort.«

»Ich bitte um Verzeihung, möchte nach vergeblichem Versuch am Telefon noch einmal bekunden, dass ich mit Geld im Moment ...«

»Zerstreu deine Sorgen, Armour.« Hatte die Dame einen Oberlippenbart?

»Nein, ich stehe meine Frau, bin es gewohnt, Rechnungen zu begleichen! Das wäre ja noch schöner.«

»Mann, Frau, Kind, Erwachsener, dick oder dünn. Wie unwichtig ist das alles! Ich bin sicher, irgendwann kannst du mir von Nutzen sein.« Er machte eine weit ausholende Geste.

Miss Armour sah sich unwillkürlich nach weiteren Personen um. »Ich bin gelernte Ernährungswissenschaftlerin und ...«

»... hast normalerweise mit Menschen wie mir nichts am Hut?«, ergänzte er ihren Satz.

»Nein, was ich sagen wollte, ist, dass ich mit meinem gegenwärtigen Mündel auf dem herkömmlichen Weg nicht weiterkomme. Jemand, der sich mit Indien auskennt, meinte, es sei gut, mit Ihnen zu reden, bevor ich auf Granit beiße.«

Kaphi legte sich die Hände auf die Wangen. »Mündel ...?«

»Verzeihung, ein privater Begriff von mir. Klient ist natürlich treffender. Hören Sie, mein Klient ist ein ganz schönes Dickerchen. Seine drei Zentner wird er auf die Waage bringen, isst ständig, schreibt oder spricht darüber!«

»Angus Thinnson MacDonald!«

»Woher wissen Sie das?«

»Er erschien mir im Traum, lag auf einem blauen Pullover, aus Polyacryl, und du hast seine Krawatte langgezogen.«

Sie schüttelte den Kopf, betrachtete ihn wie eine schiefe Ernährungstabelle. War das eine anzügliche Bemerkung? »Der Mann bringt mich noch zur Verzweiflung. Als er vor kurzem seine Trennkost beginnen sollte, ist er in die Berge geflüchtet. Stellen Sie sich das vor!«

»Doch nun ist er wieder da und du willst etwas Neues ausprobieren?«

»Ich dachte an Ayurveda. Was halten Sie davon?« Zwar wussten die Waddells noch nichts von ihrer Idee, aber das würde sie regeln.

Kaphi klatschte in die Hände. »Superb. Ich hätte dir das Gleiche vorgeschlagen. Was sollte ein Freund frischen Essens auch gegen Ayurveda einzuwenden haben? Jeder Mensch, der seine Mahlzeiten kennen möchte, verabscheut Konserven und Fertiggerichte! Sie sind ein Verbrechen gegen die Menschlichkeit und sollten polizeilich verboten werden!«

Miss Armour machte den Rücken noch etwas gerader als üblich. War der spirituelle Berater auf ihrer Seite oder auf der vom Gourmet-Ungetüm?

»Bist du anderer Meinung, Armour?«

»Nein, gar nicht. Liegt es im Bereich des Möglichen, dass Sie mir eine kurze Einführung zu Ayurveda geben? Es ist schon eine Weile her, dass ich darüber las.«

Kaphi schloss die Augen. »Sicher. Wäre es dir jetzt recht?«

Miss Armour nickte und versuchte, so entspannt wie er auszusehen.

»Am besten schließt du die Augen.«

»Bitte was?« Wollte der Geselle sich an ihr vergehen?! Bei Männern musste man immer mit allem rechnen.

»Brauchst keine Angst zu haben. Solch frivolen Tätigkeiten habe ich vor langer Zeit schon abgeschworen.«

»Na dann«, antwortete sie, halb überzeugt und halb unverständig, denn gegen eine neue Bekanntschaft wäre, sofern solide, nichts einzuwenden.

»Ayurveda ist nicht mit einer simplen Diät zu verwechseln. Es handelt sich um ein uraltes Heilverfahren, das vor fünftausend Jahren in Indien entstand. Meine Ahnen wirkten maßgeblich dabei mit.«

»Tatsächlich?«

»Wenn ich es dir sage! Die Augen bitte wieder schließen. Wir fangen an!«

Musste er so posaunen?, fragte sich Miss Armour. Wie viele Menschen, die selbst ein kräftiges Stimmorgan hatten, reagierte sie sensibel, wenn jemand laut redete.

»Höre und lerne, Armour! Die Welt besteht aus Äther, Luft, Erde, Feuer und Wasser. Sie sind Auswüchse des Göttlichen. Um die Gesundheit zu wahren, müssen alle fünf Elemente im Einklang leben. Unser erster schriftlicher Beleg zu Ayurveda stammt aus dem Punjab. Circa 700 vor Christus verfasste Charaka die ›Charaka Samhita‹. Meine Heimat litt im Lauf der Geschichte unter zahlreichen Besetzern, welche ihre eigenen Heilverfahren einführten. Im Jahre 1833 schlossen die Engländer alle verbliebenen ayurvedischen Schulen. Erst im Zuge der Unabhängigkeit konnten wir uns wieder auf die Ursprünge besinnen. Es gilt, vergessene Weisheiten umzusetzen. Wer in der westlichen Welt weiß zum Beispiel vom guten Kuhdung?«

Miss Armour schnippte mit den Fingern. »Ich pflanze im Garten des Dickerchen Gemüse und Obst an. Für das Beet verwende ich Kuhmist.«

»Prächtig ist der Kuhdung. Aber kochst du auch damit?«

»Wie, den kann man essen?«

»Nein, doch kannst du mit getrockneten Fladen Feuer machen.«

»Oh, das ist aber interessant.«

»Das Bündel nimmt warmes Essen zu sich, ja?«

»Welches Bündel?«

»Dein Dickerchen!«

»Mein Mündel? Weitgehend, ja. Warum wollen Sie das wissen?«

»Höre und staune, Armour. Unsere Lehre umfasst zehn eherne Regeln. Die erste lautet: Warm muss das Essen sein.«

»In Ordnung.«

»Regel Nummer zwei: Es muss schmecken und gut zu verdauen sein. Man sollte nicht zu viel, aber auch nicht zu wenig essen.«

»Ui, da hat er noch Lernbedarf.«

»Regel Nummer drei! Iss erst wieder, nachdem du deine letzte Mahlzeit verdaut hast.«

»Nun, das ist …«

Der Guru verstummte, zog einen mehrfach gefalteten Zettel aus dem Jackett. »Da du Probleme mit dem Zuhören hast, gebe ich dir die restlichen Gebote und beispielhafte Rezepte mit auf den Weg. Bevor du gehst, beantworte mir noch einige Fragen zur Lebensweise deines …«

»Mündels?«

»Hoho, das gefällt mir. Also, wie oft verlässt er zum Beispiel das Haus?«

»Da fehlt mir der Überblick. Es ist nicht so, dass der Herr sich bei mir abmeldet.«

»Alles sollst du wissen, um ihm helfen zu können, Armour. Die Menschheit muss den Weg Ayurvedas beschreiten. Sonst ist sie verloren! Vergiss niemals das Verdauungsfeuer!«

»In Ordnung … denke ich«, antwortete die Diplom-Ökotrophologin. Absonderlich war, dass sich die Schubladen seines Schreibtischs von alleine öffneten.

Der Waitrose-Supermarkt in Morningside kam MacDonald nur deshalb wie eine Höhle des Löwen vor, weil es Panicker, Eigenbrötler, der er war, nicht recht sein dürfte, wenn sie dort auftauchten, ohne ihn vorher zu fragen. Seine Pathia-Soße im Gläschen war aber, aus authentischen Zutaten hergestellt, ein Gedicht. Nicht einer der anderen Hersteller konnte damit konkurrieren. Wer das Original versalzte oder versandete, musste als Übeltäter ersten Ranges bekämpft werden, ganz egal, wie intensiv der Produzent sich darum kümmerte.

»Hast du einen Plan?«, fragte Alberto an der Bushaltestelle in Morningside.

MacDonald lächelte ihn spitzbübisch an. »Wir stellen den Filialleiter auf die Probe.«

»Warum denn?«

»Um herauszubekommen, ob er zuverlässig ist bzw. wie viele manipulierte Gläschen es bislang gab.«

»Falls er es uns anvertraut.« Die Hände in den Hosentaschen, folgte Alberto ihm.

»Wärst du, äh, so freundlich, draußen zu bleiben?«

»Si, capisco. Dein Assistent wartet wie ein Hündchen vor der Tür!«

»Aber nein. Ich erkläre es dir später.« MacDonald spürte, dass er ihm nachsah und ein bisschen grollen würde. Zielstrebig ging er auf den kaufhauseigenen Wachmann zu und zeigte ihm seine Aktenmappe. »Sir, ich habe leider eine Beanstandung zu machen und möchte mit meinen drei Gläschen Ihr Geschäft betreten.«

Der Mann nickte und rief über sein mobiles Telefon den Filialleiter an. Drei Minuten später stand er vor MacDonald und schlenkerte seine etwas zu langen Arme. »Wie gann ich Ihnen dienlich sein, Sir?« Der Herr wirkte außergewöhnlich müde.

»Es wäre vermutlich besser, wir suchen einen weniger belebten Platz auf.«

»Gerne, wenn Sie mir folgen wollen. Irgendwoher genne ich Sie, Sir.«

»Sie glauben gar nicht, wie oft ich das höre. Ich habe eben so ein Allerweltsgesicht.«

»Hier entlang, bitte.« Als sie an den Theken mit frischem Fleisch, Käse und Wurst vorbeigingen, verlangsamte MacDonald automatisch die Geschwindigkeit. »Alles in Ordnung bei Ihnen, Sir?«

»Besser könnte es nicht sein«, schwärmte der Feinschmecker. Waitrose war eben Waitrose, und etwas Gutes nie zu teuer, wie seine Mutter zu sagen pflegte.

»So, nun noch zwei Mal um die Ecke und wir sind da.« Im Büro saß ein hagerer, junger Mann, der ehrfürchtig nickte. »Steve, würden Sie uns einen Moment entschuldigen?«

»Natürlich«, flüsterte der Junge und stahl sich aus dem Büro.

»Nehmen Sie bitte Platz, Sir. Was gann ich für Sie tun?«

MacDonald ließ sich gemächlich auf dem viel zu kleinen Bürostuhl nieder, öffnete seine Mappe und stellte drei Gläschen Pathia-Soße, die er eigenhändig manipuliert hatte, auf den Tisch. »Wenn Sie bitte kosten möchten …«

»Oh, Gott, nicht schon wieder!«, entwich es dem Waitrose-Mann.

»Sie haben solche Fälle häufiger?«, fragte MacDonald jubilierend.

»Hin und wieder ja, aber insgesamt doch sehr, sehr selten.«

Ein Profi, der sich nach einem unfreiwilligen Ausrutscher sofort wieder im Griff hatte!

»Diese Gläschen haben Sie bei uns gegauft, wie ich annehme?«

»Jawohl. Meiner Einschätzung nach hat sich die Firma mit der Salzmenge vertan.«

»Ogay. Wir haben zwei Möglichgeiten zur Lösung. Entweder ich zahle Ihnen den Betrag in bar aus oder Sie erhalten für jedes Gläschen drei Mal Ersatz, also insgesamt neun frische. Was wäre Ihnen angenehmer?«

»Hm, die neun Gläschen, denke ich.«

»So machen es alle, die geschädigt sind. Es ist die Firma in … dieser Beziehung nicht geizig.«

»Eine Frage, die Sie mir bitte nicht übel nehmen: Woher wissen wir, dass die neuen Soßen in Ordnung sind?«

»Der Fabrigant hat für Fälle wie diese vorgesorgt.«

»Will heißen?«

»Man sendet uns geprüfte Gläschen.«

»Sorry, aber wäre es nicht sinnvoller, man checkt sämtliche Gläschen, die das Werk verlassen?«

»Ich neige nicht zu Spegulationen, kann also nicht sagen, was im Hirn von Mister Panicker vor sich geht und wie er in seinem Betrieb wirgt. Wenn Sie mich bitte für einen Moment entschuldigen?« Er öffnete unsicher die Tür zum Nebenraum und kam mit einem gelbwurzfarbenen Karton und Geschenkpapier zurück. »Darf ich Ihnen das noch hübsch einschlagen?«

MacDonald nickte. Fürwahr machte man hier aus der Not eine Tugend!

Der Filialleiter breitete die Rolle auf dem Tisch aus und verpackte den Karton mehr schlecht als recht. »So müsste es gehen?«

»Ein kleines Kunstwerk haben Sie gebastelt. Meinen Sie, in anderen Supermärkten verfährt man ebenso großzügig?«

»Auch das entzieht sich leider meiner Genntnis, Sir.«

Alberto ging vor der Bushaltestelle auf und ab, drei Meter vor und drei zurück.

»Wie viele Espressi hast du in der Zwischenzeit zu dir genommen, amico?«

»Da bist du ja! Nicht einen einzigen! Ich war viel zu gespannt.«

MacDonald zeigte ihm den Karton.

»Der sieht ja aus wie der im Flur von Panickers Villa. Sind nur Fertigsoßen drin?«

»Jawohl. Der Filialleiter ist nicht gut auf Panicker zu sprechen, hat von seinem Hirn gesprochen. Vielleicht möchte er das Schweigegeld erhöhen, so es denn welches gibt. Verübeln könnte man es ihm nicht. Waitrose hat eine rigide Qualitätskontrolle und er läuft Gefahr, seinen Job zu verlieren, wenn die Sache rauskommt. Ich habe einen Plan, Alberto.«

»Rück raus damit!«

Der Feinschmecker fuhr sich mit ausgestrecktem Zeigefinger über die Nase. Die Sache mit dem Gespenst belastete seinen Freund und wenn es so weiterging, musste er einen Geisterjäger für die Villa Buongiorno engagieren. »Würdest du bitte in den Supermarkt gehen und dich in der indischen Abteilung umsehen?«

»Sollte ich deshalb vorhin nicht mitkommen?«

»Du hast es erfasst.«

Seine Intuition gab MacDonald wieder einmal recht, denn kurz darauf fiel Alberto Folgendes auf: Der Filialleiter, den er sich ausführlich hatte beschreiben lassen, spazierte mit einer großen Palette Pathia-Soße zum indischen Trakt und füllte das Regal auf. Etwa ein Dutzend neue Gläschen kam so dazu, auch zwei der drei von Angus versalzenen. Der Waitrose-Mann wusste nicht, dass er diese mit einem winzigen Bleistiftpünktchen markiert hatte. Alberto freute sich wie ein Kind, als er in Angus' Haus von seiner Observation berichten konnte. »Dieser Inder hat überhaupt keinen Verdacht geschöpft. Ich bin eben ein brillianter Detektiv!«

Angus klopfte ihm auf die Schulter. »Ganz ohne Zweifel.«

»Damit ist unser Fall gelöst. Wir sollten die Polizei verständigen, damit sie ihn auf der Stelle abführt«, sagte Alberto und tippte eine Nummer in sein mobiles Telefon. MacDonald griff nach seinem Handgelenk.

»He, was soll das?!«

»Ich möchte deinen Puls fühlen. Wohl kann dir nicht sein.«

»Spinnst du?«

Angus ließ seine Hand fallen. »Das geht jetzt aber zu weit! Nur an dein Befinden denke ich!«

Vitiello erschrak und salutierte. »Mi dispiace, Angus, tut mir leid. Ich bin im Moment nicht ganz auf der Höhe.«

»Ist schon gut. Da kein beweisbares Verbrechen vorliegt, können wir die Polizei eben nicht verständigen.«

»Glaubst du nicht, dass es der Filialleiter ist?«

»Wer weiß? Es könnte sein, dass er meine Gläschen aus Schusslichkeit ins Regal stellte.«

»Darf ich noch etwas sagen, Angus? Die Pulverhülse stammt aus dem Jahr 1857. Doktor Tellyou, ein sehr netter Herr vom Museum of Scotland, hat mir das versichert.«

Wieder ein heftiger Gedankensprung, dachte MacDonald und wollte bereits fragen, wovon er sprach, bis ihm der Hausgeist einfiel. »Wie kann dieser Doktor wissen, dass sie in Indien verwendet wurde?«

»Molto facile, ganz einfach. Die Briten zwangen die indischen Soldaten damals, Rinder- und Schweinefett zum Laden der Gewehre zu benutzen. In der Folge kam es zu einer Meuterei.«

»Ich erinnere mich. Die Pulverhülsen wurden in Fett getaucht, um sie gegen Feuchtigkeit zu schützen. Da das Ende der Hülsen aufgebissen werden musste, verdarben die Briten es sich gleichermaßen mit Hindus und Muslimen. Ich fürchte dennoch, der Mann hat dich veralbert.«

»Du denkst, sie haben kein Fett benutzt?«

»Doch, aber meines Erachtens lassen sich nach so langer Zeit keine Spuren mehr feststellen. Hast du den Herrn im Museum getroffen?«

»Nein, in einem Pub. Du bist kein Fachmann auf diesem Gebiet! Arrivederci!«

MacDonald war sich ziemlich sicher, dass man Alberto veralbert hatte. Als guter Freund war er verpflichtet, einen entsprechenden Verdacht zu äußern, selbst wenn die Verabschiedung vergleichsweise harsch ausfiel. Bis zum nächsten Gespräch mit dem Geschäftsmann wollte er sich seiner Arbeit zuwenden! Im Haus war es ruhig und er gab sich der Hoffnung hin, einige Rezepte entwickeln und testen zu können. Er inspizierte seine Kollektion mit indischen Büchern, um bei *Madhur Jaffrey* eine Information über die Geschichte des Curry nachzulesen. Das Werk seiner guten Freundin war ihm bei der Recherche eine unentbehrliche Hilfe. Auch am Telefon hatte sie ihm bereits freundlich Auskunft gegeben. Er ging das Regal durch, ohne das Buch zu finden. Spukte es nun auch in seinem Haus? Bewegten sich seine Bücher von selbst? Nein, eher hatte eine der Mitbewohnerinnen sich bedient, ohne um Erlaubnis zu bitten! Im Erdgeschoss rumpelte es. Bei allen schottischen Keksen! Was heckte die Armour nun wieder aus? Als er unten ankam, wuchteten zwei Herren eine riesige Holzkiste durch den Flur, dirigiert von seiner Nemesis, die lautstark Befehle gab: »Etwas mehr nach links, guuut, nach rechts, okay. Geraaadeaus!« Er hatte immer gewusst, dass sie einen tüchtigen Feldwebel abgäbe. Doch nun würde der Dominus sprechen! »Miss Armour, was für eine Performance veranstalten Sie in meinem Korridor?«

»Gehen Sie weiter«, befahl sie den Zulieferern, die gerne eine Rast eingelegt hätten, vor allem der kleinere der beiden. Wegen seiner Überpfunde hatte er sofort MacDonalds Empathie.

»Ich rede mit Ihnen, meine Dame!«

»Warum stellen Sie Fragen, deren Antwort Sie kennen?«

»Ich verstehe, wir veranstalten eine lustige Game Show!«
»Folgen Sie uns in den Garten. Dort packen wir aus.«
»Herzlichen Dank für die Offerte, mein Grünareal zu betreten! Sie sind eindrücklich großzügig!«

*»Lat his ain wand ding him.«*

Jemanden im eigenen Saft schmoren lassen.

# Indisches Flair in der Villa Buongiorno

»Haben Sie einen Bruder in der Lebensmittelhygiene, Mister Singh«, fragte Alberto.

»Nein, und wir nehmen unseren Dee gerne mit Milch und Gewürzen, Dokdor Spiegel-Ei«, antwortete der Herr aus Mumbai. Er war westlich gekleidet, Anzug, Hemd und Krawatte. Seine Frau trug einen gelben *Sari*.

»Ich kann Ihnen schwarzen Tee oder Kaffee servieren! Außerdem ist mein Name Vitiello.« In all den Jahren als Hotel-Eigentümer hatte er weißgott schon viel erlebt. Aber dass jemand Frühstückswünsche anmeldete, bevor er sich ins Gästebuch eintrug, war neu!

»Machen Sie den mit Beudeln oder gießen Sie Deeblädder auf, wie es sich gehörd?«

»Wie alle Menschen und Hotelbesitzer in Schottland verwenden wir hochwertige Teebeutel.«

»Da kann man nix machen?«

»No! Darf ich fragen, wer unser Haus empfohlen hat?«

»Hadden wir das nichd schon gesagd?«

»Auf keinen Fall. Ich hatte Sie am Telefon gefragt, aber keine Antwort erhalten.«

Der Mann betrachtete ihn über die Gläser seiner Lesebrille hinweg. Dann reichte er ihm ein großes Blatt Papier. »Da stehd es: Dokdor Spiegel-Ei.«

Alberto traute seinen Augen nicht: eine Kopie seiner Visitenkarte! »Von wem haben Sie die?«

»Von einem Freund, wegen des Dees noch einmal …«

»No! Das reicht jetzt! Regeln sind zum Einhalten da. Bitte, hier sind Ihre Schlüssel. Es ist das Zimmer im nächsten Stockwerk. Wir sehen uns morgen zur Frühstückszeit wieder. Angenehmen Aufenthalt wünsche ich. Arrivederci!« Alberto ging in die Küche, um sich eine Tasse Beruhigungstee zu machen. Als er damit ins Wohnzimmer trat, saß Maria auf dem Sofa und las einen schottischen Krimi.

»Incredibile!«, sagte Alberto, »wenn du unsere neuen Gäste erlebt hättest, bräuchtest du keine künstliche Aufregung!«

»Tesoro, es war nicht zu überhören, wie du die armen Menschen angeschrien hast.«

»Wer außer Ghandi könnte denn die Fassung bewahren?! Immer wieder haben sie nach besonderem Dee verlangt.«

»Ich darf dich daran erinnern, dass die Zeiten für uns nicht eben rosig sind. Ein Kollege nach dem anderen schließt seine Pforten. Vielleicht werden wir etwas flexibler? Du weißt, was daraus resultieren könnte? Mehr Gäste und mehr Einnahmen.«

»Oh no! Solche Strategien rentieren sich nicht. Der eine will indischen Dee, ein anderer russischen oder chinesischen oder afrikanischen und das sind nur die Teesorten. Isländer fordern dann verwesten Haifisch zum Frühstück et cetera et cetera!«

»Mach doch keine Faxen.«

»Das sagst du immer!«

»Aus gutem Grund.«

»Schön, dann kümmere du dich in Zukunft um das Frühstück! Ich werde servieren.«

»Wie gemein«, sagte Maria, »wo du genau weißt, dass ich nicht so schnell kochen kann!« Sie flüchtete mit ihrem Buch ins Schlafzimmer.

»Regeln sind zum Einhalten da«, sagte er in den leeren Raum. »Ich bestimme, was auf den Tisch kommt. Finito!« Alberto setzte sich auf die Couch und schlief sofort ein. Etwa eine Stunde später wurde sein Schlummer unruhig. Er wischte sich einen Tropfen Wasser vom Kinn und schnarchte weiter. Als seine Stirn ebenfalls feucht wurde, war an Schlaf nicht mehr zu denken. Es tropfte von der Decke! Er holte sich ein Handtuch aus der Küche und wischte sich das Gesicht ab. Auch dieser Sache würde er auf den Grund gehen!

»Ihr Butler scheint heute Morgen mit dem falschen Fuß aufgestanden zu sein«, raunte der große, dünnere Herr Miss Armour zu. Inzwischen waren alle Personen am Ende des Gartens angelangt.

»Was haben Sie gesagt?«, fragte MacDonald erzürnt.

»Mister MacDonald, stören Sie die Männer nicht bei der Arbeit!«

»Oho, ich bitte vielmals um Verzeihung!«

»Meine Herren, würden Sie den Ofen bitte auspacken?«

»Was? Ein Ofen auf meinem Anwesen?« MacDonald kam sich ein wenig wie Alberto vor, wenn er sich echauffierte.

Die Männer grinsten und setzten die Kiste auf den Boden. Aus dieser förderten sie einen zylindrischen Stahlbehälter, etwa einen halben Meter hoch und vierzig Zentimeter im Durchmesser, zutage. »So, das ist ihr gutes Stück, hihi.«

»Ein Tandoori-Ofen«, sagte MacDonald, halb fasziniert und halb böse.

»Habe ich doch gesagt«, belehrte die Armour ihn.

»Nein! Sie sprachen von einem Ofen, sodass man von einem Heizofen ausgehen musste. Aber unser Projekt ist noch nicht abgesegnet …«

»Wessen Schuld ist das wohl? Es steht jedenfalls außer Zweifel, dass wir uns mit indischer Küche beschäftigen.«

»Wenn ich mal stören dürfte«, sagte der schlankere Mann. »So können Sie den Tandoori nicht benutzen. Er muss auf einer ebenen Unterlage stehen. Am besten nehmen Sie Material, das nicht brennt, also zum Beispiel kein Holz.«

»Kein Problem. Ich werde eine Betonfläche gießen.«

»Noch 'n Hinweis, Mam. Bei schönem schottischem Wetter können Sie das Gerät im Freien stehen lassen. Lassen Sie aber oben den Deckel drauf und das Türchen vorne zu. Wenn Sie den Eindruck haben, Feuchtigkeit hat sich drinnen breitgemacht, stellen Sie den Tandoori besser in eine Hütte, so wie Ihre da drüben. Im Winter empfiehlt sich das ohnehin. Verwenden Sie nur richtige Briketts, nichts Selbstgebasteltes.«

»Danke, danke, Sie können jetzt gehen«, sagte Miss Armour.

»Schön wär's. Bin aber nur halb fertig mit meinem Vortrag. Unsere Tandooris sind teilgehärtet. Das heißt, die Lehmschicht im Innern ist noch nicht zu hundert Prozent fest. Sonst würde sie auf dem Weg von Indien nach Schottland auseinanderbrechen. Nach spätestens fünf Mal heizen ist alles perfekt und Sie können auch Naan- und Rotibrote auf der schönen Lehmoberfläche backen.«

»Lassen sich Kebabs zu Beginn schon zubereiten?«, fragte MacDonald wissbegierig.

»Kein Problem, Sir.«

»Wir danken, Gentlemen«, sagte Angus und drückte beiden Herren eine Fünf-Pfund-Note in die Hand.«

»Herzlichen Dank, Meister. Viel Vergnügen damit. Goodbye, Mam.«

»Warum gaben Sie den Männern Trinkgeld?«

»Sorry, eine dumme Angewohnheit von mir.«

»Kann man sagen, ist es doch mein Ofen.«

»Wie kamen Sie auf diese Idee?«

Es wäre nicht hilfreich, ihm jetzt vom Besuch bei Doktor Kaphi, dem spirituellen Berater, und seinen Ayurveda-Regeln zu erzählen. Also nickte sie nur, damit er keinen Verdacht schöpfte.

»Gut, und was kostet so eine Gerätschaft?«

»Etwa dreihundert Pfund!«, erwiderte sie gravitätisch.

Woher hatten die Damen plötzlich so viel Geld, ohne Anstellung, nicht einmal in der Lage, sich eine Wohnung zu leisten?

»Hören Sie, Miss Armour, ich bin auf der Suche nach einem Buch von Madhur Jaffrey. Haben Sie den Band aus meinem Arbeitszimmer entwendet?«

»Wie käme ich dazu?«

»Thomasina vielleicht?«

»Meine Tochter ist volljährig. Ich bin für ihr Tun nicht mehr verantwortlich. Mir fällt jedoch auf, dass Thommies Verhalten in letzter Zeit etwas sprunghaft ist.«

Eine filigrane Formulierung, die er seiner Leibernährungsfachfrau nicht zugetraut hätte.

»Sehen Sie in ihrem Zimmer nach.«

»Miss Armour, ich betrete niemals die Räume meiner Gäste.«

»Spielt in dem Fall keine Rolle. Thommie hat nichts dagegen. Gehen Sie. Während einer Diät ist es wichtig, neue Wege zu beschreiten. Noch etwas, es wäre gut, Sie sagten mir ab jetzt, wann sie aus dem Haus gehen.«

»Bitte, was?«

»Das sollten sie ja bereits bei Ihrer Trennkost so machen!«

Miss Armour sagte erstaunlicherweise nichts mehr, las die Instruktionen für ihren Tandoori-Ofen. Das hätte er nun auch lieber getan. Als er bei Thomasinas Zimmer ankam, hatte er ein klammes Gefühl. Hineingehen oder draußen bleiben, das war hier die Frage. »Los, machen Sie schon!«, rief jemand aus dem Garten. Die Amour! Sie musste geahnt haben, dass er immer noch zögerte. »Ist ja schon gut«, sagte er zu sich selbst. In Thommies Zimmer roch es stark nach Lotos. Er ging zu seinem alten Schreibtisch, den er für sie aus dem Keller hatte hieven lassen. Tatsächlich, das Currybuch lag auf dem Tisch! Beim Aufklappen fielen mehrere Photos auf den Boden. Es hätte sich nun geziemt, sie umgedreht auf den Tisch zu legen. Ein Photo war eine sehr schöne Porträtaufnahme von Thomasina, dann Devasree, umschlungen mit einem jungen Mann, groß, dunkelhaarig, extrem selbstbewusst und … Thomasina mit diesem Herrn, auch in inniger Umarmung. Sich küssend!

»Chi-chi! Haben Sie Ihr Buch gefunden?« Thomasina stand im Türrahmen, einen Karton umklammernd. »Muss grade mal das Ding abstellen. Ist schwer.« Sie deponierte die Kiste auf einem Stuhl.

»Miss Thomasina!« Schuldbewusst legte er die Aufnahmen auf den Schreibtisch.

»Wollte mir das Buch nur mal kurz ausleihen. Tschuldigung, hätt Ihnen Bescheid sagen sollen. Sie schauen so drollig? Is was?«

»Äh, diese Photographien …«

»Was … die Photos. Cool, oder?«

»Sind Sie das mit dem … jungen Herrn?«

»Jop! Finlay heißt er. Schaut gut aus, nicht wahr?«

»Darf man, äh, fragen, in welchem Verhältnis Sie zu dem Gentleman stehen?«

»Sie wollen wissen, ob ich was mit ihm habe?«, fragte sie kokett. »Mister MacDonald, so kenne ich Sie noch gar nicht.«

»Sie haben mich missverstanden. Ich wollte nur wissen, ob Sie ihn ... gut kennen.«

»Finlay ist Devasrees Verlobter, nicht meiner!«

Wurde hier Promiskuität praktiziert? »Der Gentleman ist Schotte?«

»Zu hundert Prozent. Jop. Devie ist übrigens immer noch ziemlich down wegen der aufgeschobenen Hochzeit, ruft mich dauernd an und heult. Furchtbar! Aber sie passt eh nicht zu Finlay.«

»Bitte? Das sagen Sie über Ihre Freundin?«

»Wollt sagen, er ist nicht der Richtige, so wie er immer den Frauen hinterherschaut.«

»Denkt Miss Devasree auch so?«

»Glaub, sie ahnt es.«

»Was macht der junge Mann beruflich?«

»Händler.«

»Könnten Sie das bitte präzisieren?«

»Er hat schon alles Mögliche unternommen.«

»Wie machte Miss Devasree seine Bekanntschaft?«

Thomasina drückte sich die Fäuste auf die Brust. »Über mich. Hab die beiden einander vorgestellt. Sie geht selten aus. Hat kulturelle Gründe. Weil sie doch aus Indien kommt. Ich bin gar nicht sicher, ob sie schon mal 'nen Freund hatte. Dann gleich heiraten. Würde ich nicht tun.«

»Wo haben Sie sich getroffen?«

»Puh, im Unicafé. Da sind wir eben oft. Finlay kam zufällig vorbei, als ich mit ihr gequatscht habe. Es ist unglaublich, wie viele Gemeinsamkeiten wir haben.«

»Wer bitte?«

»Finlay und ich erst mal. Bis sich rausstellte, dass es mit ihm und Devasree auch so ist.«

»Hm.«

»Was denn?«

»Woher kannten Sie den jungen Herrn?«

»HMV, Princess Street.«

»Das Geschäft für CDs und DVDs?«

Thomasina grinste. »Hätt nicht gedacht, dass Ihnen das was sagt.«

»Warum nicht?«

»Na ja, Sie sind schon ein bisschen älter.«

»Thank you very much. Aber einen Film darf ich doch auch als älterer Mitbürger erwerben?«

»Jaja, kein Problem.«

Dass er in dem Laden immer rannte, ungebührlich für einen Gentleman, verschwieg er tunlichst. Die dröhnende Rockmusik dort plagte seine Ohren. »Lassen Sie mich raten. Die erste Begegnung mit Ihnen war ebenfalls Zufall?«

»Woher wissen Sie das?!«

»Es lag nahe. Kennen Sie seinen Wohnsitz?«

»Ob ich was hab?«

»Er möchte wissen, ob du seine Adresse besitzt«, meinte ihre Mutter, die sich wie ein Geist materialisiert hatte.

»Fragen Sie das besser Devasree.«

Ein kaum ausführbares Kunststück!, dachte MacDonald, wo die Mitglieder dieser Familie schwerer anzutreffen waren als die Königin von England.

»Wie heißt der Herr mit Nachnamen?«

»Edgar.« Thomasina kniete sich vor den Stuhl mit dem Karton, riss ihn auf und präsentierte ein Gläschen. »Schaut mal, was ich mitgebracht hab.«

»Pathia-Soße«, sagten MacDonald und Miss Armour und räusperten sich ob solchen Gleichklanges beschämt.

»Die sind für unseren Dabbawallah-Service.«

»Miss Thomasina, Sie haben doch nicht vor, die Soße als Ihr Produkt auszugeben?«

»Och nö, wollt nur mal sehen, wie das Etikett gemacht wird. Meine Gläschen waren nicht mehr da. Hab überall gesucht. Ham sich selbständig gemacht. Hast du eine Ahnung, wo sie sind, Mutter?«

»Nein, gewiss nicht!«

»Ihnen leuchtet ein, dass Sie auch das Etikett nicht imitieren dürfen?«, sagte MacDonald mit geschürztem Mund.

»Mann, Sie sind aber 'ne Spaßbremse! Bin ja nicht so versnobt wie Aadi und bilde meinen Kopf ab!«

MacDonald hatte wenig Hoffnung, dass sie Wort halten würde, und was die mögliche Verwicklung seiner Mitbewohnerinnen in den Fall betraf, wurde ihm wieder extrem unbehaglich. Wollte Thomasina Mister Panicker aus dem Geschäft drängen, um günstig an Restposten der Soße zu gelangen? Doch wie? MacDonald ging in sein Zimmer und schaltete den Computer ein, um einer weiteren Spur nachzugehen. Bei Mister Google tippte er »Finlay Edgar« ein, fand aber nicht einen einzigen Eintrag. Das war im digitalen Zeitalter mehr als ungewöhnlich. Vermutlich hatte der Herr alles getilgt. Bei seinen Begegnungen mit Thomasina und Devasree war für des Gourmets Begriffe zu viel Schicksal am Werk. Nahm man dann noch die Gemeinsamkeiten mit den jungen Damen … Wo trafen junge Menschen sich dieser Tage auch noch gerne? Ja! Bei Facebook. Eigens für seine detektivischen Belange hatte er ein Konto auf Mister Zuckerbergs Internetseite eingerichtet. Nachdem er sich eingeloggt hatte, suchte er nach Thomasina Armour. Ihrem Profil und den Einträgen konnte ein Wildfremder in wenigen Minuten entnehmen, wie sie aussah, dass sie gerne zu HMV und in die Cafeteria der Universität ging. Welch Leichtsinn! Ein potenzieller Heiratsschwindler also … Wie passte das zur verdorbenen Pathia-Soße? Wollte er Mister Panicker doppelt schaden, dessen Geschäft ruinieren und selbst eine Fabrik eröffnen?

Alberto schlug sich auf die Brust. »Maria, ein Wasserschaden ist Männersache!«

Sie war aus dem Schlafzimmer in den Flur getreten, als sie ihren Mann fluchen hörte. »Außerdem habe ich nicht gebrüllt!!«

»Doch, sonst hätte ich dich kaum durch massive Wände gehört.«

»Der Flur mit seinem starken Hall ist schuld.«

Sie tätschelte ihm die Schulter und kehrte ins Schlafzimmer zurück. Alberto ging die Treppe hoch. Vor dem Badezimmer im Flur blieb er stehen und drückte ein Ohr gegen die Tür. »Hallo, aufmachen!« Das Wasser wurde abgestellt. Er fasste Mut und wartete, bis der Sachbeschädiger sich zeigte. No, es durfte nicht wahr sein! Das Wasser lief wieder! Er hämmerte die Faust gegen die Tür. »Sofort rauskommen!«

Maria kam die Treppe hochgerannt. »Bist du völlig wahnsinnig geworden, derart mit Gästen zu reden!«

Alberto schob sie mit beiden Händen zum Anfang der Treppe. »Geh nach unten, Weib! Sofort!« Er kniete sich hin und tastete wie ein Fährtensucher den Boden ab. Vom Bad führte eine feuchte Spur zum Zimmer der Inder. Natürlich! »Hallo, hallo, hier spricht Doktor Spiegel-Ei«, rief er aus zwei Metern Abstand. Bei solchen Subjekten konnte man kaum vorsichtig genug sein. Keine Reaktion. »Ich wiederhole: Spiegel-Ei hier. Öffnen Sie sofort die Tür und zeigen Sie sich, sonst rufe ich die Polizei!«

»Alberto!«, rief seine Frau von unten, in einem letzten Versuch, ihren Mann zur Räson zu bringen.

Doch er bemerkte sie nicht, donnerte beide Fäuste an die Zimmertür. Von drinnen konnte er das Ehepaar wispern hören. »Ich weiß, dass Sie da sind. Widerstand ist zwecklos!«

»Die werden nie rauskommen, Vitiello!«

Alberto drehte sich um. »Wer redet da bitte?«

»Dougal Dinwiddie. So langsam müsstest du meine Stimme kennen!«

»Nehmen Sie Gestalt an!«

»He! Mit mir kannst du nicht reden wie mit unseren Untertanen!«

»Welche Untertanen? Die Briten haben Indien bereits 1947 verlassen.«

»Komm in die Besenkammer! Dann erkläre ich dir ein paar Dinge, die dir helfen werden.«

»Ich weiß nicht so recht.«

»Hast du etwa Angst?«

»Alberto Vitiello fürchtet sich vor nichts und niemandem! Merken Sie sich das!«

»Beweise es.«

»Porca miseria! Von mir aus!« Er ging in die Kammer auf dem Flur, welche frische Bettwäsche, Handtücher, Decken, Besen, Putzmittel und Schrubber enthielt. »Sie wurden von Mister Panicker gesendet, nicht wahr?«

»Tut nichts zur Sache. Was weißt du über Inder?«

»Nicht viel.« Fast gar nichts wäre ehrlicher gewesen. Aber Alberto gab so etwas ungerne zu. »Ich denke aber, dass Panicker gute indische Rezepte immer gebrauchen kann.«

»So?! Verstehst du auch, was die im Badezimmer veranstaltet haben? Saßen auf dem Fußboden und duschten sich.«

»Waren Sie etwa dabei?«

»Das musste ich nicht.«

»Sie plappern Unsinn daher. Kein normaler Mensch duscht auf dem Fußboden, wenn es eine Badewanne gibt.«

Eine Kiste mit Reinigungsmitteln krachte auf den Boden. »Inder nehmen keine Wannenbäder! Du musst nicht so verächtlich schauen. Ich kenne mich aus.«

»Das sagt jemand, der vor 115 Jahren starb!«

»Hat nichts mit der Angelegenheit zu tun.«

Ein Besen fiel um.

»Doch! Meines Wissens gab es damals noch keine modernen Badezimmer. Außerdem könnten die Inder sich in meiner Wanne ebenfalls abbrausen.«

»Nein! Sie denken, dass in dem geschlossenen Behältnis der Dreck an ihnen kleben bleibt.«

»Erstaunlich, dass Ihr Dienstbote Sie, den Experten für die indische Mentalität, erfolgreich verfluchen konnte.«

»Blödsinn! Wer sagt das denn? Ich geb dir jetzt einen guten Rat. Du musst deine Gäste härter rannehmen. Sonst haben sie keinen Respekt.«

»Sisi, werde es mir merken.«

»Hallo, mit wem sprichst du denn da?«

»Geh nur, deine bessere Hälfte ruft. Wir reden später weiter. Noch etwas: Stell mir einen Wasserkocher und hochwertigen Darjeeling hier rein.«

Alberto nickte, sah sich ein letztes Mal in der Kammer um und öffnete dann die Tür.

»Willst du dich nicht ein wenig ausruhen, Alberto? Das Toben dürfte dich strapaziert haben.«

»Keine Zeit! Ich muss das Badezimmer trockenlegen. Dinwiddie meint, die hätten sich auf dem Boden abgebraust. Ich glaube aber nicht, dass man ihm trauen kann, wurde er doch von Panicker gesendet. So wie unsere indischen Gäste. Sie sollen mich alle gemeinsam aus dem Konzept bringen.«

Maria sah ihn verständnislos an. »Mit welchem Ziel?«

»Das weiß ich noch nicht.«

»Wie soll das nur weitergehen?«

»Keine Sorge. Alberto Vitiello hat ebenfalls einen Plan! Dinwiddie ist eitel. Ich werde also einen Keil zwischen die Parteien treiben.«

Maria fragte sich, ob Alberto endgültig übergeschnappt war und beschloss, einen neutralen Beobachter einschalten.

»Komm mal ins Licht, junge Dame. Wir führen ein Gespräch von Frau zu Frau.« Miss Armour zog Thomasina in ihr Zimmer.

»Brauchst du vielleicht eine Sehhilfe, Mutter?« Ihre Tochter formte mit Daumen und Zeigefinger eine Brille vor den Augen.

»Nicht frech werden, Kleine. Ich will sehen, ob du die Wahrheit sagst.«

»Tschuldigung, war nicht so gemeint. Aber weißt du, ich bin auch nicht mehr fünf Jahre alt.«

»Zahlst du das Honorar für den ayurvedischen Berater, Thommie?«

»Du hast vielleicht Ideen! Wieso sollt ich das machen?«

»Er hat mir durch die Blume gesagt, dass es bereits übernommen wurde. Da du Ayurveda empfohlen und den Termin für mich ausgemacht hast, dachte ich …«

»Wär's denn schlimm, wenn ich's gemacht hätt?«

»Nicht direkt, aber so langsam frage ich mich, wo das Geld herkommt. Du hast doch bereits den Tandoori-Ofen bezahlt.«

»Mach dir nicht zu viele Gedanken, Mam. Money spielt keine Rolle.«

»Sofern eine Person legal dazu kam ... Hast du diese Devasree angepumpt?«

»Nö, die hat selbst kein Geld.«

»Eine Bank überfallen?«

»Sehr komisch! Beim Pokern gewonnen, wenn du's unbedingt wissen willst.«

»Wieder das Kartenspiel? Es darf nicht wahr sein!«

»Du redest wie in einer Vorabendserie, Mutter.«

»Spielsucht heißt es nicht umsonst, Kind. So wie Alkoholsucht.«

»Ja, ja.«

»Was soll das nun heißen?«, fragte Miss Armour hart. Die langen, senkrechten Falten in ihrem Gesicht schienen tiefer zu werden.

»Nichts. Kann ich jetzt gehen?«

»So oft hast du mir versprochen, keine Karten mehr in die Hand zu nehmen. Es ist zum Verzweifeln mit dir.«

»War 'ne Ausnahme und wird nicht wieder vorkommen.«

»Hör bloß auf. Das hast du voriges Mal auch gesagt!«

»Darf frau fragen, wovon du lebst?«

»Spare in der Zeit, dann hast du in der Not! Außerdem bekomme ich, wie wir alle wissen, ein neues Projekt.«

»War ein Geistesblitz mit Ayurveda, oder?«

»Im Allgemeinen ja. Nur die messianische Art des Herrn stört mich etwas. Ich bin diplomierte Wissenschaftlerin. Mit Hokuspokus will ich nichts zu tun haben.«

»Aber der Typ ist doch cool?«

Miss Armour war wieder verwirrt. Ihres Wissens hatte Thommie den Guru noch nie gesehen. Sie darauf anzusprechen, wäre zwecklos, würde sie es doch leugnen. Mehr und mehr wurde ihr über die letzten Jahre bewusst, dass sie einige schlechte Eigenschaften mit dem grässlichen Mister Armour teilte. Vielleicht hätte es geholfen, wenn sie nach der Scheidung wieder ihren Geburtsnamen Reid angenommen hätte. »Supercool wäre mir lieber, Thommie.«

Ihre Tochter boxte sich die Faust gegen die aufgeblasene Backe. »Versteh überhaupt nix mehr.«

»Ich fürchte, der Herr sucht Anschluss. Je kühler er ist, umso besser für mich.«

»Hör bloß auf. Das sagst du bei jedem Mann.«

»Nur wenn es den Tatsachen entspricht.«

»Der Typ ist mindestens sechzig!«

»Alter schützt vor Torheit nicht.«

»Stimmt! Warum gehst du nicht mal mit Malcolm aus?«

»Meines Mündels Vater hat ein Alkoholproblem.«

»Du siehst das viel zu eng. Mir hat er erzählt, dass er im ganzen Leben nie krank war und jeden Morgen im Forth krault.«

»Der Herr konsumiert zweieinhalb Flaschen Scotch in der Woche und ob er so viel im Fluss schwimmt, bleibt zu überprüfen! Hör mal, noch eine andere Sache: Für unseren Tandoori-Ofen werde ich authentisches Brennmaterial benutzen.«

»Hast du das vor, was ich denke?«, fragte Thomasina.

Miss Armour nickte. »Ja, ich fürchte aber, der Herbergsvater wird nicht begeistert sein.«

»Och, mach dir um den keine Sorgen. Ich beschwatz ihn. Null Problem. Danke übrigens, dass du mir mit dem Dabbawallah-Service hilfst.«

»Hast du dir das auch gut überlegt? Wenn dein Geschäft gut anläuft, werde ich mit meinem Rad nicht alle Mahlzeiten ausliefern können. Zumal ich ja auch bald im Projekt beschäftigt bin.«

»Keine Sorge. Ich habe noch 'ne andere Hilfe.«

»Wer sollte das sein?«

»Ich geh jetzt, Mutter.«

»Wohin, wenn diese Frage erlaubt ist?«

»Einfach nur weg. Sonst krieg ich 'nen Koller.«

»Pass auf dich auf, Kleines.«

»Ich rühr keine Karten mehr an. Großes Ehrenwort!«

»Das meine ich nicht. Ich will nicht, dass du auf die schiefe Bahn gerätst. Mannsbilder gaukeln einem manches vor.«

»Woher willst du das wissen?!«

»Eine Mutter weiß so etwas eben.«

»Frau Wissenschaftlerin hat wieder Detektiv gespielt und mich beschattet?«

»Geh deiner Wege. Ich muss mich über das ayurvedische Verdauungsfeuer kundig machen.«

»Mackie wird sich riesig freuen, wenn du ihm davon erzählst.«

»Da bin ich mir nicht so sicher«, antwortete Miss Armour, die nicht einen Funken Ironie besaß. Nachdem ihre Tochter gegangen war, setzte sie sich an ihren Schreibtisch, um zu studieren. Doch dieser Guru ging ihr nicht aus dem Sinn. Führte er außer der Verbreitung des Ayurvedawissens und seinen Annäherungsversuchen noch etwas im Schilde? Wie auch immer! Sie musste Thommie schützen.

»Sie haben lange, allzu lange warden müssen, Misder MacDonald«, sagte Panicker onkelhaft und sah sich um, so als ob er im eigenen Büro mit Spionen rechnete. »Wo isd Ihr idalienischer Assisdend heude?«

Eigenartig, dachte MacDonald. Er war davon ausgegangen, dass er Alberto auch zu diesem Treffen, der Führung durch die Fabrik, nicht mitbringen sollte. »Seine Verpflichtungen in der Villa Buongiorno verhindern ihn leider«, brachte er leicht stammelnd hervor. »Das Leben eines Hotel-Besitzers ist nicht einfach.«

»Bidde besdellen Sie ihm herzliche Grüße. Er imbonierde mir mit seiner Offenheid. Isd sein Hodel nun ausgebuchd?«, fragte der Inder mit merkwürdigem Gesichtsausdruck.

Wie sollte man nun diese Frage beantworten, ohne Alberto zu schaden? Soweit MacDonald wusste, hatte er wenig Gäste, wollte aber partout keine Inder mehr. »So genau kann ich es leider nicht sagen. Kann er sie eventuell anrufen?«

Panicker kniff sich in die Backe. »No, *shukriya*. Machen Sie sich geine Umsdände. Misder MacDonald. Wäre es Ihnen rechd, wenn meine liebe Frau am Gang durch unser Herzsdück deilnimmd?«

Dieselbe Frau, die gemäß Mister Singh und Thommie alle wichtigen Produkte der Firma, insbesondere die Pathia-Soße, kreiert hatte? Eine Person, deren Schaffen offiziell nicht anerkannt wurde? »Aber sehr sogar.«

Der Fabrikant rieb sich vergnügt die Hände. »Fein, das freud mich.« Er drückte einen Knopf unter dem Schreibtisch. Es knarrte und das Prince-Charles-Gemälde drehte sich mit der dahinter liegenden Wand um hundertachtzig Grad. Auf der Rückseite war ein Stuhl angebracht! Panickers Frau hatte dunkles, glänzendes Haar und wie ihre Tochter sehr schöne Augen.

»Irgendwo habe ich so etwas schon einmal gesehen«, murmelte der Feinschmecker. »Ich glaube in den Highlands.«

»Ihnen gefälld meine Erfindung, Misder MacDonald?«

Er nickte verbindlich. »Damit hatte ich nicht gerechnet.«

Die Dame des Hauses trug einen langen, grünen Sari. Ihr Haar war hinter dem Kopf zusammengebunden. Sie fixierte angestrengt den Boden wie der Fahrgast eines Linienbusses. Nach harmonischer Ehe sah es nicht aus.

»Darf ich vorsdellen: meine Frau.«

MacDonald wollte sich erheben, um sie zu begrüßen. Doch eine frostige Stimmung hielt ihn zurück. »Sehr erfreut«, sagte er und nickte der Dame zu.

»Misder MacDonald schreibd ein Buch über indische Güche. Ich helfe ihm bei der Recherche.«

Panicker drückte wieder einen Knopf unter der Schreibtischplatte und MacDonald fragte sich, ob seine Tochter ebenfalls dazustoßen würde. Nein, der Diener mit geplätteter Frisur kam, drei Plastiktüten mit Firmenlogo in der Hand. Panicker reichte eine davon MacDonald und grinste wie der Weihnachtsmann. Fehlte nur noch, dass er »hohoho« sagte! »Wegen der Bazillen, Misder MacDonald.« Sollte es nun endlich losgehen mit der Führung? Die zweite Tüte legte er auf den Schreibtisch und die dritte reichte er seiner Frau. Dann drückte er den Knopf und sie verschwand erneut. Seine Befehlszentrale bereitete ihm sichtlichen Spaß. »Es isd nur, damid meine Gaddin sich ungesdörd umgleiden kann.«

»Natürlich.«

»Wollen wir uns auch rüsden?«, fragte Panicker jovial.

»Unbedingt.« MacDonald riss die Tüte auf und betrachtete orientierungslos das Set: Schutzanzug, Mütze und eine Art Pantoffeln, alles aus elastischem Plastik.

»Wenn ich einen Vorschlag machen darf, Misder MacDonald?«

»Ich wüsste nicht, was mir lieber wäre«, antwortete der Gourmet erleichtert.

»Am besden, Sie ziehen zuersd den Overall an und sedzen dann die Müdze auf.

Ich zeige es Ihnen.« Panicker rollte den Overall auseinander, hielt ihn links und rechts mit strammem Griff und schüttelte ihn von sich weg.

»Natürlich! Wie in Parma«, sagte MacDonald.

»Bidde?«, fragte der Fabrikant etwas garstig, weil er bei seiner Darbietung gestört wurde.

»Mir fällt gerade ein, dass ich einst durch eine Parmiggiano-Käserei geführt wurde und wir ähnliche Anzüge trugen.«

»Glar, glar. Es isd Standard bei jeder Besichdigung.«

Woher kannte er diese Ausdrucksweise?, fragte MacDonald sich, schlüpfte in Anzug und Schuhe und setzte das Hütchen auf. Abermals drückte Panicker das Knöpfchen und seine Gattin, auch in der albernen Kleidung, wurde wieder ins Zimmer gedreht. Alberto wäre von dieser Einrichtung hellauf begeistert, wünschte er doch seine Gäste häufig zum Mond und weiter weg. War Panicker der Exzentriker, als der er sich gab? Wenn nicht, konnte es bedeuten, dass er seine Soße selbst manipulierte? So stark, wie er sich mit dieser identifizierte, hielt Angus das, im Gegensatz zu Alberto, für eher unwahrscheinlich.

»Sind alle bereid?«, fragte Panicker rhetorisch.

MacDonald wie auch seine Gattin nickten, als ob sie einen steilen Berg erklimmen wollten.

»Schön, schön. Lassd uns beginnen. Möchden Sie einen Snagg, Misder MacDonald?«

Um ihn im Schutzanzug durch die Fabrik zu tragen?! »Vielleicht etwas später.«

»Du, meine Liebe?«

Seine Frau schüttelte den Kopf. Was dann geschah, war so absurd, dass MacDonald sich fragte, ob er in Ermangelung eines Full Scottish Breakfast eine Halluzination hatte.

»Tanti auguri, herzlichen Glückwunsch«, sagte Maria und sah über den Rand ihrer Zeitung. »Du hast erfolgreich unsere einzigen Gäste vertrieben!«

»Was ist mit den Deutschen?«

»Verließen uns gestern.«

»Das kann nicht sein! Wo sind sie hin?«

»Wohin sie immer fahren, in die Highlands, während du Selbstgespräche führtest.«

»Porca miseria! Du tust so, als ob ich verrückt wäre, Maria, doch ich habe nur mit Mister Dinwiddie geredet!!«

»Unser Hausgeist?«

»So ist es! Diese Inder waren nebenbei bemerkt eine Gefahr für alle Bewohner des Hauses. Es gehört sich nicht, fremde Badezimmer zu fluten und dann die Verantwortung zu leugnen!«

»Wenn du so weitermachst, können wir in Rente gehen und unsere Enkelinnen hüten.«

»Auf keinen Fall! Ich bin zu jung, um ganztägig den Großvater zu mimen. Hm, Hausgeist, hast du gesagt? Nicht der schlechteste Begriff. Weißt du was, wir machen aus der Not eine Tugend und werben mit ihm. Es wird uns eine Flut von Gästen bringen! Angus soll mir einen schönen Text schreiben. Den stelle ich dann auf unsere Website.«

»Wir haben doch kein Gespenst im Haus«, erwiderte Maria niedergeschlagen.

»Am besten, ich fahre gleich zu ihm.«

»Der wird sich riesig freuen. Noch eine Sache, bevor du aufbrichst, Alberto.«

»Wenn es schnell geht.« Mit den Fingern klopfte er auf dem Esstisch einen Marsch.

Maria hob die Hand. Das geschah so selten, dass Alberto innehielt. »Über Meditation höre ich gute Dinge.«

»Ob ich so lange stillsitzen kann?«

»Versuch es bitte, Alberto! Mir zuliebe.«

»Okay, ist ja schon gut.« Alberto rannte zu seinem Volvo und war dank seines formel-1-mäßigen Fahrstils bereits zehn Minuten später in Dean Village. Die Haustür fand er unverschlossen! Zehenspitzig trat er in den Flur und hörte aus der Küche tönenden Gesang:

»By yon bonnie banks and by yon bonnie braes,
Where the sun shines bright on *Loch Lomond*
Where me and my true love were ever wont to gae,
On the bonnie bonnie banks of Loch Lomond.

Oh ye'll tak' the high road, and I'll tak the low road,
And I'll be in Scotland afore ye,
But me and my true love will never meet again,
On the bonnie, bonnie banks of Loch Lomond.«

Angus saß am Küchentisch, mit einer Flasche NB Gin von East Lothian und zwei Gläsern. Sein Jackett hatte er über eine Stuhllehne gehängt. »Going native«, sich unter das Volk mischen, nannte er es. »Alberto! Schön, dich zu sehen. Nimm Platz und trink einen mit. Unser Gin kommt quasi aus der Nachbarschaft, wird in kleinen Chargen von maximal hundert Litern destilliert, vor Ort abgefüllt und etikettiert. Prost!«

Vitiello zeigte zum Eingang. »Die Haustür stand offen!«

»Nun, was soll ich dazu sagen? Die Damen pflegen einen alternativen Lebensstil. Nennen wir es einfach Tag der offenen Tür.«

»Sind sie ausgeflogen?«

»Wie Küken, haha, das ist lustig! Anderenfalls würde ich mich nicht trauen, einen zu heben, willst du sagen?«

Alberto lächelte. »Es war nur eine Frage.«

»Nach einem ominösen Treffen mit Mister Panicker hatte ich mir das redlich verdient.«

»Du warst wieder ohne mich dort?«

»Äh, ja.« Er nahm die Flasche in die Hand. »Darf ich dir eingießen?«

Alberto zögerte.

»Es wird dein Schaden nicht sein. Die Herren von NB haben mit acht Pflanzen einen Gin-Klassiker geschaffen.«

»Zwei Gläser, woher wusstest du, dass ich komme?«

»Ich könnte sagen, dass ich es ahnte. Slàinte mhath!« Angus hob sein Gläschen in die Luft und Alberto stieß mit ihm an.

»Alla salute, mein Feund. Wie ist es dir beim Inder ergangen?«

»Man hat mich durch die Fabrik geführt.«

»Großartig. Dann wissen wir jetzt, ob die Überdosis Salz dort untergemischt wurde?«

»Eine Führung, wie ich sie noch nie erlebt habe!«

»Irgendetwas scheint dich daran gestört zu haben, Angus?«

»Sicher ist alles nur mein Fehler. Man muss mit der Zeit und ihrer Lust am Virtuellen gehen.«

»Non capisco! Parla inglese!«

»Ich rede Englisch, amico. Panicker hat mir einen Film gezeigt!«

»Wie? Du warst gar nicht in der Fabrik?«

»Nur virtuell. Zur Authentifizierung des Erlebnisses durfte ich einen Schutzanzug tragen.«

»Jetzt veräppelst du mich!«

»In einer anderen Welt wäre es bestimmt so. Nein, er hat mich und seine Frau gebeten, einen Plastikanzug, Schuhe und Käppchen anzulegen.«

»Wie in einer Parmiggiano-Käserei! Signora war also auch dabei? Molto interessante. Was sagte sie?«

»Nichts. Immer, wenn sie das Wort ergreifen wollte, intervenierte der werte Gatte. Bedenkt man, dass sie angeblich alle wichtigen Produkte kreierte, hätte sie guten Grund, ihm zu grollen.«

»Warum angeblich? Sowohl Thomasina als auch dieser Singh erzählten es dir.«

»Dennoch habe ich meine Zweifel. Mrs Panicker ist mehr der Typ stilles Mäuschen. Produkte zu manipulieren, traue ich ihr nicht zu.«

»Kannst du auch etwas über die Fabrik berichten?«

MacDonald zückte sein kleines, schwarzes Notizbuch. »Die Firma hat in Schottland drei Sitze mit insgesamt 200.000 Quadratmetern Fläche. Pro Tag produzieren sie 150.000 Fertigessen, an sieben Tagen in der Woche.«

»Porca miseria. Da muss er ja steinreich sein! Wie viele Gläschen Pathia-Soßen stellen Sie her?«

»Schwer zu sagen.«

»Hast du nicht gefragt?«

»Selbstverständlich. Doch erhielt ich keine Antwort. Ich darf dich daran erinnern, dass er ein großes Brimborium mit seiner Soße macht. Dafür habe ich erfahren, dass sie pro Woche 35 Tonnen Reis und 40 Tonnen Huhn verarbeiten. In drei Monaten wird er einen vierten Standort eröffnen. Dann machen sie 300.000 Fertigessen pro Tag. Es ist also verständlich, dass Mister Panicker sich vor Skandalen fürchtet.«

»Genug, genug! Vor lauter Höchstleistungen brummt mir der Schädel.«

»Wie gut ich dich verstehen kann. Was ich zitierte, ist jedoch nur ein Bruchteil.«

»Diga me über die Produktionsschritte.«

»Dein Wunsch sei mir Befehl. In der Versuchsküche werden sinnigerweise neue Rezepte ausprobiert.«

»Wer hat die entwickelt?«

»Ah, jetzt spricht der Koch«, erwiderte MacDonald und hob wieder sein Glas. »Kollegen von dir, vorwiegend in Panickers Heimat abgeworben. Wenn sich Kunden neue Gerichte wünschen, jagt das Team originäre Rezepte, entwickelt verschiedene Versionen und probiert sie aus. Missfällt ein Gericht dem Chef, geht es nicht in Serie. Stimmt alles, wird der Computer mit dem Rezept gefüttert. Er arbeitet dann eine Version für zahlreiche Portionen aus. Maschinen kümmern sich um das Kochen.«

Alberto sah ihn fragend an. »Wie soll ich das verstehen?«

»Sie machen alles, die Gewürzmischung, Curry und Reis kochen, Zwiebeln zerkleinern.«

»Buono! Wir sind einen Schritt weiter!«

»Ich stimme dir zu. Da die Geräte alles in großem Umfang produzieren, müsste ein Störenfried Unmengen an Salz oder Sand untermischen. Hygiene wird, so der Werbefilm, groß geschrieben. Alle Mitwirkenden trugen Schutzkleidung.«

»So wie du«, sagte Vitiello lachend.

»Exakt. Noch etwas: Das Essen wird mehrfach auf Salmonellen und Listerien getestet. Selbst die Angestellten prüft man regelmäßig. Das firmeneigene Labor hat eine gute Reputation. Panickers Leute nehmen auch Produkte anderer Firmen unter die Lupe.

»Das ist molto interessante!«

»Klar, klar. Ich weiß.«

»Haha, jetzt übernimmst du bereits Thommies Art zu reden. Nicht mehr lange und du läufst in Blue Jeans durch Edinburgh.«

»Niemals wird Angus Thinnson MacDonald eine Goldgräberhose tragen! Zurück zur Vorlesung: Erst nach all diesen Tests wird das Essen verpackt.«

»Oder ins Glas gefüllt. Wie die Pathia-Soße.«

»Jawohl. Im Moment favorisieren sie den Punjab.«

»Kommt nicht Mister Singh, Panickers ehemaliger Mitarbeiter, von da?«

»Er wie auch viele andere Menschen. Ingesamt habe ich die Palette der Produkte unterschätzt. Deshalb wage ich zu bezweifeln, dass Mrs Panicker inoffiziell alles erfindet, und es ist kein Wunder, dass er sein Flagschiff, die Pathia-Soße, nicht vom Markt ziehen möchte. Darunter litte auch der Ruf der vielen anderen Artikel.«

»Umso komischer, dass seine Frau dabei war. Ohne sie hättest du sicher die eine oder andere Sachfrage stellen können, wie zum Beispiel zur aufgeschobenen Hochzeit und was er vom zukünftigen Schwiegersohn hält. Der wird nicht erfreut sein über die verschobene Hochzeit.«

»Ich frage mich, wessen Idee das Treffen zu dritt war. Sicher kam sie nicht von der Dame des Hauses. Sie wirkte wie zu heiß gebadet.«

»Hör mir bloß auf!«, sagte Vitiello.

Was meinte er damit?, fragte Angus sich. So unähnlich war Alberto Indern nicht, plötzliche Gedankensprünge, nicht ersichtliche Zusammenhänge ... »Als nächstes müssten wir unbedingt Panickers Guru ins Visier nehmen.«

»Aus welchen Gründen ist er verdächtig?«

Angus schob das Kinn zurück. »Ein Guru steht prinzipiell unter Verdacht! Panickers Geschäfte gehen immer noch gut. Vielleicht will der Meister sich ein Stück vom Kuchen abschneiden.«

»Soll ich Dinwiddie nach seiner Adresse fragen? Er kennt sich gut aus mit Indern. Sicher kann er uns einen Tipp geben.«

»So machen wir es. In seinen 115 Jahren konnte er gewaltige Erfahrung anhäufen.«

»Mister Dinwiddie ist vor 115 Jahren gestorben!«

»Ich bezog mich auf seine Erfahrung post mortem.«

»Grazie, du bist auch nicht besser als Maria! Hat Mister Angus vielleicht einen besseren Vorschlag?«

»Vielleicht versuche ich, in der folgenden Nacht des Gurus Adresse gezielt zu träumen?«

»Du bist unmöglich!« Alberto rannte ohne Verabschiedung aus dem Haus. Wer war nun in einer größeren Krise? Der Fabrikant oder er? »Ich gedenke, Thomasina noch einmal nach seiner Adresse zu fragen«, sagte Angus zu seiner leeren Küche. Miss Armour gab in ihrem Zimmer undefinierbare Laute von sich. Mitten in der Nacht wachte er dann auf, dachte an einen Alptraum, bis er merkte, dass jemand Gegenstände gegen das Haus warf und »pst, pst« rief. Als er das Fenster öffnete, wurde es still.

*»Tae cowp the kirn.«*

Alles über den Haufen werfen.

# Eine Kuh zuviel!

»In einer großen Stadt sollten die Ausscheidungen eines Rindviehs nicht zu bemerken sein, mein Herr! Zwei Jahrhunderte zuvor vielleicht, aber nicht im Jahr 2015!« Wer hatte denn jetzt das Wort? MacDonald wachte auf, zog die Schlafmaske ab und drapierte sie auf dem Styroporkopf, den ein Perückenmacher ihm geschenkt hatte. Ein abscheulicher Geruch beherrschte den Raum. Miss Amour! Wer sonst sollte ihn auf dem Kerbholz haben? Schlaftrunken sah er in den Garten. »Oh nein! Das geht zu weit! Ein friedlicher Morgen beginnt anders!« Er schlüpfte in seine Louis-Quatorze-Pantoffeln. Im Badezimmer plätscherte das Wasser. Thomasina veranstaltete wieder eine ihrer stundenlangen Duschorgien. »Miss Armour!«, rief er bereits von der Küche wie ein General, der seine Soldaten zur Attacke sammelt, und stürmte zum Ende des Grundstücks. Eine Hand justierte den Gürtel seines Mantels, die andere drückte die Nasenlöcher zu. »Veranstalten Sie hier eine schamanische Beschwörungszeremonie?«, fragte er aus vier Fuß Entfernung. Erst jetzt fiel ihm ihr Sari auf, aus blauem Polyacryl! »Haben Sie den selbst gestrickt?«

»Bitte?«, fragte sie desinteressiert und befeuerte den Tandoori-Ofen weiter mit getrockneten Kuhfladen.

»Es ist nicht so wichtig. Warum verbrennen Sie tierische Exkremente im Backofen? Sollen Belagerer abgeschreckt werden?«

»Alles nur zu Ihrem Besten, Mackie.«

»Mister MacDonald für Sie! Die Herren, welche den Tandoori aufbauten, betonten, dass nur reguläre Briketts verwendet werden dürfen.«

»Leere Behauptungen, die Industriellen stecken doch alle unter einer Decke.«

»Dieser Gestank ist nicht tolerierbar!« MacDonald trat noch einen Schritt zurück. Dabei entdeckte er die seltsamen Flecken an der Hauswand. »Sind das Kuhfladen?«

»Sie haben abstruse Ideen, MacDonald! Ich verschwende doch keine Energie! Besitzen Sie einen Trainingsanzug?«

Wieder eine ihrer berühmten Fangfragen! »Ich mache von meinem Recht auf Aussageverweigerung Gebrauch.«

»Falls nicht, könnte ich Ihnen einen stricken.«

»Aus Polyacryl?«

»Nein, aus Wolle natürlich! Manchmal kommen Sie mir wie ein Dinosaurier vor.«

»Ich würde wirklich gerne wissen, wer meine Hauswand beschädigte!«

»Juchhe!«, rief Thomasina von MacDonalds Schlafzimmer aus! »Streitet ihr schon wieder? Bitte, bitte, nicht.« Gefühlte zwei Sekunden später stand sie im Garten. »Kaum lässt man euch alleine, geht ihr wie Kampfhühner aufeinander los. Man könnte meinen, ihr seid verliebt.«

»Blödsinn!«, sagten Angus und Miss Armour unisono.

»Hihi, genau davon rede ich!«

»Wissen Sie, wer meine Hauswand verunzierte?«, fragte MacDonald und machte nicht den geringsten Versuch, sein Missfallen zu verbergen.

»Er möchte wissen, wer Dreck gegen die Wand warf«, erklärte Miss Armour.

Thomasina kehrte beiden den Rücken zu und schritt zum Haus. Sie betrachtete, um die Fassung zu wahren, die Hauswand, und irgendwann schüttelte sie den Kopf. »Nope, keine Ahnung.«

»Dachten Sie, über die Wurfgeschwindigkeit auf den Sachbeschädiger schließen zu können?«

»Der Hausherr fragt sich, welcher deiner Bekannten Handball spielt, Thommie.«

»Ich geh jetzt wieder rein, dann könnt ihr eure nette Plauderei fortsetzen.«

MacDonald konnte das nicht verstehen! Warum sagte sie nicht einfach, wer ihr nächtlicher Besucher war! Oder hatte es mit dem Fall zu tun? Er betrachtete den Tandoori. »Irgendeinen Grund müssen Sie für die Kuhdungbriketts haben, Miss Armour.«

»Authentischer Geschmack!«

»Das wird in Indien so gehandhabt?«

»Ich will nicht sagen, überall, aber doch in einigen Gegenden. In Afghanistan ist dieser Brauch auch …«

»Genug Information für mich. Danke. Täusche ich mich, oder hat Fräulein Tochter heute schlechte Laune?«

»Thommie kann streitende Menschen, Gefühlsausbrüche jedweder Art, kaum ertragen. Ansonsten macht sie sich nicht viele Gedanken über das Leben und ihre Umwelt.«

MacDonald staunte über die profunde Menschenkenntnis der Ernährungsfrau. »Miss Armour, in welchem Verhältnis steht Ihre Tochter zu diesem Finlay?«

»Sie ist ein gutes Mädchen.«

»Ein platonisches Verhältnis demnach?«

»Ich will nicht sagen, sie hätte keine Schwachstellen. Doch wer ist unfehlbar, Mister MacDonald?«

Es war nicht zwingend, dabei seinen Bauch anzublicken! »Hat Miss Devasree heute Nacht den Radau veranstaltet?«

»Fragen über Fragen! Sie oder einer von Thommies anderen Freunden wird es gewesen sein. Schlimmstenfalls dieser Finlay. Zum zweiten Mal: Ich bin nicht meine Tochter.«

Nein, das konnte niemand behaupten! Sah man die beiden nebeneinander, wirkte die Sage vom Storchenbaby sehr realistisch.

Thomasina rannte wieder in den Garten. »Mister Mackie, kommen Sie schnell. Da ist so 'n Typ an der Tür. Ham Sie Gemüse bestellt?«

»Nein, schicken Sie ihn bitte weg. Das wird mir jetzt alles ein bisschen viel!«

»Hab versucht, ihn abzuwimmeln, aber er bleibt einfach stehen! Wie festgeklebt!«

MacDonald eilte zur Haustür, Miss Armour dicht hinter ihm. Der langhaarige Jungmann, der dort stand, mit einem grauen Kittel bekleidet und eine Gemüsekiste auf den Händen schaukelnd, sah ihn provozierend an.

»Hier liegt eine Verwechslung vor«, protestierte Angus.

Der Lieferant stellte die Kiste auf den Boden und zog einen Zettel aus der Tasche.

Thomasina stellte sich neben MacDonald und schüttelte den Kopf.

»Mister Angus MacDonald, eine Kiste mit Gemüse. Schauen Sie, hier steht es. Alles bezahlt!«

»Die Bestellung stammt nicht von mir.« Sollte Panicker auf einem Salär bestanden und ihm das Gemüse als Vorschuss geschickt haben? Wundern müsste es einen nicht.

»Ist sehr gute Ware. Sonst würde der Chef sie nicht verkaufen.«

»Ich verzehre nur biologisch angebautes Gemüse«, erwiderte MacDonald konsulhaft.

»Genau wie ich!«

»Es freut mich zu hören, dass auch Sie sich gesund ernähren, doch ...«

»Nein! Sie verstehen mich nicht. Wir von Planet Veggie verkaufen ausschließlich naturbelassenes Obst und Gemüse aus der Region.«

Durch MacDonalds Körper ging ein freudiges Beben. »Nun, dann können wir eventuell ins Geschäft kommen, junger Mann. Schauen wir mal, was Sie da haben.«

Als er in die Hocke ging, knackten seine Kniegelenke wie Feinde im Hinterhalt. Thomasina schien so etwas noch nie gehört zu haben und entsprechend belustigt sah sie ihn an. Angus hüstelte. »Karotten, Zucchini, Auberginen und Okra für die indische Küche. Gar nicht schlecht. Wo befindet sich Ihr Geschäft?«

Der junge Mann zögerte, schien überlegen zu müssen, wie die Adresse lautete. »Mayfield. Ratcliffe Terrace.«

»Sie wissen wirklich nicht, wer das auf meinen Namen bestellt und bezahlt hat?«

»Nein, Ehrenwort.«

»Wollen Sie das Zeug essen, Mister Mac?«, fragte Thomasina ängstlich.

»Ich wüsste nicht, was dagegen spräche.«

Sie stellte sich auf die Zehenspitzen und flüsterte ihm ins Ohr. »Überlegen Sie mal, Mackie. Die Sachen könnten vergiftet sein.«

»Puh, daran hatte ich noch gar nicht gedacht. Aber wer sollte denn daran Interesse haben?«

»Keine Ahnung!«, antwortete sie leicht hysterisch.

»Nun?«, fragte der Zulieferer.

»Wir lehnen ab!«, meinte Thomasina.

»Sie haben keine Ahnung, was Ihnen entgeht. Dann futtere ich eben alles selbst«, sagte der junge Herr und biss in eine Karotte. »Beweis erbracht! Wünsche noch einen schönen Tag.«

»Wir sind nicht amüsiert«, sagte MacDonald und schloss die Tür.

Thomasina küsste ihn auf die Wange. »Gut gemacht, Mackie. Sie werden es nicht bereuen.«

»Woher kommt das Geräusch?«, fragte ihre Mutter, die sich heimlich dazuteleportiert hatte.

»Ein Fax trifft ein«, erklärte MacDonald. »Dad war wieder fleißig.«

»Was schreibt er denn?«

»A canna sell the cou an sup the milk!«

»Wie meinen?«

»Du kannst den Kuchen nicht essen und zugleich behalten.«

»Logisch! Wie sollte das auch gehen?«

»Mein Vater sammelt Weisheiten und Sprichworte des schottischen Lebens.«

Miss Armour war entzückt und strich sich über das kurz getrimmte Haar. »So ist das? An ihm sollten Sie sich ein Beispiel nehmen.«

MacDonald fuhr sich mit beiden Händen übers Gesicht. »Kann ich sonst noch etwas für Sie tun, gnädige Frau?«

»Verfügt der Haushalt über einen Zungenschaber?«

»Was soll das sein?«

»Die Ablagerungen an der Zungenwurzel behindern die Atmung und verursachen üblen Mundgeruch. Deshalb muss die Zunge regelmäßig geschabt werden, sagt Ayurveda.«

»Danke, dass Sie dieses okkulte Wissen mit mir teilen. Sie können irgendeinen meiner Küchenlöffel zweckentfremden.«

»So einfach funktioniert das nicht«, antwortete Miss Armour triumphierend. »Ein Zungenschaber muss aus Gold, Silber, Kupfer, Zink oder Messing sein.«

»Von mir aus!«, rief MacDonald und flüchtete aus dem Krisengebiet in sein Arbeitszimmer.

»Was hat er denn nun schon wieder?«, fragte Miss Armour ihre Tochter.

»Kennst du ihn so nicht? Er will mit seinem Buch weiterkommen.«

»Pah, der soll sich nicht so anstellen! Wer sich richtig ernährt und ein passables Gewicht hat, fährt nicht aus der Haut, wie wir Diplom-Ökotrophologinnen wissen. Erstaunlich, nicht wahr?«

»Was denn?«

»Malcolm interessiert sich für Fragen der Ernährung.«

»Sag doch schon die ganze Zeit, dass er eine gute Partie ist, Mutter.«

Miss Armour lächelte zum ersten Mal in diesem Kalenderjahr. »Wir werden sehen. Ich bin nicht für voreilige Entschlüsse bekannt.«

»Wie solltest du auch?«

»Hm?«, fragte Miss Armour träumerisch.

»Du bist doch viele Stunden am Tag damit beschäftigt, deine Kalorien zu zählen. Da bleibt keine Zeit, unvernünftig zu werden.«

»So ist es«, erwiderte ihre Mutter, ohne zugehört zu haben.

MacDonald, der an seinem Schreibtisch saß, erhob sich, um die Tür noch einmal laut zu schließen. Die Damen verstummten. Es schien also nicht zu viel verlangt, hin und wieder – im eigenen Haus – etwas klösterlichen Frieden zu haben. Er griff zum Telefonhörer. Der Anrufbeantworter sprang an. Wenigstens bekam er ihre Stimme zu hören: »Hier ist Karen Miller. Ich bin, klick, klick, im Moment nicht zu Hause. Bitte sprechen Sie eine Nachricht nach dem Beep und ich rufe umgehend zurück.« Kleinlich wollte man nicht sein, aber nach seinen letzten beiden Versuchen hatte sie genau das unterlassen. Es klickte abermals in der Leitung. Wurde er abgehört, lauschte im Erdgeschoss eine der Armour-Damen am Telefon?

»Mister Dinwiddie trinkt gerne Tee, weil er schmeckt und hilft, den Alltag aufzulockern. Wir Sterblichen haben nicht die geringste Vorstellung, wie anstrengend es ist, vierundzwanzig Stunden totzuschlagen«, erklärte Alberto seinem Freund Angus. Der hatte ihn in Fountainbridge abgeholt, damit sie gemeinsam zu Planet Veggie in Mayfield fahren konnten. »Angus, hörst du mir überhaupt zu?«

Mehr als ihm lieb war, dachte MacDonald. »Selbstverständlich. Auch ich fühle mit dem Herrn. Hat er zur Klärung unseres Falles beitragen können?«

»Ich habe es dir doch erklärt. Erst wenn ich etwas auf unsere Website setze, ist er mit von der Partie.«

Angus hatte den Verdacht, dass es primär Albertos Wunsch war. »Es war mir, äh, noch nicht vergönnt, mit dem Text über ihn zu beginnen.«

»Schade! Wie sollen wir weiterkommen?«

»Darf ich dich daran erinnern, dass wir zu diesem Zweck unterwegs sind?«

»Ich verstehe nicht, was du in dem Lebensmittelladen möchtest.«

»Herausbekommen, wer mir die Gemüsekiste sendete.«

»Perche?«, fragte Vitiello spitz. »Der Typ hat sich schon in deinem Haus ausgeschwiegen.«

»Richtig, aber wie die meisten Menschen wird er einen Chef haben, der vielleicht etwas zugänglicher ist.«

»Si, jetzt verstehe ich. Du denkst, der Typ plaudert, weil er sich in dir neue Kundschaft erhofft?«

»So könnte es geschehen.«

»Mit unserem Fall hat es aber nicht viel zu tun.«

»Kann man nicht wissen. Vielleicht sollten wir uns ein wenig von unserer westlichen Denkweise lösen und intuitiver handeln.«

»Sagt wer? Thomasina?«

Angus bewegte den Mund wie eine Kaulquappe. Da sein Freund mit einem Gespenst kommunizierte, konnte er seinem Gemüt ebenfalls freien Lauf lassen. »Nein! Ich sage das. Auch macht mich stutzig, dass Thomasina bei der Anlieferung so nervös war. Als ob sie mich von dem Geschäft fernhalten wollte ...«

Vitiello schüttelte den Kopf. »Vielleicht hat doch Panicker dir das Gemüse schicken lassen. Überleg mal: Er kauft anonym eine Kiste Zucchini und Okra und legt damit eine Fährte zu dem Geschäft?«

»Wäre es nicht einfacher, den Verdächtigen selbst zur Rede zu stellen oder uns den Hinweis zu geben?« Dass dieser Finlay, der Miss Thomasina auf dem Foto so stark herzte, wohl mit irgendetwas handelte, würde er Alberto nicht mitteilen, hänselte er ihn doch bereits genug.

»Dann kehren wir also um?«

»Glauben ist nicht wissen. Ich kann nicht ausschließen, dass du Recht hast.«

»Aber wann besuchen wir diesen Guru? Seit Tagen gehst du mir damit auf den Wecker.«

»Name und Adresse wären schön.«

»Dr. Kaphi, Cluny Avenue, Mayfield, unmittelbar beim Blackford Hill«, antwortete Alberto grinsend.

»Bitte was?«

»Der Guru heißt Kaphi und besitzt in Mayfield eine Praxis.«

»Woher weißt du das? Etwa von Dinwiddie? Oder hast du die Adresse selbst herbeigezaubert?«

»No, ich habe, als du nicht zu Hause warst, mit Miss Armour gesprochen. Sie hat ihn in seiner Praxis besucht. Er ist außerdem Ayurveda-Arzt.«

»Schau mal einer an, die alte Armour! Gestern Abend platzte sie in mein Zimmer und drohte mir an, mich auf eine Ayurveda-Diät zu setzen und ich dachte, sie bezöge ihr Wissen aus einem Buch.«

Wenn Angus solch eine Sprache verwendete, musste er sehr gestresst sein, dachte Vitiello. »Ich bin sicher, es war alles ganz harmlos.«

MacDonalds Augenbrauen schienen ihn verlassen zu wollen. »Es ist schon ein starkes Stück, dass die Armours die Adresse kennen, mir aber auf mehrmalige Nachfrage nicht mitteilen! Was soll das bitte?«

»Stell sie doch zur Rede.«

»Zwecklos! Beide würden sich ausflüchten!«, antwortete Angus, mit beiden Händen das Lenkrad umklammernd.

Alberto prüfte die Sauberkeit seiner Fingernägel.

»Entschuldige bitte, mein Freund.«

»Senza problema, kein Problem, Angus. Wir haben alle mal einen schlechten Tag. Mister Dinwiddie würde mir das bestätigen. Der Laden wirkt sehr indisch. Geh du voran, bitte.«

MacDonald dachte nicht daran, Albertos ausgeprägte Vorurteile bezüglich mangelnder Sauberkeit von Inderinnen und Indern zu kommentieren, denn sie waren extrem reinliche Personen, die viel taten, um sich jung und geschmeidig zu halten. Dazu gehörte das Einölen von Körper und Kopfhaar und, wie er von seiner häuslichen Ernährungsberaterin informiert worden war, auch das tägliche Schaben der Zunge. Das Geschäft passte gut in die bunte Mischung auf der Ratcliffe Terrace: chinesischer Supermarkt, Kosmetiksalon, Wettladen, Druckerpatronengeschäft. Gab es in dieser Straße etwas nicht? »Weshalb soll ich zuerst eintreten?«

»Indien ist Teil des britischen Empires und du bist Schotte.«

»Abgesehen davon, dass das Geschäft nicht zwangsweise indisch sein muss, sprechen wir schon lange vom Commonwealth, und zur Tarnung sollten wir ein bisschen einkaufen. Was benötigst du?«

»Niente! Ich bin wunschlos glücklich.«

»Zwiebeln vielleicht? Schau mal, sie haben deine Lieblinge, die schönen roten.«

»Io? Da verwechselst du mich mit jemandem.«

»Kann ich den Gentlemen behilflich sein?«, fragte ein Mann … der verschmähte Lieferant. »Oh, hoffentlich können wir Sie heute amüsieren.«

»Was sagt er?«, fragte Vitiello.

»Ihr … Gentleman-Freund meinte beim Anblick einer schönen, bunten Gemüsekiste unseres Geschäftes, er sei nicht amüsiert.«

»Mister Vitiello und ich sind nur Freunde, keine Gentleman-Freunde!«

»Jaja, das sagen alle«, antwortete der Verkäufer und wedelte mit der Hand.

»Erlauben Sie mal, ich lebe mit zwei Damen zusammen!«

»Tarnung«, sagte der Angestellte hochnäsig und biss in eine Tomate, als ob er Seppuku begehen wollte. Alberto hatte es kommen sehen und sprang zur Seite. MacDonald, etwas weniger glücklich, wischte sich rote Spritzer vom Kinn. All das wegen etwas verschmähten Gemüses!

»Duncan! Das reicht!«, sagte ein großer, junger Mann mit schwarzen, modisch geschnittenen Haaren und dunklem Teint, eine gehörige Menge Selbstbewusstein verkörpernd. Er war makellos rasiert, trug eine Lederjacke vom Edelkaufhaus Harvey Nichol's und Designerjeans, unpraktisch für seine Arbeit, aber viel über ihn aussagend. Auch schien er viel Zeit im Fitness-Studio zu verbringen. »Geh nach hinten und zieh dir einen frischen Kittel an. Vorher entschuldigst du dich bei den Herren.«

»Muss das sein?«

»Ich werde nicht wieder diskutieren, Duncan! Los jetzt!«

Der Lieferant zuckte, verbeugte sich ungelenk wie bei einer Schulaufführung. »Werte Herren, es tut mir sehr leid. Wenn Sie mich nun entschuldigen wollen. Muss nach hinten, mich umzuziehen.«

»Sehr schön. Husch, husch, weg jetzt!«, sagte der Besitzer streng. Dann legte er die Handflächen aufeinander. Angus und Alberto sahen ihn ratlos an, worauf er entschlossen auf sie zuschritt und die Hand ausstreckte, beide aufmerksam beobachtend. »Gentlemen, ich bedaure. Man sollte nicht denken, wie kompliziert es ist, kompetentes Personal zu finden. Wir von der Lebensmittelbranche können ein langes Lied davon singen.«

»Das stimmt! Für unser Guest House suchen wir seit Jahren ein verlässliches Zimmermädchen und …«

»Alberto, wir wollen dem Herrn nicht kostbare Zeit stehlen.« Auch konnte MacDonald auf das aufschneiderische Gerede des

Gemüseladenbesitzers und sein allzu geschniegeltes Auftreten verzichten. Der Herr drückte einem die Hand weder zu sanft noch zu stark, hielt Blickkontakt, aber nie so lange, dass es aufdringlich werden konnte.

Vitiello machte dicke Backen.

»Habe ich Sie schon einmal gesehen?«, fragte MacDonald.

»Ich wüsde nichd wo, mein Herr. Auf der anderen Seide ist unsere schöne Stadt überschaubar genug, um sich anonym über den Weg zu laufen. Was gann ich für Sie tun?«

Redete der Herr, ein Schotte, jetzt mit leichtem Akzent? Weder Fisch noch Fleisch! »Irgendjemand sendete mir eine Gemüsekiste.«

»Hat unser Duncan die gebracht?«

»Jawohl, das hat er.«

»Wie Sie bemerkt haben, ist er ein sehr affektiver Mensch. Ich stellte ihn aus Mitleid ein, weil er seine kranke Mutter so rührend versorgt. Es wäre allerdings nicht das erste Mal, dass er Adressen durcheinanderbringt und das nicht zugeben möchte. Wie ist denn Ihr Name bidde?«

»Angus Thinnson MacDonald.«

Der Besitzer drückte die Zunge gegen die Wange, so als ob man ihm eine Obszönität zugemutet hätte.

»Habe ich etwas Falsches gesagt?«

»Überhaupt nicht.« Nun lächelte er entwaffnend. »Wo wohnen Sie, wenn ich fragen darf?«

»Dean Village.«

»Entschuldigen Sie mich bitte einen Moment. Ich möchte mein Auftragsbuch holen.«

Alberto legte die Hand auf die Brust und atmete schwer. »Ich hätte mir Einmal-Handschuhe überziehen sollen! So ist der Aufenthalt sträflicher Leichtsinn! Bei den vielen Bazillen!«

»Wirst du wohl leise sein!«, mahnte Angus. »Hier riecht es wie in allen Gemüseläden, und gar nicht schlecht, möchte ich meinen!«

»Va bene così!« Vitiello reckte das Kinn und trat eine Weile auf der Stelle, bis er einen sicheren Platz neben der Eingangstür fand. Dort lagen auf einem Holzfass Veranstaltungshinweise, Kochrezepte und weitere Werbezettel.

MacDonald inspizierte das Angebot an Obst und Gemüse und so fanden sich bald erstklassige Zwiebeln, Okraschoten, Mangos und frischer Ingwer in seinem Einkaufskörbchen. Fast kam es ihm ein wenig infantil vor, dass er die Präsentkiste verweigert hatte.

»Molto interessante«, sagte Alberto, »schau dir das an ...«

»Da bin ich wieder.« Der Ladenbesitzer stand mit einem großen, schwarzen Lederband vor ihnen, wie der Präsident eines millionenschweren Unternehmens. »Um eine Verwechslung handelt es sich nicht. Die Kiste sollte zu Ihnen geliefert werden. Damit ist Duncan aus dem Schneider.«

»Ha!«, rief jemand von hinten, »bin aus dem Schneider, lala, aus dem Schneider!«

»Ich habe aber nichts bei Ihnen bestellt«, sagte MacDonald, sich räuspernd.

»Es handelt sich um das Geschenk eines unbegannten Gönners.«

»Wir würden gerne nach Möglichkeit seinen Namen wissen.«

»Das kann ich leider nicht sagen.«

»Könnte man eine Ausnahme machen?«

»Nein, bedaure, unmöglich. Ich gann und werde das Verdrauen unserer Kunden nichd erschüddern. Wo sollte das enden?« Auf seinen Wangen erschienen wie auf Knopfdruck zwei rote Kreise. Mit Widerspruch, respektive Insistieren kam er nicht zurecht.

Alberto zwinkerte Angus wegen irgendetwas zu. Doch der wollte sich nicht ablenken lassen. »Verzeihen Sie. So war es natürlich nicht gemeint.«

»Wollen Sie Ihre Kiste jetzt mitnehmen?«, fragte er, sich fassend.

Wie peinlich wäre das! »Zu liebenswürdig von Ihnen. Aber danke, nein.«

Der Besitzer deutete auf Alberto, der erregt einen Infozettel studierte. »Sieht so aus, als ob Ihr Begleiter den Stein der Weisen entdeckte.«

»Entschuldigen Sie, noch eine Frage: Wie heißen Sie bitte?«

»Planet Veggie.«

»Nein, ich meinte Ihren Namen, Sir.«

»Aarrr!«, schrie jemand.

»Entschuldigen Sie mich bitte? Mein Mitarbeiter ist vermutlich wieder einmal in den Keller gestürzt.«

MacDonald nickte, bezahlte und nach vergeblichem Warten gingen sie Richtung Wagen. »Ich vermutete gleich, dass der Herr nicht mehr auftaucht. Wie praktisch für ihn, dass dieser Duncan stolperte …«

»Du wirst nicht glauben, was ich hier habe!«, sagte Alberto und schwang den Zettel wie ein Tambourmajor. »Dafür hast du Zeit, Angus? Aber für meine Website nicht?«

Der Besitzer des quasi-indischen Geschäftes kündigte einen Dabbawallah-Service an: Träumen auch Sie von authentischen indischen Gerichten? In wenigen Wochen ist es soweit: Unser hausgemachtes Essen wird Sie begeistern. Tragen Sie sich in unsere Liste ein, denn die Nachfrage ist bereits groß. »Kommt Ihnen dieser Text bekannt vor?«, mahnte MacDonald seine hübsche Mitbewohnerin.

Scheu, mit großen Augen, sah sie zu ihm auf. »Er stammt von Ihnen, Mister Angus.«

»So ist es! Nun verraten Sie mir bitte, wie er in ein Geschäft in Mayfield gelangte, wo ich ihn doch für Ihren Dabbawallah-Service verfasste?«

Thomasina verschränkte die Arme. »Ich habe ihn hingebracht?«

»Sie zweifeln?«

»Nein, doch, schon.«

»Der Ladenbesitzer ist dieser Finlay, der Verlobte Ihrer guten Freundin Devasree, stimmt's?«

»Spionieren Sie mir etwa hinterher?«

»Nein, ich ermittle. So wie ich es immer mache, wenn ich um Hilfe gebeten werde.«

»Klar, klar.«

»Überhaupt nichts ist klar! Das hätten Sie mir sagen müssen.«

»Warum sind Sie bloß so sauer? Er ist mein Business-Partner. Sie haben selbst gesagt, alleine kann ich so 'n großes Ding nicht stemmen. Finlay hat viel Erfahrung mit Projekten, war lange in Indien. Leider hatte er mit seinem britischen Delikatessen-Laden keinen Erfolg. Das indische Teegeschäft hier hat man ihm auch vermiest. Alles nicht seine Schuld!«

»Ich will Ihnen erklären, weshalb ich ... sauer bin. Sie baten mich, einer Freundin zur Seite zu stehen. Nun erfahre ich durch schieren Zufall, dass Sie mit ihrem zukünftigen Ehemann ... ein Geschäft eröffnen möchten! Will sagen, jeder in einem Fall Beteiligte kann der Täter sein.«

»Nee, glaub ich nicht. Finlay ist harmlos, interessiert sich nur fürs Business.«

»Weiß Ihre Freundin von dem Dabbawallah-Service?«

»Es soll 'ne Überraschung sein. Wo doch der Alte immer sagt, Finlay tauge nichts.«

»Ebenfalls eine wichtige Information, die Sie mir vorenthielten, inklusive seiner Adresse! Bekommt dieser Finlay eine große Mitgift?«

»Puh! Da kommt Aadi Panicker wohl kaum drumrum. Das Geld wird Fin aber gleich wieder ins Geschäft stecken.«

»In seinen Laden oder in Ihren Dabbawallah-Service?«

»Ein bisschen was wird auch für unser gemeinsames Projekt abfallen, denke ich ...«

»Sie kennen Dr. Kaphi, ja?«

»Kann man so nicht sagen. Fin hat ihn mal erwähnt. Weil Mutter für Ihr Projekt etwas Indisches suchte, hab ich gedacht, ich schick sie dahin. War's falsch, dass ich so handelte?«

»So direkt lässt sich das nicht sagen. Ich finde eben nur, Sie hätten mich informieren müssen!«

»Hat doch nix mit dem Fall zu tun! Was sind Sie für eine Mimose!«

Darüber konnte man sich streiten. Immerhin war es Thomasina, die heulend den Raum verließ. Bislang kannte er sie nur als Frohnatur, und auch das Kreuzverhör kam ohne Ankündigung: »Was haben Sie mit meiner Kleinen gemacht?« Miss Armour plusterte sich und ihren Polyacryl-Sari zum größtmöglichen Volumen auf.

MacDonald erhob sich vom Schreibtisch und vermochte sie durch schiere Körpergröße einen Moment abzulenken. »Rein gar nichts, Miss Armour! Ich habe ihr nur einige Fragen gestellt, die für meinen Fall relevant sind.«

»Meine Tochter hat das letzte Mal im Alter von fünf Jahren so heftig geweint!«

»Auch mir tut es leid. Doch inzwischen dürfte sie sich wieder beruhigt haben?«, fragte er.

»Weit gefehlt! Während der schlimmsten Diäten habe ich so etwas bei niemandem erlebt.«

Konnte das stimmen?, sinnierte MacDonald, wo ihn persönlich schon die Vorstellung von Kalorienreduktion zu Tode ängstigte.

»Sie träumen wieder vom Essen! Das sehe ich!«, sagte Miss Armour. »Denken Sie sich lieber etwas für Thommie aus!«

»Zum Beispiel?«

»Bootsfahrt!«

»Nehmen Sie mich auf den Arm?«

»Sehe ich so aus?«

»Überhaupt nicht, Gnädigste. Deshalb frage ich ja.«

»Ich finde, eine schöne Exkursion mit Thommie ist das Mindeste.«

»Von mir aus! Dann schippern wir eben auf dem Kanal entlang! Sie entschuldigen mich jetzt? Die Arbeit ruft!«

Miss Armour nickte und verließ das Zimmer, im Gegensatz zur Tochter ohne Gefühlsausbruch. Wenn er es sich genau überlegte, war Zorn die einzige Emotion, die sie bislang, seltsam unecht, an den Tag gelegt hatte. Im Laufe der nächsten Stunde begann MacDonald immer wieder, Rezepte zu verfassen. Vergeblich! Thomasinas eigentümliches Benehmen ging ihm nicht aus dem Sinn. Was führte sie im Schilde? Versalzte sie Panickers Pathia-Soßen, gemeinsam mit diesem Schnösel Finlay? Als ihm auch die Lektüre seiner beiden liebsten

Bücher zur indischen Küche nicht gelang, verließ er das Haus. Ein Besuch in *Leslie's Bar* würde ihn auf Vordermann bringen. Der traditionsreiche Pub, ebenfalls in Mayfield, beim Gemüseladen dieses ... Herrn, war seit über zwanzig Jahren sein Stammetablissement. Dort fühlte er sich wie im Wohnzimmer. In den Fünfzigern wurden die Wände mit schönem dunkelbraunen Holz renoviert. Doch der gesamte Rest der Einrichtung aus der viktorianischen Zeit war unverändert. Wie ein gestrandetes Schiff wirkte die zehn Meter lange Mahagonitheke. Das gute Stück wog schätzungsweise eine Tonne und teilte den Pub in zwei Teile. Links von ihr befanden sich Tische und Stühle und rechts trat MacDonald in das Segment für Stehkunden ein: Menschen, die alleine sein wollten und auch solche, die Gesellschaft suchten. Wie immer blickte er zuerst auf die bullige Uhr, als ob sie sich auf Wanderschaft begeben haben könnte. Der Barkeeper, ein Mann in den Vierzigern, geschmackvoll mit Stoffhose und langärmeligem Hemd gekleidet, immer gut gelaunt, grinste ihn an. »Lange nicht gesehen, Angus.«

Er setzte sich auf einen der Barhocker und strich behutsam über die glänzend polierte Theke. »Das wird sich ändern, Peter.«

»Mir soll es recht sein, Mackie.«

»Was hast du gesagt?!«

»Dass ich nichts dagegen habe.«

»Mackie hast du mich genannt!«

»Ich wollte dich nur etwas aufheitern. Offensichtlich nicht die schlechteste Idee. Du brauchst einen guten Drink. Hast du noch deine Gin-Phase?«

MacDonald nickte gutmütig. »Alles im Dienste meiner Leser und Zuschauer. Schottischer Gin muss viel bekannter werden.«

»Ich geb dir einen Edinburgh Gin, ja? Es wäre mir recht, wenn du die Qualitätskontrolle vornehmen könntest.«

Angus lachte lauthals. »Die schönste Begründung, um Alkohol zu trinken! Der Cannonball der Herrschaften wird mich wieder auf die Beine bringen.«

Angesichts eines Alkoholgehaltes von 57,2 Prozent hätte Peter anderen Kunden abgeraten, nicht aber Angus MacDonald. »Gerne. Sag mal, wie geht es deiner Frau Doktor?«

»Gut, nehme ich an«, antwortete der Feinschmecker hüstelnd. »Wir haben uns länger nicht gesehen. Du weißt doch, wie das mit Medizinern ist. Ständig fahren sie auf irgendwelche Weiterbildungsseminare. Unrecht ist es mir nicht. Mein neuer Fall konsumiert viel Zeit.«

»Bist du wieder an einem Skandal dran?«

Mehrere Leute sahen zu ihnen und MacDonald wartete, bis das Interesse verebbte. »Das weiß ich noch nicht, Peter. Allerdings habe ich meinem Klienten äußerste Diskretion zugesagt.«

»Kann ich dir irgendwie helfen?«

»Möglicherweise. Kennst du den Gemüseladen in der Nachbarschaft?«

»Planet Veggie?«

»Jop! Der Besitzer heißt Finlay.«

»Finlay Edgar, ja, ein komischer Mensch. Als er das Geschäft vor einem Jahr eröffnete, kam er oft auf einen Drink vorbei, was uns natürlich freute. Doch ging der Typ mit seiner Eigenwerbung allen schwer auf die Nerven. Kaufen Sie Gemüse und Obst nur bei mir! Ich habe die beste Ware im Viertel, blabla.«

»Hört sich sehr penetrant an.«

»Es wurde noch schlimmer. Mit der Zeit platzte er in jedes Gespräch.«

»Mit welcher Begründung?«

»Der Bursche fand immer Anlässe. Ich gebe dir ein Beispiel. Sprach jemand von Indien oder auch nur von India-nern, quakte er los: Alles, was zur indischen Küche nötig ist, findet sich in unserem Geschäft. Warum durch die Stadt irren, wenn Gutes so nahe liegt?«

»Kommt er aus Edinburgh?«

»Bei dem würde es mich nicht wundern, wenn er überhaupt kein Schotte wäre! Ständig wechselt er die Akzente. Mitunter hat er sogar Englisch mit indischem Akzent gequasselt!«

»Das fiel mir auch auf, und ein Geschäft dieser Größe zu eröffnen, ist mit erheblichen Kosten verbunden. Weißt du etwas über die Finanzierung?«

»Nein, aber ich hörte, dass er unlängst beim Pokern verlor und sich an sehr unangenehme Menschen wenden musste.«

»Reden wir von Kredithaien?«

»So ist es, Angus. Die Sorte, die nicht diskutiert, sondern Fakten schafft.«

»Wie etwa einen gebrochenen Finger?«

»Oder auch zwei.« Der Barkeeper polierte die Theke. »Weißt du, dass er die Tochter von Aadi Panicker heiraten möchte?«

»In dem Fall wäre er finanziell saniert.«

»Falls der Senior mitmacht.«

»Woher weißt du das alles?«

»Ganz einfach: Er prahlt damit, möchte den indischen Touch vergrößern, indem er ein indisches Mädchen heiratet, vom Geld mal abgesehen. Noch einen Gin, Angus?«

»Ich wüsste nicht, was mir lieber wäre. Gerne würde ich jetzt spirituell nach Ayrshire reisen.«

»Hendrick's?«

MacDonald nickte.

»Eine gute Wahl.«

»William Grant und Söhne können wir nicht genug danken. Zwei verschiedene Destillate werden produziert, dann gemischt ...«

»... und am Ende fügen die Jungs Gurken und Rosenblätter hinzu«, ergänzte Peter.

»Das hatte ich dir schon erzählt? Stimmt's?«

»Du wie auch mein Händler.«

»Kanntest du Edgars frühere Geschäfte?«

»No, no, der Bursche hat bisher nur Gelegenheitsjobs gehabt. Man sieht ja, dass er keine Ahnung hat.«

»Wo wohnt der Herr?«

»In einer Rumpelbude über dem Laden.«

»Erstaunlich, seine Kleidung ist ausgesprochen kostspielig.«

»Passt doch ins Bild. Nichts arbeiten wollen, aber den großen Macker spielen. Noch etwas, Angus, dieser Edgar bekommt kistenweise Panickers Pathia-Soße angeliefert.«

»Woher weißt du das?«

»Ich habe es gesehen und einer meiner Gäste auch.«

»Du bist sicher, dass es Panickers Soßen sind, Peter?«

»Die senffarbenen Kartons sind sehr markant, das musst du zugeben?«

»Wer lieferte die Kartons?«

»So eine komische Type, mit einem Pfund Fett im Haar.«

»Der Butler!«

»Wie bitte?«

»Es ist nicht so wichtig. Ich danke dir für deine Hilfe.«

Weil es nicht bei zwei Drinks blieb, ließ MacDonald seinen Käfer in Mayfield stehen und nahm ein Taxi. Der Geldhahn der Verkehrspolizei sprudelte auch ohne ihn. Abermals stellte er fest, dass dieser Fall sein bislang unübersichtlichster war. Benötigte Finlay Geld, könnte er die Soße sabotieren und Panicker erpressen. Dazu passte die Hauszustellung: Hätte er in Supermärkten so viel Pathia-Soße gekauft, um sie zu manipulieren, wäre es aufgefallen. Doch eine Erpressung hatte niemand erwähnt, weder der Fabrikant noch seine Tochter oder Thomasina. Sagten alle die Wahrheit? Eher schienen sie einen sehr dehnbaren Begriff davon zu haben. Wenn der junge Mann die Hoffnung auf eine Vermählung aufgegeben hatte, konnte er durchaus der Übeltäter sein und zwei Fliegen mit einer Klappe schlagen: Geld bekommen und Rache noch dazu. In seiner Bibliothek konsultierte MacDonald das Buch mit den schottischen Nachnamen und ihren Bedeutungen. Edgar war ein Name aus dem Südwesten und leitete sich vom altenglischen Eadgar ab, was frei übersetzt »der fröhliche Speer« hieß. Es blieb abzuwarten, ob er seinem Namen gemäß handelte …

Thomasina klopfte, wartete nicht weiter und stand neben seinem Bett. MacDonald hatte keine Wahl: Er nahm Haltung an und das mobile Haustelefon in die Hand. Diese jungen Damen heutzutage! »Auch Ihnen einen schönen guten Abend, Miss Thomasina. Wer ist es denn?«, fragte er, sein Haar notdürftig plättend.

»Devasree Panicker«, antwortete Thommie, so als ob jene ihn üblicherweise nach 22 Uhr anriefe.

»Im Ernst jetzt?«

Thommie lachte. »Jop! Wollen Sie mit ihr reden?«

Er nickte und musste Miss Armours Tochter aus dem Zimmer scheuchen, sonst wäre sie neben ihm stehen geblieben. »Schönen, guten Abend. Hier spricht Angus Thinnson MacDonald.«

»Hallo«, antwortete Devasree schüchtern und auch sympathisch.

»Was kann ich für Sie tun?«

»Hoffentlich habe ich Sie nicht geweckt, Mister MacDonald.«

»Nein, machen Sie sich keine Sorgen.«

»Prima.«

Hatte sie vergessen, was sie mit ihm bereden wollte? »Sind Sie noch dran, Miss Panicker?«

»Ja ... entschuldigen Sie bitte, dass ich mich bei unserem Zusammentreffen so unrichtig benommen habe. Dad sollte nicht wissen, dass ich Sie über Thommie um Hilfe bat. Es muss immer alles seine Idee sein.«

»Das macht nichts. Schön, dass Sie anrufen. Ich wollte Sie seit Tagen sprechen.«

»Sind Sie weitergekommen?!«

»Nicht wirklich, meine Liebe.«

»Oh.«

»Miss Panicker, Sie studieren Psychologie?«

»Hm, ja.«

»Darf ich fragen, warum Sie diesen Weg einschlugen, äh, wieso belegen Sie das Fach?« Wo es doch verständlicher gewesen wäre, den väterlichen Betrieb zu übernehmen. Aber vielleicht studierte sie ja gar nicht eifrig ...

»Ich möchte den Menschen helfen.«

»Verzeihen Sie bitte: Aber verstehen Ihre Eltern sich gut?«

»Sind ein Herz und eine Seele!«

»Tatsächlich?«, rutschte es ihm heraus.
»Definitiv. Wieso fragen Sie mich das?«
»Es interessiert mich einfach. Sie mögen Ihren Dad?«
»Hat er Ihnen das gesagt?«
»Nein, ich schloss es aus Ihrer herzlichen Begrüßung, als ich ihn unlängst besuchte.«
»Auf Dad lasse ich nichts kommen! Er würde niemals Ehebruch begehen! Ich komme mir vor wie bei einem Kreuzverhör.«
»Das war nicht meine Absicht. Wissen Sie, als Detektiv muss man die absurdesten Fragen stellen.«
»Nur zu.«
»Kennen Sie Herrn Singh?«
»Soll das ein Scherz sein? Der Name kommt in Indien extrem häufig vor.«
»Er behauptet, im Betrieb Ihres Vaters für die Hygiene zuständig gewesen zu sein.«
»Kann sein, aber das fragen Sie besser Dad. Nur dürfen Sie mich auf keinen Fall erwähnen.«
»Seien Sie unbesorgt, das werde ich nicht. Wie geht es Ihrem Vater so im Allgemeinen?«
»Sie haben Ihn doch schon zwei Mal getroffen?«
»Richtig, aber ich denke nicht, dass er mir sein Innerstes anvertrauen würde.«
»Willkommen im Klub! Manchmal denke ich, Dad ist mit seiner Pathia-Soße verheiratet und ich würde gerne erfahren, wann ich endlich meinen Schatz heiraten kann! Dad lässt sich doch jetzt von Ihnen helfen?«
»Mehr oder weniger, ja.«
»Ich glaube, er mag Finlay nicht.«
»Zu mir hat er aber nichts gesagt.«
»Sie hätten sein Gesicht sehen sollen, als ich die beiden bekannt machte. Ich hatte den Eindruck, dass er ihn bereits kannte, so starrte er ihn an. Wer weiß, vielleicht hat er ja spioniert …«
»Ich darf Ihnen versichern, dass ich persönlich nichts dergleichen getan habe.«

»Ich habe keinen Zweifel daran, Mister MacDonald. Sie wurden mir doch von Thomasina empfohlen.«

»Hatten Sie den Eindruck, dass Finlay Ihren Vater ebenfalls kannte?«

»Eher nicht ... Mister MacDonald, da wäre noch etwas ...«

»Ja, meine Liebe?«

»Finlay wollte sich Geld von mir leihen.«

»Darf man fragen wieviel?« Obwohl es für den Fall interessant sein konnte, fragte er sich, warum sie gerade ihm ihr Herz ausschüttete. Entweder sie hatte niemanden oder es fiel ihr leichter, mit einem Fremden darüber zu sprechen.

»20.000 Pfund.«

»Oha! Haben Sie es ihm gegeben?«

»Noch nicht.«

»Hat er gesagt, wofür er es benötigt.«

»Finlay hat sich von Kredithaien Geld geliehen und wenn er es nicht zurückzahlt, brechen sie ihm alle Knochen. Er hat das nur einmal erwähnt.«

»Wann?«

»Vor zwei Wochen. Danach hat er nichts mehr gesagt.«

»Sie denken, dass Sie es ihm geben sollten?«

»Ich bin mir nicht sicher ...«

»An Ihrer Stelle würde ich es nicht tun.«

»Okay, okay!«

»Vielleicht könnten Sie mir Ihre Telefonnummer geben, Miss Devasree, für den Fall, dass noch Fragen auftauchen?« Welch eigentümliches Gespräch. Offensichtlich wollte die junge Dame wissen, was er in Erfahrung gebracht hatte. Zugleich schien sie aber auch irgendwie von einem schlechten Gewissen geplagt zu sein. Warum nahm sie den Papa so sehr gegen Ehebruch in Schutz?

*»Gae tae bed wi the lamb and rise wi the laverock.«*

Morgenstund hat Gold im Mund.

# Unerwarteter Hausbesuch

Alberto wälzte sich im Bett hin und her. Was diese Person sagte, war nicht nett: »Von allen Langweilern, die mein Haus bisher okkupiert haben, bringst du noch die größte Abwechslung, Kleiner.« Dinwiddie ließ Vitiellos Vorgänger Revue passieren. Zuerst eine ältere Dame, die niemals Besuch bekam, außer vom Briefträger, dann die kinderreiche, grölende Familie (erfolgreich hinausexpediert!), gefolgt vom Professor, der ausgestorbene Sprachen erforschte (was für ein Blödsinn!). Den Rest hatte sein Gedächtnis gnädig verschüttet. Ständiges Kommen und Gehen, das ihn weder zum Lachen noch zum Heulen brachte. Welch schmählicher Kontrast zu seinem Leben als Großgrundbesitzer in Queen Victorias Kronjuwel! Von wegen despotische Herrscher! Die Briten brachten die Zivilisation nach Indien – Eisenbahnen, Schiffe, Kanäle, Minen –, was auch immer die Langhemden nach 1947 behaupteten! Ein Gast passierte das Eingangstor. »Vitiello, Kundschaft! Aufwachen!«

Alberto rappelte sich hoch wie der Überlebende einer Schiffskatastrophe. »Was ist denn jetzt schon wieder?« Er tastete nach seinem Wecker. »Fünf Uhr! Sind Sie wahnsinnig geworden, mich so früh zu rütteln?«

»Ich repetiere: KUNDSCHAFT!«

»Nicht mitten in der Nacht!«

Maria klagte im Halbschlaf: »Mit wem redest du denn schon wieder?«

»Bleib ruhig liegen. Ich will heiße Milch trinken.«

»Ein Geschäftsmann muss dieser Tage flexibel sein«, sagte Dinwiddie im Soufflierton.

»Vor allem muss er schlafen können, der Geschäftsmann.« Vitiello hielt inne, denn nun wurde Sturm geklingelt. »Incredibile!«

»Hab's dir doch gesagt, Kleiner. Du musst einen Nachtdienst einrichten.«

»Vielleicht noch Mitternachtsnacks wie auf Kreuzfahrten?«

»Warum nicht? Sonst bleibt dir nur die Möglichkeit, die Burschen abzuwamsen.«

»Was soll das denn bedeuten?«

»Eine Tracht Schläge verabreichen.«

»Alberto!«, jammerte seine Frau. »Führ deine Selbstgespräche in einem anderen Zimmer! Ich will schlafen.« Sie steckte den Kopf unter die Bettdecke.

»Ist alles nur Ihre Schuld, Dinwiddie! Mein Hotel wird zum Irrenhaus!« Als Alberto die Haustür öffnete, musste er blinzeln. Vor ihm stand Aadi Panicker, in jeder Hand einen großen Koffer.

»Guden Morgen, Misder Vidiello. Wie gehd es Ihnen?«

»Um diese Uhrzeit? Todmüde, würde ich sagen!«

»Dud mir leid, das zu hören. Hädden Sie ein Zimmer für mich?«

»Stimmt mit Ihrer Villa etwas nicht?«

»Wasserrohrbruch! In der Sdunde der Nod erinnerde ich mich an diese Herberge.« Panicker hielt eine Kopie der Visitenkarte von Doktor Spiegel-Ei wie einen Lotteriegewinn. »Die habe ich von Ihnen. Erinnern Sie sich?«

»Sind Sie alleine?«

»Bitte, ja. Frau und Dochder befinden sich auf einer Reise. Mache ich Ihnen Unannehmlichgeiden?«

»Keineswegs. Ich will nur mal eben im Gästebuch nachsehen, ob wir etwas frei haben.«

Mister Dinwiddie meldete sich wieder. »Wozu? Du weißt doch, dass nur das große Doppelzimmer zur Straße hin unbelegt ist. Nummer drei.«

»Verschonen Sie mich!« Vitiello schlug mit der Hand um sich, wie nach einer Stechmücke.

»Sie haben Besuch aus anderen Dimensionen, Misder Vidiello?«

»Woher wissen Sie das?«

»Ich bin Inder. Spiriduelles liegd uns im Blud. Wie gönnde es anders sein? Sind wir doch alle auf Wanderschafd.«

»Ich bin ein einfacher Mann, Mister Panicker, war aber immerhin auf einer jesuitischen Schule.«

»Wissen Sie und Misder MacDonald schon, wer mich drangsalierd?«

»Äh, leider haben wir den Übeltäter noch nicht gefasst. Zimmer drei wäre frei …«

»Meine Glüggszahl. Wie schön, dass alles sich zum Guden fügd.«

»… ist aber ein Doppelzimmer.«

»Machd gar nichds. Ich bevorzuge geräumige Zimmer.«

»Mister Panicker, hören Sie mir zu. Es ist ganz einfach. In einem Doppelzimmer wohnen zwei Personen. Jeder zahlt 40 Pfund für Übernachtung und Frühstück und …«

»So gebe ich Ihnen 80 Bfund pro Nachd?«

Alberto blieb die Spucke weg. Da war er mitten im Belehren eines Gastes und dann so etwas!

»Sind Sie einversdanden, Misder Vidiello?«

»Was möchten Sie zum Frühstück?«, erkundigte der Italiener sich zuvorkommend.

»Drei gegochde Eier. Drei, vier und fünf Minuden.«

»Ist gut, drei gekochte Eier also. Buona notte, signore.«

»Vielleichd deild uns der Geisd einige hisdorische Rezebde mid?«

»Come?«

»Wir können auch später davon reden. Werder Dogdor, wäre es möglich, dass Sie mir mid dem Gebägg zur Hand gehen?«

»Unmöglich …« Alberto machte einen runden Buckel, auf den er die Hand legte und wartete, bis Panicker in seinem Zimmer angelangt war. »Was halten Sie davon, Dinwiddie?«

»Mister Dinwiddie für dich, Kleiner!«

»Scusi. Die Müdigkeit …«

»Du willst wissen, warum er in deinem Guest House absteigt und nicht ein Zimmer in einem Sternehotel bezieht? Ich habe nicht den blassesten Schimmer.«

»Meine Gedanken können Sie lesen, aber seine nicht?«

»So ist es. Niemand ist perfekt. Könnte sein, dass er dich ausspionieren möchte …«
»Aber ich bin doch auf seiner Seite!«
»Sag das ihm, Vitiello. Meine Rezepte bekommt das Langhemd jedenfalls nicht!«

Noch vor einigen Tagen hätte sich die Ernährungsberaterin kaum vorstellen können, bei MacDonald heimisch zu werden. Doch nachdem sie seinen Kontoauszug gesehen hatte, glänzte das Dickerchen in rosigem Licht. Er war, von den Überpfunden abgesehen, eine gute Partie. So kam sie sich beim Öffnen seiner Haustür auch überhaupt nicht merkwürdig vor. »Was wollen sie hier?«, fragte sie den Mann unverblümt.
»Guten Tag, Armour. Ich statte dir einen Hausbesuch ab. Ist das Bündel zugegen?«
»Könnten Sie etwas leiser sprechen? Mister MacDonald mag keinen Lärm. Außerdem habe ich von meinem Mündel geredet. Das wollen wir festhalten.«
»Haha, du musst zugeben, dass das Wort zu lustig ist.«
»Wie kann ich Ihnen helfen, Doktor Kaphi?«
»Der Experte bin ich!«
Miss Armour zuckte mit der Wimper. Obwohl eine emanzipierte Frau, erlebte sie hin und wieder Flashbacks in die Zeit ihres autoritären Elternhauses. »Zu Befehl!«
»Wie auf einem Exerzierplatz! Du hast Sinn für Humor, den dir keiner nehmen kann. Ich bin hier, um mich zum Hintergrund deines … Detektivs kundig zu machen. Keine Sorge, all inclusive, all inclusive, wie auf einer Kreuzfahrt, haha.«
Noch immer tappte sie im Dunkeln. »Soll heißen?«
»Ich möchte wissen, wie er lebt, was für Möbel er besitzt, wieviele Eingänge das Haus hat.«
»Das hat mit Ayurveda zu tun?«
»Selbstredend! Sonst würde ich mir nicht die Mühe machen zu erscheinen! Wir wollen ihn doch erfolgeich … therapieren. Können wir beginnen? Am besten, im Garten. Wie ein Mensch die Natur befriedet, sagt viel über ihn.«

»Sehr wohl, wenn Sie mir bitte folgen wollen«, erwiderte Miss Armour, eine MacDonaldsche Wendung benutzend.

Kaphi ging ihr nach, die Hände hinter dem Rücken verschränkt.

Zur selben Zeit sah MacDonald mit einem Glas Oaked Highland Gin der Strathearn Destillerie aus dem Fenster seines Arbeitszimmers. Immer wenn er im Keller geheime Tastings machte, füllte er ein gewisses Quantum in seinen silbernen Flachmann. Den Gentleman, der vor dem Tandoori-Ofen kniete, ignorierte er deshalb generös, auch die lautstarke Konversation, welche sich anschloss. Er hatte sein eigenes Thema: Whisky trifft Gin! Ein Hauch von Eiche, Vanille und ein bisschen Rauch. Fabelhaft! Schöner hätte der Tag kaum sein können, bis zehn Minuten später jemand an seine Tür pochte!

»Hallo-o, Mister MacDonald! Sind Sie zu Hause?«

Wo sollte er stecken, wenn der Hinweis »Bin am Arbeiten, bitte nicht stören!« an der Tür hing?!

»Hallo? Hallo?«

»Ich schlage vor, wir treten ein«, sagte der Herr vom Grünbereich.

»Aber nein, das schätzt er gar nicht!«, antwortete die Diplom-Ökotrophologin.

Da sie sich lauthals unterhielten, konnte er ebenso gut die Tür öffnen. »Sie wünschen?«

»Oh, Mister Mac, Doktor Kaphi möchte Sie unbedingt kennenlernen. Er hilft mir, einen Marschplan für Ihre Ayurveda-Gesundheit zu erstellen. Auch interessiert er sich fürs Detektiv-Gewerbe.«

MacDonald holte Luft. »Miss Armour! Habe in der Zwischenzeit alles wohl durchdacht. Ich soll lediglich etwas abnehmen und da scheint mir eine Aufladung mit so viel Theorie inflationär. Zumal die Waddells den Ayurveda-Aspekt eigens absegnen müssten.«

Armour hob zu einer Antwort an, wurde aber vom Guru würdevoll unterbrochen: »Mister Gourmet, Sie wirken auf mich wie jemand, der sich jede Kleinigkeit zu Herzen nimmt.«

Während Sie in mein Haus platzen und alberne Sprüche von sich geben!, dachte Angus. »Haben Sie herzlichen Dank für Ihre Expertise, mein Herr.«

»Keine Ursache. Sie müssen wissen, dass Ayurveda mit der westlichen Medizin, die sich durch einen permanenten Wandel ihrer Krankheitstheorien auszeichnet, nicht zu vergleichen ist.«

»Ist das so?«

»Aber ja. Am Anfang war es die griechische Theorie der Körpersäfte. Dann hielt man bösartige Geister für die Verursacher von Krankheiten. In der Folge schob man alles auf eine fehlerhafte Verteilung der Körperflüssigkeiten. Die Lehre der Selbstvergiftung kam, sodann Herdinfektionen, und heute setzen die europäischen Kollegen ihr Geld auf Bakterien und Viren. Die Ayurveda-Lehre hingegen hat das ganze Gewicht der Vergangenheit auf ihrer Seite. Mit guter Gesundheit können wir die von den heiligen Schriften gesetzten Ziele erreichen.« Während seines Sermons hatte Kaphi den Hausherrn fixiert.

»Als da wären?«, erkundigte MacDonald sich.

»Tugend, materielle Güter, sinnliches Vergnügen und Selbstverwirklichung.«

Miss Armour war empört. »Was! Davon weiß ich ja noch gar nichts!«

»So ist mein Besuch nicht vergeblich!«

»Kein sinnliches Vergnügen!«, protestierte MacDonalds Mitbewohnerin.

Kaphi drehte den Kopf zu ihr und hielt sie mit den Augen fest. »Was spräche dagegen?«

»Mister Angus soll Gewicht verlieren, nicht zunehmen.«

»Armour! Essen ist nur eine Form sinnlichen Vergnügens, neben vielen anderen.«

MacDonald sah angestrengt auf seine Schuhspitzen. Miss Armour suchte das emotionale Gleichgewicht zu wahren und wie froh war sie, als der Herr des Hauses sprach: »Es trifft sich gut, dass Sie mich heute besuchen, Mister Kaphi, habe ich doch ebenfalls eine Frage.«

»Zu Ayurveda? Wie schön.«

»Nicht direkt. Sie kennen Mister Panicker?«

»Nein!«

»Erstaunlich. Man hat mir versichert, dass er ein Klient von Ihnen sei.«

»Mister MacDonald. Die Liste meiner Klienten ist geheim und so wird es bis ans Ende aller Tage bleiben! Sicher halten Sie es ebenso!«

»Natürlich, sehr löblich von Ihnen. Es wäre allerdings nur zu Mister Panickers Bestem. Auch würde ich alles vertraulich behandeln.«

»Niemals! Ich gehe! Nur weil ich Inder bin, handele ich noch lange nicht mit vertraulichen Daten.«

Ist mir auch recht, dachte MacDonald, der keinen Wert darauf legte, überwacht zu werden: Der Herr interessierte sich für sein detektivisches Handeln und nicht die Diät!

Miss Armour geriet aus dem Häuschen. »Doktor Kaphi, so bleiben Sie doch! Ich mache uns einen Birkenaufguss, schön heiß.«

Am nächsten Morgen saß Aadi Panicker als Erster im Frühstücksraum und wirkte, angesichts seines Frühstückswunsches fast klischeehaft, wie aus dem Ei gepellt. Anzug und Hemd waren makellos glatt. Er musste ein Reisebügeleisen besitzen. Außerdem gab es Ärger mit der Ehefrau! Wer wie Alberto Vitiello 60.000 Spiegeleier im Leben serviert hatte, besaß eine profunde Menschenkenntnis und konnte jede Miene lesen. »Buon giorno, Signor Panicker. Ein wunderschöner Tag heute, nicht wahr?«

Der Fabrikant nahm an dem beliebten britischen Brauch teil und verleugnete die düstere, durch alle vier Fenster gut erkennbare Wolkenfront. »Sehr wahr, Misder Vidiello. Haben Sie gud geschlafen?«

»Also, ich, äh …«

»Verzeihen Sie noch einmal die Sdörung zu späder Sdunde. Ich verspreche, es wird nichd wieder vorgommen. Ich arbeidede gestern Abend lange und, wie sagd man, verschwizde, rechdzeidig ein Hodelzimmer zu organisieren.«

»So etwas machen Sie selbst?«

»Nadürlich. Wer aus bescheidenen Verhäldnissen gommd, scheud vor niederen Dädigkeiden nichd zurügg. Auf meinem Schreibdisch lag noch Ihre Visidengarde und da dachde ich mir, warum nichd Misder Vidiello beehren? Er had ein schönes Guesd House mit Leuden aus dem Volg. Davon gann ich nur brofidieren. Weid isd es nichd. Neuigkeiden zum Fall begomme ich ohne Verzögerung mid, und das Wichdigsde: Misder Vidiello schüdzd mich, wenn es hard auf hard gommd.«

»Haben Sie Probleme?«

»Sie meinen, außer dass jemand mein Lebenswerg zersdören will?«

»Sisi.« Alberto stellte die drei gekochten Eier auf dem Tisch ab. Panicker schien etwas zu vermissen. Feierte man in Indien Ostern? Sollten die Eier bunt sein? Alberto hatte keine Ahnung.

»Mit welchem fange ich an, Misder Vidiello?«

»Come volete. Wie Sie wollen.«

»Nein, nein, nein! Sie wissen, wie man Ei gochd?«

»Scusi! Ich bin Koch, Zimmer-Vermieter und Italiener!«

»Gud. Ich wollde drei Eier, eines drei Minuden, noch eines vier und am Schluss fünf Minuden gegochd.«

»Porca miseria! Wer braucht denn so etwas?«

»Prince Charles von England, wenn er von der Jagd gommd!«, antwortete der Fabrikant aufgebracht und klopfte mit einem Teelöffel gegen die Eier. »Wie ich vermudede, alles Drei-Minuden-Eier.«

»Mister Panicker, ich führe ein Guest House mit zwei Sternen, keine königliche Jagdhütte.«

»Eher Holyrood.«

»Was soll das nun wieder heißen?«

»Wollde ich nur sagen, der nächsde gönigliche Balasd wäre Holyrood Balace in Edinburgh.«

»Incredibile!«

»Kühles Blut bewahren, Kleiner. Wir haben die Inder beherrscht und nicht sie uns!«

»Sie haben gut reden!«

»Was erwartest du, wenn einer die Panik im Namen hat! Das Langhemd ist offensichtlich übergeschnappt.«

Mister Panicker errötete vor Aufregung: »Der Geisd, wieder der Geisd, ja? Had er Rezebde bei sich?«

»Weiß ich nicht. Lasst mich doch alle in Frieden!«

Maria kam gerannt, schickte ihren Mann aus dem Zimmer und entschuldigte sich.

»Dud mir leid, Mrs Vidiello. Ich dachde, ich due Ihrem Gadden einen Gefallen, wenn ich Quardier beziehe. Bei mir zu Hause wird renovierd und gegochde Eier sind meine Bassion. Aber auch das Geschehene liebe ich an Schoddland.«

»Wie bitte?«

»Eheleude sprechen hier so wunderbar offen mideinander, immer die Wahrheid. Meiner Ansichd nach ist Lügen eine Dodsünde!«

Sollte dieser deutsche Philsosoph, Nietzsche, doch Recht haben, wenn er von der ewigen Wiederkehr des Immergleichen sprach? Wer schmetterte mitten in der Nacht die Fronttür des MacDonaldschen Heimes zu? Er sprang in seinen blauweißen Bademantel und machte sich auf den Weg. Aus Thomasinas Zimmer waren Stimmen zu hören, ihre und die eines jungen Mannes. Er war doch kein Herbergsvater!

»Keine Sorge«, sagte der Eindringling, »wird schon alles klappen.«

Die Männerstimme klang bekannt, aber auch leicht verzerrt. Führte Thomasina ein Telefongespräch mit eingeschaltetem Lautsprecher? Es wäre nicht das erste Mal.

Mehr wollte der Gourmet nicht hören. »Hallo, ist da wer? Miss Thomasina?«

»Pst!«, sagte eben diese.

»Haben Sie Herrenbesuch? Mitten in der Nacht?«

»Wer? Ich? Nie im Leben!«

Mehr noch als die Lüge nahm er ihr die Einfallslosigkeit übel. »Ist es Mister Edgar?«

»Legen Sie sich ruhig wieder hin, Mackie. Alles in bester Ordnung.«

Ihrem Ton konnte er entnehmen, dass eben das nicht der Fall war. »Finlay Edgar vom Gemüseladen in Mayfield?«

»Auf keinen Fall. Träumen Sie süß.«

Guter Rat war teuer! Penetrant wollte er nicht sein und die Tür konnte er auch kaum eindrücken. So trat er den Rückzug an, obwohl er zu gerne gewusst hätte, von wem dieser Finlay gesprochen hatte. Doch nicht Aadi Panicker? In der Nacht träumte er schlecht und sein Aufwachen schuldete er später nicht dem piepsenden Wecker, sondern Miss Armour, die an seine Tür klopfte. »MacDonald, raus aus den Federn! Auch heute ist wieder ein bezaubernder Tag!«

Wenn Federn beschworen wurden, war er der Hahn im Korb? Für einen klitzekleinen Moment herrschte Ruhe und erst jetzt fiel ihm auf, wie lange das nicht mehr der Fall gewesen war.

»Sie haben Besuch!«

»Wer ist es?«

»Eine Dame, die uns beiden gut bekannt ist.«

Karen! »Ich bin in Kürze unten. Kochen Sie in der Zwischenzeit bitte einen Ihrer heißen Sude.«

»Was soll ich machen?«

»Kräutertee. Pinie, Tanne, von mir aus auch Bonsaibäumchen. Irgendeinen Aufguss mit beruhigender Wirkung.«

MacDonald duschte in persönlicher Bestzeit und torkelte mit halbnassem Haar nach unten. Im Wohnzimmer befand sich niemand. Also versuchte er es in der Küche, wo Miss Armour, sehr zu seiner Irritation, ebenso gerne saß wie er. Heute mit Mrs Panicker! Auf dem Tisch dampfte aus seiner geschändeten Kanne irgendein Wiesengebräu.

»Ich gehe wieder«, sagte die Inderin. »Ich habe dir gleich gesagt, dass es keine gute Idee ist.«

»Blödsinn! Er schaut öfter so grantig. Das hat nichts zu sagen.«

»Miss Armour, ich stehe vor Ihnen.«

»Jaja«, antwortete sie ungehalten. »Ist schon gut.«

»Darf man fragen, seit wann die Damen sich kennen?«

»Tut nichts zur Sache! Mrs Panicker benötigt Ihre Hilfe.«

Er nahm Platz und nickte dem Gast aufmunternd zu.

Miss Armour gab ihr einen Klaps auf die Schulter. »Nur zu. Er beißt nicht.«

Mrs Panicker lächelte selbstsicher, ganz anders als beim letzten Zusammentreffen. »Es geht um meinen Gatten, wie Sie sich eventuell denken können, Mister MacDonald.«

»Ich hatte so eine Ahnung.«

»Wir machen uns Sorgen um Aadi. Er ist nicht mehr der Mann, den ich heiratete und …« Sie schluchzte in ein Seidentaschentuch.

»Wie äußert sich das, Mrs Panicker?«

»Er redet dauernd vom Tod und wie wichtig es sei, sich damit zu befassen. Als ich ihn kennenlernte, war er so lebensfroh! Ich verstehe das alles nicht.«

Miss Armour, schon geraume Zeit mit einem Gedanken bebend, sprang vom Stuhl auf. »Mrs Panicker hat den Verdacht, dass er die Soße selbst verdirbt, damit die Hochzeit platzt!«

»So habe ich das aber nie gesagt, *Griselda.* Es ist eben nur so, dass er viel zu sehr an dieser Pathia-Soße hängt. Schon wenn jemand sie nicht mag, wird er unausstehlich und kaum noch berechenbar. Äußerlich merken Sie es ihm kaum an. In Maßen verstehe ich es, denn auf der Soße gründet unser Reichtum. Wir haben sehr klein angefangen. Heute würde man von ärmlichen Verhältnissen reden.«

»Können Sie mir etwas zur anstehenden Hochzeit Ihrer Tochter sagen?«

»Wo fange ich an? Finlay ist ein guter Junge …«

MacDonald senkte den Kopf. »Hm.«

»Bitte?« Nun hatte sie etwas sehr Gouvernantenhaftes an sich.

»Nichts. Fahren Sie nur fort.«

»Finlay interessiert sich sehr für Indien. Aber er ist eben keiner von uns. Wir Hindus haben vier Kasten, Brahmanen, das sind Priester. Kshatriyas, also Adelige bzw. Krieger, dann Vaishyas, die Händler und Bauern und zum Vierten die Shudras, Handwerker, Arbeiter und Diener. Finlay gehörte, wenn er ein Hindu wäre, zu den Händlern, wir aber zu den Brahmanen, und Heiraten sind nicht einmal zwischen den Kasten erlaubt. Sie sehen also unser Dilemma, Mister MacDonald?«

»Mir war nicht klar, dass Ihre Familie so religiös ist.«

»Sind wir gar nicht. Aber was soll ich als Ehefrau tun, wenn Aadi sich darauf beruft? Wenn Sie ihn jetzt fragten, würde er natürlich alles abstreiten! Es ist einfacher für ihn, die Soße vorzuschieben.«

»Aber er liebt diese doch, sagten Sie?«

»Mister MacDonald, haben Sie selbst irgendwo schlechte Soße kaufen können?«

»Nein, aber …«

»Sehen Sie, und nur weil er die Pathia-Soße so liebt, muss er doch nicht die Hochzeit verschieben.«

»Eine verzwickte Situation. Ihr Gatte will also die Heirat mit diesem … Finlay unterbinden?«

Die Inderin nickte. »Ja, doch Aadi begreift einfach nicht, dass Devasree davonrennen oder noch Schlimmeres tun wird, wenn wir uns ihr widersetzen. Schon als kleines Mädchen war sie ein Trotzkopf. Sie müssen nicht lange raten, von wem sie das erbte!«

»Um auf die Soße zurückzukommen: Rein theoretisch könnte es auch sein, dass ein übler Mensch Ihrem Gatten schaden möchte …«

Die Ökotrophologin nahm einen Schluck Kräuteraufguss und verzog das Gesicht.

Großartig! Nicht einmal ihr schmeckte der Sud! »Was denkt Ihre Frau Tochter darüber?«

»Sie himmelt ihren Dad an, und was ich Ihnen nun anvertraue, muss geheim bleiben, Sir. Mein Gatte redet mit sich selbst!«

»Manchmal tun wir das alle.«

»Nein, oft plappert er stundenlang, ohne es zu merken.«

»Im häuslichen oder im gewerblichen Bereich? Ich meine zu Hause oder in der Firma?«

»Beides. Er ohrfeigt sich auch! Selbst Doktor Kaphi konnte ihm nicht helfen.«

»Sie kennen den Herrn?« MacDonald schob die Teekanne von sich weg.

»Wer tut das in Edinburgh nicht? Eine Koriphäe auf seinem Gebiet!«

»Beziehen Sie sich auf seine Kenntnis der Ayurveda-Heilkunst?«

»Psychiater ist er auch.«

»Mrs Panicker, warum erzählen Sie mir das alles?«

»Ich möchte Ihnen überflüssige Arbeit ersparen. Unsere gute Griselda sagte mir, dass Sie eine anstrengende Diät vor sich haben und viel Kraft benötigen. In indischen Familien klären wir unsere Probleme ohnehin selbst. Aadi kommt schon wieder auf die Füße. Das tat er bisher immer.«

»Es tut mir sehr leid, aber ich habe Ihrem Gatten ein Versprechen gegeben und gedenke, dieses einzuhalten.«

»Westliche Menschen haben zu romantische Vorstellungen von der Ehe.«

»Äh … ja?«

»Heiratet ihr, wen ihr innig liebt, kommt bei uns die Liebe mit der Zeit. Deshalb haben wir auch viel weniger Scheidungen.«

MacDonald hätte einwenden können, dass Inder bei einer Trennung oft Hohn und Spott ernteten, vor allem die Landbewohner, und sich diesen Schritt deshalb gut überlegten.

»Eine Ehe geht über alle Leben hinweg.«

»Bitte, was?«

»Wiedergeburt, Mister MacDonald. Ehen sind Gottes Wille und so treffen wir in jeder Wiedergeburt unseren Patidev. Das ist Hindi für Gottgemahl. Ich bin meinen Eltern noch heute dankbar, dass sie Aadi für mich aussuchten.«

»Eine Sache verstehe ich nicht, Mrs Panicker. Sie schildern Ihren Ehemann als berechnend und gleichzeitig konfus. Dass passt doch nicht zusammen.«

Miss Armour zog die Pulloverärmel lang. »Mensch, MacDonald, Menschen sind nun mal widersprüchlich. Ich darf Sie daran erinnern, dass der Autor von ›Doktor Jekyll und Mister Hyde‹ aus Edinburgh war!«

»Danke, ich kenne Robert Louis Stevensons Bücher gut, doch ...«

»Sind die beiden je zur gleichen Zeit gesehen worden?«

»Natürlich nicht.«

»Na, dann!«

Mrs Panicker schluchzte wieder. »Aadi kommt wieder auf den Damm! Mein Granatapfel-Lassi hat noch jeden kuriert.«

Nachdem Mrs Panicker das Haus verlassen hatte, knöpfte MacDonald sich die Ernährungsberaterin vor. »Warum haben Sie es mir verschwiegen?«

»Reden Sie deutlicher.«

»Die Dame ist mit Ihnen bekannt!«

»Ja, und?«

»Darf ich Sie daran erinnern, dass ich in Sachen versalzene Pathia-Soße ermittle?«

Armour stemmte die Arme in die Hüften und konterte. »Dürfen Sie.«

»Warum zog Ihre Bekannte sich eine gelbe Perücke auf, um sie an der Uni zu treffen? Das war sie doch?«

»Frauen lieben Abwechslung.«

»Sie geben also zu, Mrs Panicker dort gesehen zu haben?«

»Nein.«

»Was, nein? Entweder Sie haben sich getroffen oder nicht.«

»MacDonald, Sie haben doch gehört, dass sie ihren Göttergatten anhimmelt. Es ist aber immer schlecht, wenn Männer auf einen Sockel gestellt werden. Panicker leugnet ihre Mithilfe im Geschäft und will sie am liebsten zu Hause einsperren! Das hält kein Mensch aus! So wie Sie sich mit dem Alten solidarisieren, gilt meine Treue eben einer Freundin!«

»Noch etwas: Guru Kaphi ist auch Psychiater?«

»Stimmt, ich habe das Schild am Eingang zu seiner Praxis gesehen.«

MacDonald schloss die Augen. Wenigstens dem blauen Polyacryl-Pullover wollte er für einen Moment entweichen.

»Sonst noch etwas?«, fragte Miss Armour.

»Erwarten Sie einen Stepptanz von mir?«

»Nein, aber normalerweise dauern solche Gespräche mit Ihnen länger.« Neckisch strich sie sich mit der Hand über den Nacken. »Wenn Sie wollen, dürfen Sie mich Griselda nennen.«

»Weshalb sollte ich das tun?«

»Es ist mein Vorname.«

Dem Gourmet wurde es blümerant zumute. »Ich muss ins Arbeitszimmer.« Unfähig, sich auf sein Buch zu konzentrieren, bestellte er ein Taxi zu Randolph Cliff, und eingedenk des Wunsches seiner Leibärztin, Gewicht zu verlieren, marschierte er zu Fuß dorthin. Welch Wahnwitz! Auf dem Dean Path schaffte er es kaum über das Brückchen, musste Notfalltropfen aus seinem Flachmann schlucken und auf einer Bank rasten. Das letzte Stück auf Bell's Brae war ein Dantescher Höllenkreis, durch den er sich schnaubend schleppte! Der Taxifahrer, ein schottisches Urgemüt, fragte, in welches Hospital er ihn bringen solle. Als ob er der einzige Mensch wäre, der in Edinburgh schwitzte! Die Fahrt endete vor Finlay Edgars Gemüseladen. MacDonald nahm Position hinter einem Lieferwagen ein. Gerade als er darüber nachdachte, sich einige Sandwiches zu kaufen, verließ das Zielobjekt den Laden. Edgar in dreireihigem, dunkelgrauem Anzug, mit weißem Hemd und dezenter Krawatte. Er blieb stehen, wartete auf etwas. Bis Duncan, der neurotische Verkäufer, aufkreuzte und ihn etwas fragte, was von der anderen Straßenseite nicht zu verstehen war. Wohl aber die gebrüllte Antwort seines Arbeitgebers: »Das ist jetzt das dritte Mal, dass du mich aufhältst, Duncan! Ich hab keine Zeit mehr, muss zu meinem Treffen ins Scotsman-Hotel!«

»Ach Gott, ja, ich verhalte mich ab jetzt wie ein Mäuschen.«

Wie ein altes Ehepaar, dachte MacDonald und sprach ein stummes »thank you«, weil ihm das Ermitteln so leicht gemacht wurde. Duncan kehrte ins Geschäft zurück und Edgar wartete … auf ein Taxi. MacDonald ging die Duncan Street entlang und auf der Minto Street nahm er den nächsten Bus Richtung North Bridge. Kurz vor dem The Scotsman-Hotel, benannt nach dem Vorbesitzer, der gleichnamigen Tageszeitung, für die MacDonald Artikel schrieb, stieg er aus. Im Jahr 2001 zog die gesamte Belegschaft an einen neuen Standort. Das hohe, Respekt wie Bewunderung einflößende Gebäude mit seinen pittoresken Verzierungen wurde renoviert und zu einem Fünf-Sterne-Hotel mit 56 Zimmern und zwölf Suiten umgebaut. Im Zentrum befand sich immer noch die grandiose Marmortreppe, über welche die Journalisten bis zum Redaktionsschluss hin und her geeilt waren. Da MacDonald nicht gesehen werden wollte, konnte er schwerlich durch alle öffentlichen Räume des Hotels spazieren, mit einer Ausnahme.

*»Feed a cauld and sterve a fever.«*

Bei einer Erkältung soll man viel, bei Fieber wenig essen.

# Scottish Country Dance

Maria stand im Vorgarten und telefonierte. Als sie Angus einparken sah, brach sie das Gespräch ab und rannte auf ihn zu. »Grazie a Dio! Wie schön, dich zu sehen. Ich habe gerade angerufen. Deine Mailbox sprang an.«

Angus legte ihr den Arm um die Schulter. »Fühlst du dich unwohl, meine Liebe?«

»Es ist kaum noch zu ertragen mit ihm!«

»Was ist denn passiert?«

Von drinnen war schottische Volksmusik zu hören.

»Ihr veranstaltet eine Party, ohne mich eingeladen zu haben?«, witzelte Angus.

»Es sind nur Alberto und das Gespenst, die ein paar Schritte üben.«

»Glaubst du inzwischen auch an die Existenz eines Hausgeistes?«

»Ich? Im Leben nicht! Aber mein Mann erzählt mir, dass Dinwiddie beruhigenden Einfluss auf ihn hat!«

»Was ist los, bitte?«

»Angefangen hat alles, als Mister Panicker ein Doppelzimmer bezog.«

»Er wohnt bei euch? Nicht zu fassen! Mir sagt mal wieder keiner etwas.«

»Alberto denkt, es gab Ärger mit seiner Frau. Ich glaube eher, dass er großes Vertrauen in die Expertise Doktor Spiegel-Eis hatte. Panicker liebt Eier.«

»Aber doch gekochte?«

»Wer Eier perfekt braten kann, hat mit dem Kochen keine Schwierigkeiten.«

»Das heißt, Mister Panicker war zufrieden?«

»No! Hat gemeckert ohne Ende. Selbst mir wurde es zu viel. Überhaupt ist er ein komischer Kauz, so fahrig! Gestern hat er einen Handstand gemacht. Ich habe Alberto nichts davon erzählt. Du weißt ja, wie er sich immer aufregt.«

»Es ist aber doch ein schöner Zug von Mister Dinwiddie, unseren Al etwas aufzuheitern.«

»Nenn ihn bloß nicht wieder so. Die Abkürzung hasst er.«

»Keine Angst. Ich werde mich zurückhalten. Ein Jammer, dass ich weder Kilt noch Tanzschuhe trage.«

»Maria, mit wem redest du da?«, rief Alberto zwischen zwei extravaganten Tanzschritten von drinnen.

»Ich gehe jetzt besser rein«, sagte Angus.

Sie nickte. »Okay, tu das. Mir ist nach einem ausgedehnten Spaziergang. Warte, ich schließe dir noch auf.«

MacDonald justierte sein Jackett. Im Frühstücksraum waren sämtliche Tische und Stühle an die Wand gerückt, damit Alberto und sein neuer Freund Platz für ihre Tänze hatten. Scottish Country Dancing veranstalteten gewöhnlich vier Männer und ebenso viele Frauen, eine sehr soziale Form des Tanzes. Ob noch weitere Gespenster zugegen waren? Alberto probte mit hochgekrempelten Ärmeln.

»Good afternoon, Alberto. Was bietet ihr Schönes dar?«

»Ciao Angus. Wer hat dir gesagt, dass ich nicht alleine bin?«

»Deine Ehefrau. Sie ist etwas besorgt.«

»Hab mich selten besser gefühlt. Wusste nicht mehr, wie entspannend Tanzen sein kann.«

»Wer sind die anderen sechs Teilnehmer?«

»Angus, warst du zu lange an deinem Spirituosentresor? Wir sind nur zu zweit!«

»Okay. Was also studiert ihr beiden ein?«

»Den Lakeside Kelpie Hornpipe.«

Kelpie war ein übernatürliches Wasserpferd in der keltischen Folklore. Es hauste angeblich in den Flüssen und Seen Schottlands wie auch Irlands und verwandelte sich zu Zeiten in eine wunderschöne Frau, um Männer in die Falle zu locken! Was wollte sein Freund ihm damit sagen?

»Sag mal, Angus: Kannst du Mister Dinwiddie sehen?«

»Leider nicht. Vielleicht will er es aber auch gar nicht.«

Alberto sah zur Seite. »Sie hatten Recht!«

»Wie bitte?«, fragte Angus.

»Mister Dinwiddie würde gerne wissen, ob du den Text über ihn für unsere Website geschrieben hast?«

»Äh, bin, äh, leider noch nicht dazugekommen. Doch ist der Anfang gemacht.«

»Molto bene. Es wird ihn freuen, das zu hören.«

»Steht er nicht mehr neben dir?«

»No, er ist nach oben gegangen.«

»Aha. Welches Zimmer hat er denn?«

»Die Dachkammer genügt ihm. Da wohnt er seit bald hundert Jahren. Ist es so gewohnt.«

MacDonald brachte seinen Freund auf den neuesten Ermittlungstand, erzählte auch, dass Devasree Panicker ihm eine falsche Telefonnummer gegeben hatte, versehentlich oder mit Vorsatz. »Außerdem bin ich Finlay Edgar ins Scotsman-Hotel gefolgt.«

»Bleibt mir denn gar nichts erspart? Dort spukt es auch!«, klagte Alberto.

»So sagt man«, antwortete MacDonald lachend.

»Wie hast du den Mann beschattet?«

»Ich kenne einen Hotelangestellten, Jimmy. Ihm schilderte ich die Situation, worauf eine Reinigungskraft in der Nähe des Tischs dringend entstauben musste. Edgar unterhielt sich mit einem älteren Gentleman.«

»Ja, und worüber?«

»Die Reinigungskraft, eine reizende junge Frau aus Polen, kommt mit dem Englischen leider noch nicht so gut zurecht. Der jüngere Mann, hübsch, wollte dem Älteren etwas überlassen.«

»Geld?«, dachte Alberto laut.

»Wie denn? Er hat doch keines. Vermutlich eher Geschäftsgeheimnisse von Mister Panicker.«

»Stimmt, von den Verkaufszahlen seiner Okraschoten wird er kaum etwas haben. Molto interessante. Es passt alles ins Bild, denn Mister Dinwiddie sagt, den Langhemden sei nicht zu trauen.«

»Wir wollen keine ausländerfeindlichen Klischees nachbeten. Auch ist Edgar kein Inder.«

»Dass wir ein Kuddelmuddel aufzulösen haben, kannst du nicht bestreiten! Jeder redet etwas daher, nur um dann am nächsten Tag das Gegenteil zu behaupten! Panicker wohnt jetzt bei mir. Ich werde den Herrn in der nächsten Zeit beobachten und sehen, ob er weiterspinnt.«

»Gesponnen hat der Mann nicht, nur deine gekochten Eier bemängelt.«

»Nicht zu vergessen, dass er permanent Mister Dinwiddies Rezepte sehen möchte!

Allora, bleiben als Verdächtige noch der Guru, Panickers Frau und Tochter, Finlay Edgar und die Damen Armour ...«

»Meine Nemesis hat verschwiegen, dass sie Mrs Panicker kennt. Doch muss das nichts bedeuten, denn sie ist ein verschlossener Mensch und spricht nur, wenn man sie etwas fragt.«

»... und auf Miss Thommie lässt du sowieso nichts kommen.«

»Blablabla! Wir sollten auch über Panickers Butler nachdenken.«

»Warum bitte?«

»Er liefert kartonweise Pathia-Soße an Planet Veggie.«

»Si, ich weiß. Peter, der Klempner, hat es mir erzählt.«

»Mein Gott, Alberto, das hättest du mir sagen müssen!«

»Mi dispiace. Tut mir leid. Ich hatte zu viel um die Ohren. Aber auf mich wirkt er harmlos. Der Mann will sich wohl nur etwas dazuverdienen.«

»Vermutlich hast du Recht.«

»Also, wen observieren wir?«

»Den Guru! Er kann noch so schön tun und von Ayurveda-Wundern faseln.«

»Andiamo?«, fragte Vitiello voller Tatendrang.

»Du willst gleich aufbrechen? Was ist mit deinem Guest House?«

»Maria kann sich darum kümmern.«

Die Ehemann-Abstinenz würde ihr zusagen, dachte MacDonald. »Mister Dinwiddie bleibt aber bitte hier.«

»Senza problema. Soll ich uns noch eine Thermoskanne mit Tee fertig machen?«

Angus erinnerte sich an Miss Armours Birkentee und lehnte schaudernd ab. »Eher ein anderes Mal.«

»Nicht die schlechteste Gegend!«, stellte Alberto in einer Mischung aus Bewunderung und Widerwillen fest. »Ob er sich die Villa auf legalem Weg erarbeitet hat? Wer ein Haus in der Cluny Avenue besitzt, muss sich um Geld keine Sorgen machen! Vielleicht arbeitet er auch noch als Exorzist.«

Hier wohnt das große Geld, dachte auch MacDonald. Ein geräumiges Haus mit Türmchen, vor dem Anwesen eine meisterhaft gestutzte Hecke und auf der anderen Straßenseite Grünland. Nicht zu vergessen der dicke Rolly Royce und ein Range Rover direkt vor der Haustür. Ein Patient, der über den NHS, die staatliche Krankenkasse versichert war, würde hier nicht vorstellig werden. Alberto schätzte das korrekt ein, doch um Paranormales ging es wieder nicht! Bisher hatte Alberto zwar nur ihm und Maria von Mister Dinwiddie erzählt. Aber das war beängstigend genug.

»Was überlegst du, Angus?«

»Es interessiert mich, wer hier ein- und ausgeht.«

»Schau mal, da drüben! Wir können den Fall abschließen.«

»Sachte. Ich möchte sehen, wie lange Mrs Panicker da drin bleibt. Sie könnte ja eine Klientin sein.«

»Porca miseria, mein Guest House führt sich nicht von alleine!«

»Ich gebe vor, das nicht gehört zu haben, denn arbeiten müssen wir alle.«

Die Frau des Fabrikanten trug ein zweiteiliges, figurbetontes Kostüm und hochhakige Schuhe.

»*Dressed to kill*«, sprach Alberto aus, was beide Freunde dachten. »Spaziert die Dame immer so herum?«

»Im Gegenteil, die beiden Male, als ich sie sah, war es ein knöchellanger Sari, sehr weit geschnitten.«

»Gekleidet wie ein Model auf dem Laufsteg.«

Angus rief eine Mitteilung auf seinem mobilen Telefon ab.
»Schlechte Nachrichten?«
»Die Armour! Hätte ich sie bloß nie einziehen lassen!«
»Was ist eigentlich aus diesen Waddells geworden?« Intensiv kümmerte Angus sich um Armours neues Projekt nicht, sie dagegen umso mehr.
»Gut Ding will Weile haben! Eine Bootsfahrt soll ich organisieren!«
»Mit Karen, ja?«
»No, mit Thommie Armour.«
»Ich dachte, das sei nur ein Missverständnis gewesen?«
»War es auch. Bis ihre Mutter mich in eine Falle lockte!«
»Hoffentlich bekommt Frau Doktor das nicht spitz.«
»Musst du dich immer so offiziell ausdrücken? Sie heißt Karen!«
Alberto duckte sich. »Scusa, werde mich bessern.«
MacDonald senkte freundlich den Kopf. »Entschuldige. Weißt du, am angenehmsten wäre mir, wenn beide auszögen. Dauernd ist jemand zu Hose, äh, Hause. Dieser Krawall!«
»Ich werde sehen, was ich machen kann«, antwortete Alberto geheimnisvoll. Bevor sein Freund nachfragen konnte, was er damit meinte, zog jemand im oberen Stockwerk die Vorhänge zu. Zwei Stunden später saßen die beiden Detektive noch immer im Wagen.
»Wenn ich wenigstens Tee hätte kochen dürfen«, beschwerte Vitiello sich.
»Wie oft willst du mir das noch vorwerfen?«
Alberto zückte sein Fernrohr. »Sie kommt raus. Nach einer Therapiestunde sieht es nicht aus.«
»Haben therapierte Personen einen besonderen Ausdruck im Gesicht?«
»Non lo so. Aber Menschen, die nachmittags im Bett gelegen und sich …«
»Stopp! Jetzt weiß ich, was du meinst.«
»Können wir fahren?«
»Noch nicht. Mich interessiert, was weiter geschieht und bin mir auch nicht so sicher, dass die beiden ein Verhältnis haben.«

Eine halbe Stunde, nachdem Mrs Panicker das Haus verlassen hatte, erschien ein Kurier von *Pataka* mit mehreren Tüten.

»Geizig ist er also auch noch!«, sagte Alberto. »Isst alles alleine! Andiamo.«

Wieder gelang es MacDonald, seinen Mitdetektiv zurückzuhalten. Eine Stunde nach seinem opulenten Snack verließ Kaphi das Haus, in Wanderkleidung: stabilen Schuhen, die über die Knöchel reichten, Cordhosen, wasserdichter Jacke und breitkrempigem Hut.

»Du musst ihm nachgehen, Alberto.«

»Warum ich?«

»Mich kennt er doch!«

»Wir hätten uns verkleiden sollen!«

»Ja, ist gut! Würdest du Kaphi jetzt folgen? Beeile dich bitte. Er geht Richtung Blackford Hill.«

»Sehe ich selbst. Keine Sorge, so schnell wie der bin ich allemal, und das Gebiet kenne ich gut.«

Wer in Edinburgh tat das nicht!, dachte MacDonald. Auf dem Blackford Hill und dem dahinter liegenden, kilometerlangen, sanften Hügelland hatte er unzählige glückliche Stunden verbracht. Seine Eltern führten ihn und Bruder William als Kinder oft hierher, das Gehirn auslüften, wie sein Dad zu sagen pflegte, auch um Brombeeren zu sammeln. Brambleberries hießen die Früchte in Schottland.

»Angus Thinnson, hörst du mich?«, fragte Vitiello.

»Bitte was? Jaja, natürlich.«

»Molto bene! Bis später.«

Kaphi überquerte die Straße, ließ den künstlichen See rechts des Weges hinter sich und erklomm den Weg Richtung Blackford-Hill-Spitze. Vitiello merkte sofort, dass er einen geübten Spaziergänger mit entsprechender Beinmuskulatur vor sich hatte. Die beachtliche Steigung verlangte nur wenig seines Atems. Nach jeweils zehn, zwölf Schritten blieb er stehen, reckte den Hals leicht nach hinten und ging weiter. Alberto band sich drei Mal den Schuh, suchte zwei Mal etwas Wichtiges in seinen Jackentaschen, schneuzte sich und band den anderen Schuh.

Trotz der Unterbrechungen erreichten sie die Spitze des Blackford Hill in weniger als zehn Minuten. Nichts gegen Spazierengehen, aber musste es in einen Geschwindigkeitswettbewerb ausarten? Der Guru stellte sich mitten auf die Anhöhe, eine ayurvedische Position, wie Alberto vermutete, und blickte Richtung Stadtmitte. Ob er dort eine Verabredung hatte? Denn der Ausblick auf die Pentland Hills oder auch hin zu Arthur's Seat waren noch schöner. Mit einem langsam fahrenden Karrusell könnte man ein Vermögen machen, sinnierte Vitiello und versuchte, sich diese Geschäftsidee einzuprägen.

Kaphi drehte sich zu ihm. »Kommen Sie oft hierher?«

Alberto, in der Hocke, seinen Schuh befingernd, sprang auf wie bei einem Schlangenbiss. »Reden Sie mit mir, Sir?«

Der Inder lächelte zynisch. »Sehen Sie sonst noch jemanden?«

»Man weiß nie, welche Geister mit einem sind.«

»Wahr gesprochen, mein Herr. Sie sind spirituell interessiert?«

Himmel von Cormons! Was sollte er darauf antworten? »Aber sehr! Bei mir wohnt sogar ein Gespenst.«

»Was Sie nicht sagen.« Er kam auf Alberto zu und gab ihm die Hand. »Mein Name ist Kaphi.«

»San Lucca, angenehm«, improvisierte Vitiello und drückte die grobe Hand, welche von Kratzern und Dellen übersät war. Ein ehemaliger Arbeiter?

»Ich bin Arzt. In meiner Freizeit arbeite ich gerne körperlich, daher die Male auf meinen Händen …«

»Sie besitzen einen Garten?«, antworte Alberto überrascht.

»Yes, und zwar hier unten.« Er zeigte in Richtung See, neben dem sich zahlreiche Schrebergärten befanden. »Es gibt kaum etwas Schöneres, als sein eigenes Gemüse zu verzehren. Finden Sie nicht auch?«

»Ich weiß nicht …« Ein paar Dinge fielen Alberto durchaus ein, zum Beispiel Spaghetti alla carbonara oder Risotto alla Milanese.

»Haben Sie keine grüne Fläche, Mister San Lucca?«

»Doch, meine Frau bewirtschaftet ein Gewächshaus, zieht Peperoncini und dergleichen Dinge.«

»Sehen Sie. Da haben wir eine weitere Gemeinsamkeit entdeckt.«

»Was ist denn die andere?« Alberto wurde ein wenig mulmig zumute.

»Die Tatsache, dass wir auf diesem Hügel stehen und die phantastische Aussicht genießen.«

»Ich dachte, Sie meinen etwas anderes.«

Kaphi blickte ihn durchdringend an. »Nein, das tue ich nicht. Kommen Sie oft hierher?«

Die Situation verwandelte sich ins Gegenteil. Nun war Alberto derjenige, der antworten musste. »Nicht so oft, wie ich möchte.«

»Sie verstehen es, Ihre Worte abzuwägen. Darf ich fragen, was Sie beruflich machen?«

Oh weh! »Ich bin … äh … Steuerberater.«

»Das glaube ich nicht!«

»Ist aber die Wahrheit.«

»Haha, so war es nicht gemeint. Ich suche einen neuen Steuerberater und Sie laufen mir über den Weg! Zufällig? Bei Ihnen hätte ich eher auf Hotelbetreiber getippt.«

In diesem Mann schien Alberto seinen Meister zu finden. Ohne nachzudenken, fragte er: »Essen Sie gerne Spiegeleier?«

»Wer in Großbritannien verspeist sie nicht? Haben Sie zufällig eine Karte bei sich?«

»Möchten Sie noch weiter wandern?«

Kaphi konnte kaum das Lachen zurückhalten. Sein Mund bewegte sich im Kreis. »Ich meinte eine Visitenkarte, nicht Landkarte.«

»Die sind mir leider ausgegangen«, sagte Vitiello.

»Sehr bedauerlich. Ich hätte Sie gerne engagiert. Mehr als einmal im Quartal müssten Sie nicht zu mir kommen, und mit einem zuverlässigen Wagen wie dem Ihren wäre das ja kein Problem. Rufen Sie mich an, wenn Sie es sich anders überlegen. Auf Wiedersehen, mein Herr. Einen schönen Tag wünsche ich noch!«

Für den Rückweg nahm Alberto sich doppelt so lange Zeit, überlegte, was Angus zu berichten war. Eine schlechte Figur wollte er nicht machen!

»Er hat gewusst, wer ich bin, was für ein Auto ich fahre und dass ich ein Hotel betreibe!«, sagte Alberto. »Dieser Exorzist beschattet uns schon eine ganze Weile.«

»Als ob mich das wundert, wo er mich sogar zu Hause molestierte! Nur dass du einen Geist beherbergst, war ihm nicht bekannt«, meinte Angus.

»Eher hat er sich dumm gestellt!«

»Es macht ihn zum Top-Verdächtigen.«

»Was soll das heißen? Er ist der Täter!«

»Hätte ich jedes Mal ein Pfund bekommen, als du das sagtest, wäre ich jetzt ...«

»... um drei Pfund reicher!«, ergänzte Vitiello.

»Was sollte sein Motiv sein?«

»Aber Angus, der Guru will, dass Panicker durchdreht. Dann heiratet er seine vermögende Frau.«

»Dass Mister Panicker leicht die Kontrolle verliert, kann ich mir immer noch nicht vorstellen. Leider habe ich jetzt keine Zeit mehr, muss die Bootsfahrt organisieren.«

»Immer wenn es spannend wird!«

»Du würdest ihn gerne weiter beschatten?«

»Ma si, signore. Glaub mir, diese Psychiater wissen genau, wie sie jemanden kirre machen können.«

»In dem Fall müssten wir uns verkleiden und einen Wagen mieten. Unsere Vehikel kennt er schon. Ich glaube allerdings nicht, dass er durch die Supermärkte zieht und Gläser mit manipulierter Pathia-Soße deponiert. Eher stellt er jemanden an dafür.«

»Es ist eine Spur, der wir nachgehen könnten, und sinnvoller, als auf dem Kanal zu gondeln!«

»Ich wage zu widersprechen. Warte nur, was ich der jungen Dame über die Familie Panicker entlocke ...«

Nahm das denn nie ein Ende!, dachte Angus und taumelte zum Schlafzimmerfenster. Du Dödel! Mit dem Ding auf dem Kopf kannst du nichts sehen! Er nahm die Schlafmaske ab und warf sie aufs Bett. »Muh!«

»Bitte?«, sagte MacDonald und zog die Vorhänge zur Seite. Ein leibhaftiges Highland Cattle: langhaarig, braun und mit Hörnern. Die Ernährungsberaterin saß auf einem dreibeinigen Holzschemel und melkte die Kuh, der das nicht zu behagen schien. Warum sonst hätte sie so erbarmungswürdig geschrien? Miss Armour drehte den Kopf zu ihm und nickte. Als Erklärung war das beileibe zu dürftig. »Muuuh!« Er legte den Bademantel im Familientartan an. Aus dem unteren Stockwerk drang ein bekannter Geruch. Pathia-Soße? Als er die Küchentür öffnete, gab es keinen Zweifel. Seine Arbeitsstation glich einer Müllhalde. Auf dem Herd standen vier Töpfe, alle schauderhaft verschmiert. In zweien staken Holzlöffel, tüchtige Exemplare, die er zwanzig Jahre zuvor aus Tunesien mitgebracht hatte und an einem sicheren Platz, neben seiner Schürze, verwahrte. Wie hatte das junge Fräulein sie gefunden? Ständig diese Turbulenzen!

»Hallo, Langschläfer!«, begrüßte Thommie ihn überschwänglich und trat in die Küche, »hab mir gedacht, ich experimentiere mal ein bisschen.«

»Äh, okay …«

»Ist Ihnen schlecht? Wollen Sie Tee?«

»Weh, oh, weh. Nein, danke!« Er band seinen Gürtel noch etwas fester, ging zum Herd und sah in die Töpfe. »Kochen Sie Pathia-Soße?«

»Jop!«, antwortete sie erregt. »Ihnen kann man nichts vormachen.«

»Warum benutzen Sie vier Töpfe?«

»Keine Angst. Mach ich alles wieder sauber.«

»Die unterschiedlichen Gefäße, Miss Thomasina …«

»Was ist das?«

»Töpfe, Töpfe, Töpfe!«

Sie ging zum Fenster, kehrte ihm den Rücken zu. »Dachte, der große Gourmand freut sich, dass ich in seine Fußstapfen trete. Stattdessen werden Sie wieder sauer.«

»Aber ich freue mich doch, verstehe mich nebenbei bemerkt als Gourmet, nicht Gourmand.«

»Warum raunzen Sie mich so an?«

»Verzeihung. Es war mir nicht bewusst.«

Thomasina drehte sich wieder zu ihm. Schnell wie ihr Ärger kam, verrauchte er. »Hab vier Gefäße, weil ich verschiedene Soßen mache.«

»Darf ich kosten?«

»Nur zu, der Herr. Bin gespannt, was Sie davon halten.«

MacDonald ging zum Küchenschrank, holte sich frische Löffel, probierte und nickte. Bei der zweiten Soße kratzte er sich am Kinn. Die dritte ließ er über sich ergehen und die vierte war exzellent.

Thomasina beobachtete ihn. »Schmeckt gut?«

»Ich weiß nicht, was ich sagen soll.«

»Schlecht also?«

»Im Gegentum! Exquisit. Nummer vier könnte das Original von Mister Panicker sein. Wer hat Ihnen das Rezept gegeben?«

»Kann ich es nicht selbst entwickelt haben?«

»Also, um ehrlich zu sein …«

»Stopp!«

»Was ist denn nun?«

»Immer wenn jemand ehrlich sein möchte, kann man das Wort durch gemein ersetzen, ohne den Sinn zu verändern!«

»Es liegt mir fern, sie zu verletzen, Miss Thomasina. Doch sind Sie eher der Aufwärmtypus.«

»Mister MacDonald, Sie müssen keine gemeinen Bemerkungen machen! Das Rezept habe ich geschrieben!«

»Aber auf meinem Herd stehen doch vier Töpfe.«

»Fein, sind eben alle Rezepte von mir!« Thomasina kippte die Soßen in den Ausguss. »Sie wissen, wie man jemandem die Laune vermiest! Herzlichen Dank!«

Gerade als sich der Hausherr fragte, ob es noch desaströser kommen konnte, deklamierte jemand im Garten: »Ich nehme mir jeden Tag Zeit, meinen Körper und meinen Geist bewusst zu entspannen.« Konnte die Kuh sprechen? Nein, es war Miss Armour! Ihr Mantra sagte sie in den letzten Tagen immer wieder auf, meistens jedoch im Badezimmer. Die Open-Air-Deklamation war eine Premiere. Er drehte die Herdplatten ab. Von wem hatte Thomasina das Rezept? Man konnte nur hoffen, dass sie es nicht Mister Panicker gestohlen hatte. Esta muito complicado, wie Tante Beatriz aus Portugal zu sagen pflegte. Für ihn hieß das: Nie mehr einen Fall übernehmen, in dem Untermieter involviert waren. Besser noch: gar keine ins Haus lassen! Der Morgen hatte so derangiert begonnen, da konnte er auch noch draußen nach dem Rechten sehen!

»Ich nehme mir jeden Tag Zeit, meinen Körper und meinen Geist bewusst zu entspannen.«

»Miss Armour? Was treiben Sie hier? In meinem Garten?«

»Sie sind zu besitzorientiert, Mackie.«

»MacDonald! Angus Thinnson MacDonald!«

»Wenn Sie so weitermachen, werden Sie keine fünfzig.«

»Es ist also alles meine Schuld?«

»Jetzt reden Sie wie Thommie. Wonach sieht es denn aus? Ich melke eine Kuh.«

»Hatten Sie in der Nacht Herrenbesuch, Miss Armour?«

»Nicht dass ich wüsste. Sie?«

»Dann war es wieder Thomasina.«, fragte er kleinlaut.

Die Diplom-Ökotrophologin ließ das Euter los und sah ihn an. »Bin ich meiner Tochter Hüterin?«

»Kreuzte dieser Edgar auf?«

Griselda Armour melkte wortlos weiter. Ihr Schemel knirschte.

»Für wen ist die Milch?«

»Sie kommt dem gesamten Haushalt zugute. Keine bessere Milch als Rohmilch.«

»Aus der Sicht der Ernährungswissenschaft?«

»Mister MacDonald, Sie werden es nicht glauben, aber ich bin bereit, meinen Horizont zu erweitern. Milch spielt auf dem indischen Speisezettel eine große Rolle und dank Fanny haben wir nun auch frische Briketts.«

»Das darf doch nicht wahr sein! Sie wollen weiter mit Kuhfladen heizen?«

»Guid morning! Wie ich sehe, habt ihr zwei gute Stimmung«, sagte ein drahtiger, älterer Herr, der in den Garten trat. Er trug eine braune Cordhose und ein kariertes Hemd.

»Dad, was machst du denn hier?«, rief MacDonald.

»Immer die gleiche Frage, wenn ich dich besuche. Lass dir mal was Neues einfallen. Du bist doch Autor! Hallo, Lass! Lange nicht gesehen. *Hoo's it gauin?*«

Miss Armour nickte frostig. Seit ihrer gemeinsamen Fahrt in die Highlands hatte sie oft an den markigen MacDonald-Vater gedacht, es sich aber nicht eingestehen wollen.

»Im Moment passt es schwer«, meckerte Angus.

»Mir doch egal. Ich will dir meine neuen Sprüche geben.« Malcolm MacDonald zog einen Stapel Papier aus der hinteren Hosentasche und zerteilte die Luft damit. »Was macht ihr denn mit dem Rindvieh? Gibt es saftige Steaks zum Dinner?«

»Niemals!« Miss Armour sprang von ihrem Schemel auf. »Die Kuh ist heilig.«

»Nur bei den Langhemden. Wir Schotten servieren sie auf Tellern. Das sollte bei euch auf den Orkneys auch so sein. Schaust übrigens immer noch proper aus, *Lassie*!«

»Sie haben sich überhaupt nicht verändert!«

»Danke für die Blumen!« Aus der Jacke zog er seinen Flachmann. »Wisst ihr, was das Geheimnis eines langen Lebens ist?«

»Zweieinhalb Flaschen Whisky in der Woche«, sagten Angus und die Armour.

»Na also dann, ihr Schlaumeier! Steht nicht so trocken herum. Nehmt einen Schluck.« Er ließ das Fläschchen kreisen.

»Danke nein, Dad. Ich hatte noch keinen Kaffee.«

»Es kommt mir ein bisschen wie in einer Studentenbude vor bei euch!«

»Woher willst du wissen, wie es da zugeht? Vom Fernsehen?«

»Nicht frech werden, Kleiner! Sonst reibe ich dich mit Kuhdung ein.«

»Unterstehen Sie sich! Die guten Briketts!«

»Nichts gegen die gute Armour! Immer noch für jeden Spaß zu haben. Ist das Pathia-Soße, da unter deinem Schemel, Lass?«

»Aber nein.«

»Bist du sicher?«

»Ja!«

»Schon gut, zieh die Zügel an. Anguslein, in deiner Sache habe ich erfolgreich ermittelt.«

MacDonald konnte das nicht so recht glauben …

*»A gowk at Yule'll no be bright at Beltane«*

Der Narr tut, was er nicht lassen kann.

# Hunderttausend Frühstückseier

Alberto hatte gleich gewusst, dass Mister Panickers Einquartierung Unheil bringen würde. Zwar duschte er in der vorgesehenen Kabine und nicht auf dem Fußboden, doch mit seinen gekochten Eiern vergällte er ihm den ohnehin schweren Alltag eines Hotel-Besitzers. Als ob er, gelernter Koch (!), nicht wüsste, wie man ein Ei zubereitete! Nach neuesten Berechnungen hatte er neben den 60.000 gebratenen Eiern mindestens 40.000 gekocht. Das waren insgesamt 100.000 zubereitete und servierte Eier! Auch an diesem Morgen machte er das Frühstück für den hochwohlsituierten Herrn. Maria saß am Wohnzimmertisch und las den »Daily Record«. Auch das war Alberto ein Dorn im Auge. Wozu noch diese Räuberpistolen in der Tagespresse, wo sie Kriminalromane im Dutzend verschlang?

»Du gibst nicht auf, was?« Maria hätte gerne serviert, bekam es aber untersagt. »Seit Tagen bringst du ihm gekochte Eier, ohne ihn zufrieden zu stellen.«

»Wir Vitiellos aus Cormons, Friuli, werfen niemals das Handtuch. Bei Waitrose habe ich biologische Eier gekauft. Mal sehen, ob er den Unterschied bemerkt.«

»So langsam wird die Geschichte lächerlich.«

»Ich habe nicht damit angefangen! Lies du dein Revolverblatt. Ich gehe jetzt rein.«

»Doch nicht unbewaffnet?«

»Porca miseria! Glaubst du, er geht auf mich los? Ich könnte eines meiner scharfen Küchenmesser mitnehmen?«

Maria hielt die Zeitung mit zitternden Armen vors Gesicht und Alberto wurde noch wütender. »Musst du mich auch noch veralbern?«

»Scusa. Du nimmst alles so schrecklich ernst.«

»Einer muss den Überblick behalten!«

»Si, mio duce!«

»Vergleicht mich nicht immer mit Mussolini!« Das machten außer Maria auch seine Tochter Danila und Schwiegersohn Sean.

Maria wusste, dass es besser war, still zu sein und beschäftigte sich mit einer Serie von Raubüberfällen. Alberto balancierte das Tablett mit den gekochten Eiern auf der linken Hand. Er konnte nicht nur professionell kochen, sondern auch servieren!

»Good morning!«, rief er wie ein Zirkusmoderator zu seinem Publikum.

Das schüchterne Ehepaar aus der Schweiz nickte und der einzige andere Gast, Mister Panicker, machte einen Handstand!

»Hallo, da unten. Sie verwechseln unser Guest House mit einer Turnhalle!«

»Good morning, Misder Vidiello. Manchmal isd es zudräglich, die Dinge aus einer anderen Bersbegdive zu bedrachden. Meine Verdauung isd heude Morgen hervorragend. Ayurveda had völlig Rechd: dem Drang, einen gewissen Ord aufzusuchen, muss sofort nachgegeben werden. Sonsd leided der ganze Görber.«

»Nichts von dem, was Sie sagten, habe ich gehört!« Dabei sah Alberto zu den netten Schweizern.

»Äh, also, wir wollten gerade gehen, nicht wahr?«, sagte der Mann und rückte seine Brille zurecht.

»Das ist alles Ihre Schuld, Mister Panicker.«

Dieser drehte sich wieder auf die Füße. »Oh, oh, bidde um Verzeihung. So bleiben Sie doch, die Herrschafden.«

»Nein, danke. Wir möchten, äh, zum Schloss, Mister Vitiello. Welchen Bus nehmen wir da?«

»Nummer elf! Zum Beispiel!«, antwortete Alberto barsch. Die Frage nach Busverbindungen war ihm zu oft gestellt worden! Wozu legte er bitte die Fahrpläne in den Hausflur?!

»Danke vielmals und auf Wiederluege.«

Vitiello hörte die beiden vor der Tür flüstern. »Was ist bloß los mit Ihnen, Panicker?«

»Wunderbar gehd es mir!«

»Sie können in meinem Dining Room keinen Handstand machen!«

»Sorry. Nächsdes Mal warde ich, bis der Raum leer isd.«
»No! Es geht prinzipiell nicht.«
»Misder Vidiello, ich merke, dass Sie k. und k. waren.«
»Was soll das nun wieder heißen?«
»Ihre Heimad, das Friaul, zählde vor hundert Jahren noch zu Ösderreich. Sie wirken auf mich sehr strigd, wie ein Ösderreicher.«
»Dieses Klischee wird auf das Nachbarland bezogen und stimmt nicht. Mit einem sauberen Zimmer und dem großen Frühstück sind meine deutschen Gäste wunschlos glücklich.«
»In Indien gibd es mehr mobile Delefone als Doiledden.«
Alberto bemerkte erst jetzt, dass er das Tablett noch in den Händen hielt und stellte es ab. »Bitte?«
»Meine Heimdad had 1,2 Milliarden Einwohner. Jeder Zweide muss seine Noddurfd im Freien verrichden.«
»Hören Sie, Mister Panicker …«
»So gelangen Millionen und Abermillionen Bagderien und Viren in Felder und Flüsse, siggern in Boden und Dringwasser. Es verbreiden sich Dyphus, Hebadidis und Cholera. Jedes Jahr sderben 600.000 Menschen an Durchfallergrangungen. Ein Driddel davon sind Kinder.«
»Warum erzählen Sie mir das alles?«
»Ich möchde Sie werben.«
Vitiello ging zwei Schritte zurück. »Mitglied einer Sekte?«
»Haben Sie edwas gegen Segden?«
»Kommt darauf an. Die Zeugen Jehovas können jederzeit zu mir kommen.«
»Wie das?«
»Sie machen ihre Betten selbst und die Zimmer sind immer picobello aufgeräumt.«
»Schön, die Welddoileddenorganisadion ist aber geine Segde. Wir haben der Noddurfd im Freien den Kampf angesagd!«
Als Alberto merkte, dass er diesem bizzaren Vortrag nicht so schnell entkommen würde und ein bisschen auch, weil Panicker ihm leid tat, nahm er an seinem Tisch Platz.

»Könnden Sie sich vorsdellen, jeden Monad einen gleinen Bedrag zu spenden?«
»Ich gebe prinzipiell keine Almosen.«
»Oh. Ich versdehe.« Und dann, wieder ohne Übergang: »Gibd es eine Ubdadion zu unserem Fall, Misder Vidiello?«
»Bitte?«
»Ein Ubdade?«
Alberto bedauerte, ihn wieder enttäuschen zu müssen. »Noch nicht. Aber Mister MacDonald und ich hoffen, Ihre Sache bald abschließen zu können.«
Nachdem Panicker das Haus verlassen hatte, nahm Alberto wieder eine Inspektion seines Zimmers vor und entdeckte die kuriosesten Dinge!

»Schick sehen Sie aus«, sagte Thomasina zu MacDonald, der weiße Hosen und ein blaues Jackett trug. »Wie so 'n Kreuzfahrtkapitän.«
Sie standen in der Küche und rüsteten sich zum Aufbruch.
»Zu freundlich von Ihnen«, nuschelte er und schloss einen Jackett-Knopf. »Ich versuche immer, mich passend zu kleiden.«
»Haben Sie echt ein Tretboot aufgetrieben?«
»Jawohl«, antwortete er stolz, »es erwartet uns zu Beginn des Kanals in Fountainbridge.«
»Wer hat Ihnen das Ding überlassen?«
»Ich habe unser Gefährt nur geliehen. Mein Dad war so freundlich, bei einem Bekannten vorstellig zu werden. Wozu hat man Verwandte, die an der See wohnen. Die Fahrt wird Ihnen gefallen. Unterwegs legen wir an und nehmen ein Curry Vindaloo zu uns.«
»Haben Sie unser Essen in dem lustigen Täschchen verstaut?« Thommie boxte ihn freundschaftlich auf den Arm.
»Sie werden sehen, dass ich alles sorgfältig verpackt habe: Curry, Joghurt, Naanbrot und Chutney.«
»Kommt Malcolm mit?«
»Warum fragen Sie?«

»Ich finde ihn lustig, Mutter auch. Wenn ich neulich Nacht richtig gehört habe, sind die beiden Turteltäubchen.«

»Sind Sie sicher, dass mein Dad die Nacht mit Ihrer Mutter verbrachte?«

»Ziemlich sicher. Wir können sie ja fragen.«

Als ob die Ernährungsberaterin darauf antwortete! Ebenso wenig wie sein Senior! Wenn es aber stimmte und die Frau noch in einem Alter wäre, in dem sie aufzupassen ... nicht auszudenken. »Wir brechen besser auf.«

»Fein«, erwiderte Thommie und klatschte in die Hände, »kann's kaum erwarten!«

Von Dean Village zum Kanalbeginn in Fountainbridge fuhren sie nur zehn Minuten. MacDonald stellte seinen Käfer in Albertos Straße ab.

»Gibt's nicht!«, sagte Thommie, als sie ausstiegen.

»Äh ja?«

»Wenn ich richtig gekuckt hab, war das Aadi, der aus dem Buongiorno Guest House da drüben schaute.«

Oha! Wieso sollte sie das interessieren?

»Jop, ist nicht so wichtig. In welche Richtung gehen wir?«

»Die Leamington Terrace entlang und nach der Kreuzung auf deren Verlängerung. Ich kann mir den Namen nie merken, obwohl ich unzählige Male schon hier spazieren ging.«

»Leamington Road.«

»Stimmt genau! Kennen Sie sich in der Gegend aus?«

»Überhaupt nicht. Hab nur mal geraten.«

Ungern gestand MacDonald es sich ein, aber ihre widersprüchliche Rede konnte er als Mensch des Wortes und der Bücher immer schlechter tolerieren. »Ist Ihnen die Geschichte des Union Canals bekannt, Miss Thomasina?«

Sie gähnte, ohne den Mund mit der Hand zu bedecken. »Nicht so ganz.«

»Nun, da helfe ich gerne aus«, sagte MacDonald und freute sich, einige Fakten einstudiert zu haben, die er der jungen Dame vermitteln konnte. »Der Kanal erstreckt sich von hier bis Falkirk.«

»Sind das die mit dem Rad?«

»Wir sprechen allgemein vom *Falkirk Wheel*, jawohl. Eine Meisterleistung schottischen Ingenieurtums. Die Szenerie auf dem Kanal ist zunächst etwas industriell. Doch anschließend werden wir überreichlich belohnt durch Aquädukte und malerische Brückchen. Es geht via Broxburn und Linithgow geradewegs bis Falkirk. Über dem Wasser erheben sich Schwäne, Reiher und Eisvögel«

»Ist ordentlich Stoff. Meinen Sie, ein Tag reicht uns dafür?« Sie sah ihn mit zur Seite geneigtem Kopf an.

Mehr als die kalte Art, in der sie antwortete, verwirrte ihn, dass sie sich immer wieder umsah. »Erwarten Sie noch jemanden, Miss Armour?«

»Nö. Aber Sie vielleicht.«

»Wen denn?«

»Ihre Frau Doktor.«

»Bestimmt nicht«, antwortete er distanziert.

»Mutter erzählt mir ganz andere Sachen.«

»Doktor Miller habe ich geraume Zeit weder gesprochen noch gesehen.« Seitdem sie, Thomasina, die Bootsfahrt für sich reklamiert hatte!

»Und Devie?«

»Bitte?«

»Haben Sie von ihr was gehört?«

»Nach dem abendlichen Anruf nicht mehr. Wollte sie mich wieder kontaktieren?«

»Weiß nicht.«

»Schauen Sie, wir sind da.« Wie immer konnte er sich nicht entscheiden, wohin das Auge schweifen sollte. Zur Brücke vor ihnen, hin zu den neuen, schicken Appartementhäusern auf der Linken oder zum Kanal, wo zahlreiche Hausboote, rot, blau oder gelb bemalt, ankerten. Sie hießen Greta, Sgian Dhub II oder Old Spot, nicht zu verwechseln mit Green Spot, dem fruchtigen irischen Whiskey.

»Wo gehen wir 'n jetzt lang?«, quengelte Thomasina. »So langsam qualmen meine Füße!«

Kein Gespür für diesen bezaubernden Ort! »Über die Brücke, dann links. Schade, dass gerade niemand den Hafen verlässt. Es hätte Ihnen gefallen, wie sie geschwenkt wird.«

»Ich kann unser Boot gar nich sehen«, sagte sie missfällig.

»Es ankert hinter der Steinbrücke da vorne.«

»Was! So weit weg?«

»Es tut mir sehr leid, aber die Kanalverwaltung sieht es nicht gerne, wenn jemand den Booten hier vorne in die Quere kommt.« Das hatte er nun zugegebenermaßen erfunden. »Wollen wir losgehen?«, fragte er wie ein Reiseleiter, dessen Charme lange verblasst war.

»Es wird uns nichts anderes übrig bleiben!«

Warum sie die Tour machen wollte, verdunkelte sich ihm mehr und mehr.

»Ham Sie was zu essen für mich, Mister Mac?«

»Ich kann Ihnen schwerlich im Gehen warmes Curry reichen. Lassen Sie uns erst in das Boot steigen und eine gewisse Strecke zurücklegen.«

»Oh, Mann! Ich kipp gleich aus den Latschen!«

»Sie haben mein aufrichtiges Mitgefühl.« Der Gourmet hielt die Thermotasche noch etwas strammer und konzentrierte sich auf die letzten Meter zum Boot. Thommie folgte ihm wie ein verzogenes Kind. »Is es noch weit?«

MacDonald blieb stehen. »Mir reicht es jetzt! Am besten, wir fahren nach Hause.«

»Nein, bitte nicht.«

»Soll das heißen, dass Sie Spaß haben?«

»Hab nie was anderes gesagt.«

Nicht mit so vielen Worten! »Sehen Sie, da vorne ankert unser gutes Stück.« Jetzt drehte MacDonald sich um. »Ich glaube, Sie haben Recht. Sieht so aus, als ob uns jemand folgt. Haben Sie eine Idee, wer es sein könnte?«

»Woher soll ich das wissen?«

»Finlay … Edgar eventuell?«

»Mann, fangen Sie schon wieder damit an? Wird schon zu einem richtigen Tick.«

»Hätte schwören können, dass er es war. Wie auch immer, ich werde den Kerl aufspüren.«

»Sie wollen mich hier alleine lassen? Nö!«

MacDonald musste zugeben, dass ein Gentleman so nicht handelte.

Die junge Frau musterte das Gefährt mit hochgezogener Augenbraue. »Passen wir da beide rein?«

Das Bötchen machte fürwahr keinen seriösen Eindruck, war weniger als zwei Meter lang und kaum breiter als zwei sehr dürre Menschen. Dad zeigte damit seinen rustikalen Humor. Es war nicht ausgeschlossen, dass er sich jeden Moment von der Brücke abseilte und »Hurrah« schrie. Gelb lackiert war das Transportmittel und verunziert mit Aufklebern wie ein Rennwagen. Einige davon erkannte er wieder. MacDonald senior liebte es, sie heimlich auf das Heck seines Käfers zu pinnen, von wo er sie dann mit viel Geduld und Reinigungsflüssigkeit wieder lösen musste. Immerhin hatte er einen Besenstiel in den Boden gerannt, der mit einem dicken Seil das Boot vom Abdriften hinderte. »Wir haben zum Einsteigen zwei Optionen, Miss Armour. Entweder ich gehe vor und reiche Ihnen die Hand. Oder ich hieve Sie zuerst rein.«

»Sie wollen über mich drübersteigen? Bin ja nicht lebensmüde. Gehen Sie mal schön vor.«

Er öffnete sein Jackett, stellte ein Bein ins Boot, das sich auf der anderen Seite hob und bei ihm tief ins Wasser glitt.

Thomasina kicherte wie ein kleines Mädchen. »Warum springen Sie nicht mit beiden Beinen zugleich rein?«

»Ob das so erstrebenswert ist …«

»Dann machen Sie es auf Ihre Tour, nur schnell. Ich hab Kohldampf.«

»Bitte, wie Sie wünschen.« Er reichte ihr das Täschchen, nahm etwas Anlauf, sprang und schrie.

»Mein Name ist Alberto Vitiello. Ich möchte mit Mister MacDonald sprechen«, informierte Alberto Miss Armour am Telefon.

»Sie sind der Kleine. Das weiß ich längst.«

»Bene! Reichen Sie ihm jetzt den Hörer.«

»Kann ich nicht.«

»Essen Sie etwa, während wir telefonieren?«

»Nur einen Dinkelkeks. Welchen MacDonald wollen Sie überhaupt?«

»Den Junior, ein bisschen schnell!«

»Sie müssen lernen, ruhiger zu werden, Vitiello. Sonst schaukelt sich Ihr Blutdruck hoch. Das Dickerchen ist außer Haus.«

»Um mir das mitzuteilen, brauchen Sie so lange?«

»Ich komme ja nicht zu Wort. Er löst sein Versprechen ein und macht mit Thomasina eine Bootstour. Lass mich doch in Frieden!«

»Come?«

»Ich sprach nicht mit Ihnen.«

»Haben Sie Herrenbesuch? Während Angus weg ist? Ist es etwa der Senior?«

»Fangen jetzt alle an, Nonsens zu reden? Warum würde ich mit Ihnen über eine eventuelle Bekanntschaft kommunizieren wollen?«

»Oh, da fallen mir viele Gründe ein.«

»Einer würde mir genügen.«

»Während Sie bei meinem Freund wohnen, sollten Sie nicht noch andere Menschen unterbringen.«

»Ha! Das machen Sie jeden Tag!«

»Wir Hotelbesitzer leben davon! Wissen Sie was, ich rufe wieder an!«

Zwei Stunden später fuhr Alberto nach Dean Village. Weil Angus noch nicht zu Hause war, blieb er im Wagen sitzen. Etwa dreißig Minuten darauf tauchte der komische Guru auf und kurz bevor Angus seinen Käfer vor dem Haus parkte, verschwand er wieder. Wie bestellt! Thomasina stieg zuerst aus und rannte ins Haus. Dann folgte MacDonald, mit klatschnassem Haar und Leichenbittermiene. »Was machst du denn hier?!«

»Mille grazie! Ich bin schon netter begrüßt worden in meinem Leben! Hast du unterwegs gebadet? Kannst dich auch schütteln, mein Seehündchen.«

»In den Union Canal bin ich geplumpst! Dads Schuld! Er hat mir ein antikes Tretboot untergejubelt.«

»Mit antik meinst du rostig?«

»Ay! Es würde mich nicht wundern, wenn er heimlich gefilmt hätte, um mir den Horrorstreifen später zu präsentieren.«

»Dein Täschchen ist noch trocken und das junge Fräulein auch …? Du bist reingesprungen und hast dabei ein Loch ins Boot getreten?«

MacDonald traten beinahe die Augen aus den Höhlen. »Messerscharf erkannt, Dottore Watson. Warst du etwa anwesend?« Angus fasste sich an die Stirn. »Sorry, Alberto, ich vergesse meine gute Kinderstube. Komm erst mal rein. Wenn ich mich abgetrocknet und eine schöne Tasse Tee getrunken habe, sieht die Welt anders aus. Es gibt auch Gutes zu berichten: Trotz dieses Desasters ist es mir gelungen, Miss Thomasina Informationen zu entlocken.«

»Zu unserem Fall?«

»Um ihr Liebesleben geht es jedenfalls nicht, haha.«

»Es hätte aber so sein können. Wie die Mutter, so die Tochter heißt es, und offensichtlich ist deine Ernährungstante keine Kostverächterin. Gerade eben hat der Schlangenbeschwörer das Haus verlassen. Aber sag das nicht deinem Dad. Sonst wird er eifersüchtig. Ich glaube, dass er sich immer noch Chancen bei Miss Armour ausrechnet.«

»Mich würde es nicht wundern, wenn morgen ein Elefant in meinem Garten säße.«

»Muuuh!«

»Ist das eine Elefantenkuh?«, fragte Alberto.

»Nein, eine gewöhnliche Rindskuh namens Fanny. Wir haben täglich frische Rohmilch und wunderbare Kuhdungbriketts. Mach doch ihre Bekanntschaft. Ich komme mit dem Tee nach.«

Vitiello ging über Wohnzimmer und Küche in den Garten, in dem ein ausgewachsenes Highland-Rindvieh lauerte! Vor Vierbeinern, die größer als er waren, hatte er einen Heidenrespekt, und diese Fanny besaß sogar spitze Hörner. Besser, er hielt sich fern, denn Maria wäre als Witwe sehr unglücklich und kaum in der Lage, das Guest House weiterzuführen.

»Hallihallo, Mister Al«, sagte Thomasina, die sich angeschlichen hatte und mit einem Badehandtuch, Handy und Kopfhörern neben ihm stand. Sie trug das knappeste Outfit aller Zeiten: ein Bikinihöschen, das kaum noch den Namen verdiente und als Oberteil ein winziges Stück Stoff. »Piacere!«, sagte er verdutzt.

»Bedeutet ›sehr erfreut‹. Stimmt's?«

»Sie sprechen Italienisch?«

»Nur so ein paar Brocken. Seid ihr jetzt im Garten?«

»Ich glaube, das war geplant.«

»Fein, ist ja genug Platz.« Sie ging zum Ende des Grundstückes, tätschelte dem Rindvieh den Kopf, legte sich einige Meter von ihm entfernt auf ihr Handtuch und verkabelte sich mit zwei Ohrhörern. Fünfzehn Grad im Schatten und die Signorina nahm ein Sonnenbad! Orkadier waren noch tougher als die Festlandschotten. Un momento, das konnte sie doch nicht wagen? In Gegenwart von einem, bald zwei Herren?! Sie zog das Oberteil aus und lag, nur mit dem Ballerinahöschen, im Gras! Angus würde bei diesem Anblick in Ohnmacht fallen! Eben jener trat nun in den Garten, ein Tablett mit einer Schwarzteekanne und Tassen in den Händen. »Miss Thomasina«, sagte er laut, »ich darf Sie darauf hinweisen, dass Mister Vitiello und ich nun am anderen Ende des Grundstücks Tee trinken. Sobald Sie also gedenken, sich auf den Rücken zu legen, bitte ich um eine kurze Mitteilung, damit wir uns abwenden können.«

Sie blieb reglos, schien ihn nicht gehört zu haben.

»Was soll ich nur tun, Alberto? Unser Gespräch ist doch vertraulich.«

»Vielleicht näher rangehen, um mit ihr zu reden?«

»Das wäre eine Möglichkeit.« MacDonald stellte das Tablett auf den Tisch und schob es in die Mitte. »Oder ich spreche etwas lauter?«

Angus tat Alberto leid, wie er von einem Fuß auf den anderen trat. »Soll ich mich darum kümmern?«

MacDonald nickte dankbar. »Es wäre mir sehr recht.«

Vitiello machte ein paar Schritte in ihre Richtung. »Ciao, Miss Thommie! Thomasina Armour! KÖNNEN Sie mich HÖREN?«, rief er so laut, dass die Kuh den Kopf zu ihm drehte und wieder klagte. Auch Thomasina wurde endlich rührig, nahm die Ohrhörer ab und neigte sich zur Seite. »Was is denn los? Stehen Sie schon lange hier?«

MacDonald schloss die Augen und Alberto sah zur Kuh. »Wir wollten Sie bitten, sich nicht zu hastig umzudrehen.«

»Okay, mache ich.«

Vitiello hob beide Daumen in die Luft. »Siehst du, Angie, es geht doch.«

»Wenn du mich noch einmal Angie nennst, sind wir geschiedene Leute!«

»War doch nur ein Witz.«

»Alberto!« Angus bebte vor Zorn. »Es ist genug! Ich bin sehr zufrieden mit meinem Vornamen.«

Thomasina drehte sich um. »Was ist denn? Ham Sie gerufen?«

»Lass uns reingehen«, meinte MacDonald. »Hier kommen wir nicht weiter.« Er stellte Kanne und Tassen auf das Tablett und trug alles in die Küche.

Alberto wäre gerne noch ein wenig im Garten verweilt, folgte ihm aber. »Allora, was kannst du berichten, Angus Thinnson?«

MacDonald schloss das Fenster.

»Ist das nicht ein wenig übertrieben?«

»Wir können nicht vorsichtig genug sein. Mehr als einmal habe ich erlebt, dass Thomasina plötzlich neben mir stand. Ihre Frau Mutter ist nicht besser.«

»Oho! Sind die beiden nun unsere Hauptverdächtigen?«

»Höre und staune: Thomasina hat kein gutes Haar an Miss Devasree gelassen.«

Alberto pfiff durch die Zähne.

»Genau! Sie sagte, die junge Frau veränderte sich sehr und habe ein symbiotisches Verhältnis mit dem Vater.«

»So hat sie sich ausgedrückt?«

»Sie hat von Inzest gesprochen! Nun ist es raus!«

»Das macht überhaupt keinen Sinn. Warum will sie dann diesen Finlay heiraten?«

»Die beiden habe ich, sieht man von einer Photographie ab, nie zusammen gesehen, erinnere mich aber gut an die schmatzenden Küsse, welche die junge Dame ihrem Herrn Papa aufdrückte. Thommie hat auch betont, dass Miss Devasree sehr geldorientiert sei.«

»Umso mehr müsste sie sich vom verschuldeten Gemüsehändler fernhalten. Und warum sollte Devasree die Pathia-Soße versalzen?«

»Vielleicht hatte sie Streit mit ihrem Vater und will ihn ärgern. Dazu würde auch passen, dass sie vorgibt, diesen Finlay heiraten zu wollen.«

»Aber wenn Panicker nun zustimmte?«

»Erstens sieht es nicht danach aus und zweitens könnte sie dann immer noch einen Rückzieher machen. Ich wünsche mir jedenfalls, dass Thomasina und … Finlay mit ihrem Dabbawallah-Service bald Erfolg haben. Hätte ich doch nur gewusst, was für ein Chaos in meinem Haus entsteht! Jetzt verstehe ich, wie du dich mit manchen Gästen fühlst.«

»So wie sich das anhört, sehnst du dich sehr nach dem Junggesellendasein. Apropos: Vielleicht ist Panicker bei mir eingezogen, weil seine Frau vom Inzest etwas mitbekam. Keine Sorge, ich werde dir mit deinem Problem helfen.«

»Wie denn bitte?«

»Lass mich nur machen. Hat Thommie gesagt, warum Devasree ihrer Meinung nach mit diesem Finlay zusammen ist?«

»Sie gab mir wieder irgendeine Ausflucht. Warte, wenn ich die junge Dame auf frischer Tat erwische, kann sie etwas erleben!«

»Angus, du kannst ihr nicht vorschreiben, mit wem sie ein Techtelmechtel haben darf.«

»Aber ich darf erwarten, dass ich nicht ständig an der Nase herumgeführt werde!«

»D'accordo. Kann ich dir erzählen, was ich mit Mister Panicker erlebt habe?«

»Sicher nichts Gutes«, erwiderte MacDonald sarkastisch.

»Abgesehen davon, dass er im Frühstücksraum einen Handstand machte, hortet er in seinem Zimmer exotische Salzsorten.«

»Vielleicht experimentiert er für eine neue Soße. Das kann doch sein.«

Alberto winkte ab. »Zudem hat er mir von der Welddoileddenorganisadion und seinem Wunsch erzählt, dass alle Inder ein WC ins Haus bekommen. Er ging mich sogar um eine Spende an. Es ist alles reichlich kurios.«

»Wie sehr hoffe ich, mich verhört zu haben. Für derartige Themen fehlt mir der Sinn. Alberto, ehrlich gesagt, habe ich keine großen Ambitionen mehr, an dem Fall zu arbeiten.«

»Mir geht es ebenso.«

»Nein! Devies Geheule könnte ich nicht aushalten!«

Vor Angus und Alberto stand Thomasina oder eher ihre spärlich bekleidete Zwillingsschwester, denn wie sollte jene sich unbemerkt in die Küche begeben haben?

MacDonald hatte weder versprochen weiterzuermitteln noch abgelehnt. Nach dem Gespräch mit Alberto begab er sich offiziell früh zu Bett, um auf verdächtige Geräusche zu achten. Natürlich war es albern, aber immer noch besser, als in ständiger Ungewissheit zu leben. Er wollte Miss Thommie und diesen Finlay auf frischer Tat ertappen und zum Reden bringen. Also drückte er ein langes, schmales Glas gegen die Wand zum Nachbarzimmer. Bislang waren alle Versuche, die Verdächtigen zu stellen, gescheitert, weil er vorher einschlief. Heute sollte es nicht anders ablaufen: Sobald er sich hinsetzte, weder schrieb noch las, klappten ihm die Augen zu. Irgendwann fiel er vom Stuhl und schleppte sich schmerzgekrümmt in sein King-Size-Bett. Der nächste Ton, den er hörte, war morgens ein langgezogenes »Pong!« Ein wüster Mensch schlug die Haustür zu. Finlay verließ das Haus! Er warf den Bademantel über und kam sich so langsam wie ein Schauspieler in einer schlechten Posse vor. Als er die Tür zum Wohnzimmer öffnete, wünschte er sich, an einem anderen Ort zu weilen: auf Skye, in den Highlands oder auf den Orkneys, nur nicht in seinem Haus. »Dad, was machst du denn hier?« Noch wichtiger: Warum saß auf seinem Schoß die Diplom-Ökotrophologin? Keinesfalls würde er ihm die Genugtuung geben und über den Bootsunfall berichten!

Malcolm MacDonald prostete ihm mit dem Flachmann zu. »Wir trinken ein Schlückchen, denn …«

»… zweieinhalb Flaschen pro Woche sorgen für eine unerschütterliche Gesundheit.«

»Schlaumeier! Aber was wir trinken, weißt du nicht!«

»The Famous Grouse natürlich.« Wenn Malcolm das körperinhärente Eichmaß überschritten hatte, ließ sein Gedächtnis nach und die Augen glänzten. »Was sonst?«

»Eben! Setz dich zu unserer fröhlichen Runde.«

Miss Armour löste sich aus seiner Umarmung und verließ das Zimmer. Etwas Anstand besaß sie also noch, dachte MacDonald. »Hast du hier übernachtet, Dad?«

»Hey, wir wollen nicht persönlich werden!«

»Es ist eine simple Frage.«

»Von mir aus! Aber auf Antwort kannst du lange warten.« Er nahm einen kräftigen Schluck und schüttelte den Flachmann. »Wie sieht es mit deiner Bar aus?«

»Bitte was?«

»Versteckst du die Flaschen immer noch in der Leibgarde?«

»Mein Tresor heißt Leibwächter.«

»Mir doch egal! Bin durstig!«

»Darf ich dich darauf aufmerksam machen, dass es erst neun Uhr ist?«

»Ay! Musst du heute nicht arbeiten?«

»Wie sollte das gehen?« Angus verdrehte die Augen.

»Die Lassies? Sei doch froh, dass du was Knackiges im Haus hast!«

»Dad! Deine Sprache lässt zu wünschen übrig.«

»Kommt von meinem trockenen Hals!«

»Wenn du es genau wissen willst: Ich schreibe an einem Buch über indische Currys.«

»Gibt es auch andere?«
»Aber ja: afrikanische, kreolische, malaische ...«
»Okay. Hab verstanden. Wie sieht es mit neuen Kriminalfällen aus?«
MacDonald schüttelte den Kopf.
»Schäm dich, Anguslein! MacDonalds lügen nicht. Aus seriöser Quelle weiß ich, dass du für einen indischen Businessman ermittelst.«
»Wer zum Teufel hat dir das gesagt? Es war die alte Armour, nicht wahr?«
»Bei der Jungen würde es dir nicht so viel ausmachen. Stimmt's?«
»Zwischen uns gibt es gar nichts! Thomasina könnte meine Tochter sein.«
»Komisch nur, dass ich ganz andere Dinge höre. Pass auf, Sohn. Vor diesem Panicker musst du dich in Acht nehmen.«
»Was weißt du über ihn?«
»Rate drei Mal. Ich wohne in North Queensferry und er in South Queensferry! Der Typ hat sie nicht alle.«
»Nur weil er Handstände macht?«
»Davon weiß ich nichts. Aber er versucht, seine Konkurrenten mit allen Mitteln aus dem Geschäft zu drängen.«
»Hast du Beweise? Oder sind es nur Gerüchte?«
»Würde mal sagen: so dazwischen.«
MacDonald ächzte. »Du zeichnest dich wieder durch Übergenauigkeit aus, Dad.«
»Dieser Inder hat dich angeheuert, damit du ihm hilfst, Konkurrenten rauszudrängen!«
»Galoppierende Phantasie!«
»Überleg mal: Er schickt ein Bauernopfer vor. Jemanden, der manipulierte Soßen ins Regal stellt. Dann kommst du, entdeckst den Ganoven, machst Publicity dazu und schon geht sein Absatz hoch.«
Angus staunte wieder über die Kombinationsgabe seines Vaters. »Ich bin Journalist und kein PR-Berater. Zudem spreche ich mit niemandem über meine Fälle.«

»Stimmt nicht. Einmal hast du sogar einen Artikel für den ›Scotsman‹ geschrieben.«

»Zur Entlarvung einer bösartigen Sektenchefin und ohne Vertrauliches aus Klientengesprächen preiszugeben! Drittens möchte Mister Panicker doch Aufsehen vermeiden.«

Sein Dad schüttelte den Kopf. »Erzähl mir mal, in welchen Supermärkten komische Gläschen auftauchten.«

»Nun«, druckste MacDonald herum, »hauptsächlich bei Waitrose.«

»Aber ich bin angeblich ungenau! Wo noch?«

»Sainsbury's!«

»Thank you very much! Du bist ein echter Detektiv-Profi. Hast du selbst Gläser mit verdorbener Soße entdeckt?«

»Nein! Mister Panicker hat uns davon erzählt.«

»Haha, das ist gut!«

»Ich meine es ernst«, erwiderte Angus launisch.

»Habt ihr die Supermärkte überwacht?«

»Wir sind nur zwei Detektive. Allein die Waitrose-Filiale auf der Morningside Road hat an sieben Tagen geöffnet, insgesamt 88 Stunden, und es ist eines von vielen Geschäften.«

»Na, siehst du!«

»Was soll ich sehen?«

»Dir fehlt eine kundige Kraft im Team, mein Junge.«

»Dad, fang nicht wieder damit an!«

»Reg dich ab. Dann sag ich dir auch, was ich noch weiß.«

»Alleine kann ich über die Erweiterung unseres Teams nicht entscheiden.«

»Soll das heißen, der Römer ist wichtiger als ich?«

»Alberto kommt aus dem Friaul.«

»Was ist jetzt mit einem schönen Tropfen?«

»Ich mache uns gerne Schwarztee, wenn du mit in die Küche kommst.«

»Dein ewiger Tee kommt mir schon zu den Ohren raus! Wo ist die Lassie geblieben?«

»Das entzieht sich meiner Kenntnis, bin ich doch nur Mitglied einer befremdlichen Wohngemeinschaft.« Als Angus die

Küchentür öffnete, blieb ihm nur ein Sekundenbruchteil, es zu bedauern …

*»A canna sell the cou an sup the milk.«*

Man kann nicht den Kuchen haben und aufessen.

# Angus MacDonald will einfach nur seine Ruhe!

»Anguslein, aufwachen! Dann gibt es einen schönen Dram.«

»So lange sage ich schon, dass er die Ernährung umstellen muss!«, zeterte Miss Armour. »Es ist, als ob man einem Tauben predigt.«

MacDonald lag auf dem Küchenboden und gedachte, wenn die beiden so weiterplapperten, nicht allzu bald zu vollem Bewusstsein zu kommen.

»Was genau ist denn passiert?«, fragte die Diplom-Ökotrophologin.

»Hab's dir doch erklärt, Lass. Mein Kleiner ging vor mir in die Küche und kippte aus seinen Plüschhausschuhen.«

»Ohne dass er zuvor etwas zu sich nahm?«

»Yes, yes und für den Fall, dass du mich noch mal nervst: yes!«

»Manchmal nascht er zwischendurch Süßes«, erklärte sie, »aber ich dachte, alle geheimen Depots entdeckt zu haben. Sollen wir es mit Riechsalz probieren?«

»Hab keine Ahnung, was das ist! Hast du den Schlüssel zum Tresor, Lass? Wenn der Junge an Alkohol schnuppert, wacht er auf.«

»Nennen Sie mich nicht immer Lass! Für meinen Vornamen muss ich mich nicht schämen!«

»Bekomme ich eine Antwort, Grizel?«

»Ich habe keinen Schlüssel für die Leibgarde! Dass Ihr Sprössling dort Alkohol versteckt, vermutete ich jedoch!«

»Wieso? Hast du Kameras installiert? Ich sehe mal, ob ich aus der Grouse-Flasche ein paar Tropfen quetschen kann.«

Bevor er die Armour auf noch dümmere Gedanken brachte, wachte MacDonald lieber auf. »Hallo! Ich bin wieder da!«

MacDonald senior und Miss Armour waren gleichermaßen erstaunt.

»Warum haben Sie das Bewusstsein verloren?«

»Eine überflüssige Frage! Schauen Sie sich nur den Trümmerhaufen Ihrer Tochter an! Mein Herd starrt wieder vor Dreck, die besten Töpfe kann ich verschrotten und meine zwei liebsten indischen Kochbücher sind ruiniert! Das mache ich nicht mehr mit!«

»Hatte er das schon als Kind?«, fragte Miss Armour.

»Wieso? Benötigen Sie die Information für meine Personalakte?«

»So ist es.«

»Bei allen schottischen Whiskyfässern! Sie und Ihre Tochter sollten ausziehen.«

»Das wollen Sie nicht«, antwortete Miss Armour bedrohlich.

»Ein Zusammenleben mit Ihnen beiden ist meiner Gesundheit nicht förderlich!«

»Anguslein, beruhig dich wieder. Ist es alles nicht wert.«

Miss Armour strich sich über ihren Polyacrylpulloverärmel: »Ich darf Sie an das Versprechen erinnern, das Sie Karen gaben.«

»Was ist los?«

»Sie gelobten, abzunehmen und mich hier wohnen zu lassen.«

»Wo die Lassie recht hat, hat sie recht, Kleiner. Das hast du gesagt und musst jetzt dafür geradestehen.«

»Es ist nicht zu fassen, Dad. Zuerst verschweigst du mir sachdienliche Hinweise zu meinem Fall, und nun verbündet ihr euch auch noch! Ich verlasse das Gebäude!«

»Es wäre für alle Beteiligten einfacher, wenn Sie gestehen, Mister … Edgar!« MacDonald war zum Planet Veggie gerast und hatte sich auf die indische Begrüßung, Handflächen vor der Brust, nicht eingelassen. Jetzt wurde schottisch Tacheles geredet!

Edgar wiederum hatte diesen Gentleman völlig anders eingeschätzt, mehr als sanftes Lamm denn wilden Stier. Gut, dass sich keine Kunden im Geschäft aufhielten. Geschrei gefiel niemandem. »Es ist mein Wille zu helfen, Mister MacDonald, bin ein großer Bewunderer Ihrer Werke«, sagte er ruhig.

»Verwüsteten Sie meine Küche?«

»Keineswegs. Wie kommen Sie darauf?«

»Haben Sie ein Verhältnis mit Thomasina?«

Edgars Mitarbeiter kam mit einer Gemüsekiste vom hinteren Lagerraum und machte, als er den aufgebrachten Dickwanst erblickte, schleunigst kehrt.

»Es ist kompliziert ...«

»Erleuchten Sie mich! Meine Gabe, Erstaunliches zu hören, kennt heute keine Grenzen.«

»Kann ich mich darauf verlassen, dass Sie unser Gespräch vertraulich behandeln?«

»Jawohl, können Sie.«

»Thommie und ich wollen einen Dabbawallah-Service aufziehen.«

»Ich habe nichts dagegen, solange mein Mobiliar und meine Bücher unversehrt bleiben. Beziehen Sie größere Mengen Pathia-Soße?«

»Was soll das nun wieder heißen?«

»Es ist eine hinreichend einfache Frage! Panickers Butler bringt Ihnen die Gläschen kartonweise?«

»Eine Bekannte von mir isst sie gerne!«, sagte Edgar. »Wir brechen kein Gesetz. Es sind Gläschen mit unsauberen Etiketten. Aadi Panicker will, dass alles auf dem Müll landet. Der hat sie doch nicht alle!«

»Ihnen leuchtet ein, dass Sie die Soße weder als Ihre eigene ausgeben noch im Geschäft verkaufen dürfen?«

»Sie verstehen das nicht. Der Dabbawallah-Service soll eine Überraschung für Devasree sein, weil doch ihr alter ... Herr denkt, ich hätte nichts auf dem Kasten. Wir wollen ihm zeigen, dass er sich täuscht.«

»Haben Sie ein Verhältnis mit Thomasina oder nicht?«

»Mister MacDonald, Sie haben nicht das Recht, mir intime Fragen zu stellen. Eines sage ich Ihnen aber: Bei den Panickers stimmt so manches nicht.«

MacDonald wartete noch einen Moment. Doch der Gemüsehändler schwieg sich aus. »Pardon, ich wollte Ihnen nicht zu nahe treten, Mister Edgar. Wären Sie bereit, mir zu erklären, was die Familie umtreibt?«

»Wie meinen Sie das?«

Nun war es beschlossene Sache: Er musste einen Satz Wörterbücher erwerben und bei Bedarf austeilen, denn eine Vielzahl seiner Mitmenschen operierte nur noch mit dem Basiswortschatz! »Sie sagten doch gerade, bei der Familie stimme etwas nicht …«

Edgar zögerte »Devasree ist durch den Wind, weil ihr Vater sie … ist doch alles egal.«

»Geht die Mutter Ihrer Verlobten fremd?«

»Indische Familien waschen ihre schmutzige Wäsche im eigenen Haus.«

»Bei uns in Schottland ist es nicht anders.«

»Wissen Sie was, fahren Sie doch bei Devasree vorbei und machen sich selbst ein Bild.«

»Da war ich bereits«, entwich es MacDonald.

»Aber doch nicht heute, oder? Wenn Sie sonst keine Fragen mehr haben … Ich bin etwas in Eile! Herzlichen Dank für das tolle Gespräch!«

Weil dieser … Edgar ihn abermals bat, seiner Verlobten und deren Familie nichts vom Dabbawallah-Service zu berichten, erhärtete sich MacDonalds Verdacht, dass er eine enge Beziehung zu Thomasina hatte. Als er die Tür seines Käfers aufschloss, kam ihm die Idee, noch ein wenig zu observieren. Im roten Wagen wäre das zu auffällig. Schritt zwei des cleveren Detektivs: geeignete Deckung suchen. Der Kleinbus einer Klempnerfirma unweit des Geschäftes kam wie bestellt. Ein Glück, dass Alberto nicht dabei war. Er hätte die Handwerker gefesselt und in die Villa Buongiorno verfrachtet. Damit niemand etwas argwöhnte, simulierte MacDonald ein bedeutendes Gespräch. Ein Hoch auf mobile Telefone! Vor ihrer Erfindung war es wesentlich schwieriger, einen unbedarften Eindruck zu machen. Kurz darauf tauchte Thomasina, weitgehend bekleidet, mit dem

Rennrad ihrer Mutter auf. Zu gerne hätte er gehört, was die beiden zu besprechen hatten. Sie war in großer Eile und bereits wenige Minuten später rannte sie zu ihrem Gefährt zurück, einen Karton mit Panickers Pathia-Soße tragend. Die legte sie in den Anhänger und strampelte davon. Mehr als wahrscheinlich würde sie Panickers Soße für ihren Dabbawallah-Service verwenden. Die jungen Leute hatten dieser Tage keinen Respekt vor geistigem Eigentum. Bücher wurden kopiert oder fotografiert, CDs illegal gebrannt und Lebensmittel verwendet, ohne den Urheber kenntlich zu machen. MacDonald fuhr, weil er ohnehin in Mayfield war, zu Kaphi und beobachtete die Villa. Bereits zehn Minuten später trat Mrs Panicker mit dem Guru aus dem opulenten Haus. MacDonald hätte die beiden natürlich zur Rede stellen können, aber Madame würde sich ausschweigen und er über die Geschichte der Bienen und ihre Kinderchen dozieren! Es sah so aus, als ob Kaphi die Dame loswerden wollte. Beruflich oder privat? Oder beides? Er zückte ein Blatt Papier und streckte es Mrs Panicker wie einen Fehdehandschuh entgegen. Sie las, drückte sich die Hand auf den Mund, sagte nichts. Kaphi faltete das Papier, ein Brief wahrscheinlich, und steckte es wieder ein. Mrs Panicker verließ ihn, stumm.

Wenn Maria merkte, dass er sich wieder in Panickers Zimmer aufhielt, würde sie zum feuerspeienden Drachen mutieren, oder, schlimmer noch, dem Buongiorno Guest House den Rücken kehren. Laut Anwesenheitstafel im Erdgeschoss hatte der Inder das Haus vor einer halben Stunde verlassen und Maria spielte ihr wöchentliches Bingo. Freie Bahn für wackere Detektive! Alberto klopfte an die Tür. Zu Beginn seiner Karriere als Hotel-Besitzer hatte er zu sehr darauf gebaut, dass alle Menschen verlässlich waren und die Tafel benutzten. Häufiges Resultat: ein Mann oder eine Frau standen nackt vor ihm. So recht wusste Alberto nicht, was er in dem Raum zu finden hoffte. Beim Eintreten stolperte er über einen riesigen Bastkorb! Sein »porca miseria« war noch am Ende der Straße zu hören. Was hatte Panicker mit Äpfeln zu schaffen? Rote, gelbe, grüne, dicke, dünne, große und kleine! Er nahm einige in die Hand, roch daran und drückte sie leicht. Es war gewöhnliches Supermarkt-Obst, zum Spiegeln gewachst und von pestizidverseuchten Bäumen. Alberto wanderte zum Waschbecken. Soßenflecken! Er tupfte sie auf ein Taschentuch und roch daran. Pathia-Soße. Schon wieder! So langsam wollte er mit dem Zeug nichts mehr zu tun haben. Jetzt könnte er Mister Dinwiddies Hilfe gebrauchen. Vielleicht hatte er beobachtet, was Panicker damit veranstaltete. Seitdem er ihm verboten hatte, mit dem Gewehr durchs Haus zu wandeln, ließ der Herr sich nicht mehr blicken. So eine Mimose! Ah, auf dem Nachttisch lag eine Ledermappe mit Dokumenten! Es war sicher nicht in Ordnung, private Unterlagen anzusehen. Doch die Mappe befand sich unübersehbar auf dem Nachttisch. So als ob der Inder eine Inspizierung wünschte. Ohne weiter nachzudenken, griff er danach. Ein Testamentsentwurf, noch nicht notariell beglaubigt. Molto interessante ... poing! Das Geräusch kam aus dem Garten. Alberto verstaute das Papier in der Mappe und legte sie wieder auf den Nachttisch, in dieselbe Position. Als Detektivprofi wusste er, dass misstrauische Menschen auf so etwas achteten. Poing! Oiirk! Poing! Oiirk! Um Himmels willen, das war Charles! Weil er schwerlich aus dem Zimmer seines Gastes in den Garten sehen konnte, rannte er nach unten, zwei Stufen auf einmal nehmend. In der Küche schnappte er sich das große Hackmesser. Heiliger Bimbam und Verderben dem, der sich an seinem Fasan vergriff! Mister Panicker stand dicht am Haus, mit einer Armbrust bewaffnet. Am Ende des Grundstücks, unmittelbar vor Charles' Gehege, hatte der Inder zwei Latten in seinen schönen Rasen gerammt und ein Brett darauf genagelt. Auf dem standen Gläschen mit Pathia-Soße. »Mister Panicker, hören Sie sofort auf damit!«

»Dogdor Spiegel-Ei, wie freue ich mich. Gehd es Ihnen gud?«

Wieso nur redete der Mann so exdravagand? Es war doch nicht schwer, den Buchstaben T zu verwenden. Hin und wieder ein K und ein P sollten auch kein Luxus sein. »Mein armer Charles bekommt noch einen Herzinfarkt, wenn sie so weitermachen!«

»Oh, oh. Das war nichd meine Absichd! Isd er so schregghafd?«

»Wenn Sie mit Pfeilen auf ihn schießen!«

»Aber ihn habe ich doch nichd im Visier, nur die Gläschen. Seien Sie dessen versicherd.«

»Das weiß doch Charlie nicht!«

»Er had also Angsd vor Bfeilen. Wie meine Frau! Wollen Sie, dass ich mit ihm rede, ja?«

»No, will ich nicht. Sie bauen auf der Stelle Ihre Schießbude ab und verlassen den Garten. Mein schöner Rasen! Wie sind Sie überhaupt nach draußen gelangt?«

Der Fabrikant zeigte zu seinem Zimmer, von dem ein dickes, stabiles Seil in den Garten führte.

»Haben Sie den Nagel in die Hauswand geschlagen?!«

»Nadürlich. Ich mussde mein Seil an etwas befesdigen. Machen Sie sich geine Sorgen, denn ich gomme für alle Unannehmlichgeiden auf. Ein Bogenschüdze muss in Form bleiben.«

»Es gibt Ihnen nicht das Recht, in meine Privatsphäre einzudringen.«

»Misder Vidiello, Ihnen will ich sagen: In meinem Leben hield ich mich schon in vielen Hodels auf, und immer war es gesdadded, das Grünareal zu bedreden.«

»Sie wohnen in einem Guest House, das von den Eigentümern geführt wird, und um den reibungslosen Betrieb zu gewährleisten, müssen wir uns regelmäßig zurückziehen können.«

Panicker machte ein hoffnungsfrohes Gesicht. »Badderien aufzudangen, ja?«

MacDonald senior war kein feiger Mann. Doch überflüssigen Ärger wollte kein Mensch, und die Lassie war nun mal ein Gesundheitsapostel, wie er selten einen getroffen hatte. Saure Ananas zum Frühstück. No, thank you! Von so was bekam der Magen Läuse! Aber eine Gemeinsamkeit hatten sie endlich ausgemacht, haha … Sie betonte, dass ihre kleine Affäre nichts Dauerhaftes sei, als ob er in seinem Alter einen Pfifferling drauf gäbe! Jeder Tag konnte der letzte sein! Griselda wollte unbedingt bei seiner Ermittlung dabei sein. Ein Auto besaß sie nicht und mit dem Fahrrad nach South Queensferry zu strampeln, war selbst ihr zu anstrengend. Also schlug er vor, sie abzuholen. Das konnte sich, wenn er sie später wieder in Dean Village absetzte, lohnen ... Nach dem Breakfast hatte er einen Dram Famous Grouse gekippt, wegen der guten Verdauung. Seit ihrer gemeinsamen Fahrt in die Highlands wusste er, dass sie »diesen Schnapsgeruch« verabscheute. Als er das Auto vor dem Haus des Kleinen einparkte, warf er deshalb noch ein kräftiges Pfefferminzbonbon ein. Die Lassie trug einen Trenchcoat über ihrem Polyacrylpullover.

»Lieutnant Columbo läßt grüßen.«

»Wer ist das?«, fragte die Armour.

»Du weißt nicht, wer Columbo ist?«

»Ein Bekannter von Ihnen, Mister MacDonald?«

»Haha, du bist gut. Brauchst mich übrigens nicht immer so steif ansprechen.«

»Wenn ich es unterlasse, entsteht eine zu große Vertrautheit, und das möchte ich verhindern.«

»Weiber!«, sagte Malcolm und ging zum Wagen.

»Was war das?«

»Der Tag fühlt sich heute nach Altweibersommer an.«

»Oder nach Altmännersommer!«

»So was gibt's nicht.«

»Dann führen wir es im Zeichen der Emanzipation ein.«

»Von mir aus. Kommst du jetzt?«

»Was rieche ich denn da?«, fragte sie beim Einsteigen.

»Es wird der Wagen sein, verliert hin und wieder ein bisschen Öl.«

»Nein, Pfefferminz. Malcolm, so langsam mauserst du dich!«

»Jetzt mal ernsthaft. Wer hat dir den Mottenfänger geschenkt?« Malcolm startete den Wagen, der spuckte und ruckweise losfuhr.

»Bitte nicht so rasen. Da wird mir immer schlecht.«

»Keine Sorge, hab Medizin dabei.« Er klopfte auf seine Brusttasche mit dem Flachmann.

»So weit käme es noch, dass ich am Vormittag Whisky konsumiere! Der Mantel gehörte übrigens meinem Vater! Er hat ihn selten getragen.«

»Das lob ich mir. Ich hab noch eine gute Lederjacke von 1968!«

»Wo ermitteln wir, Malcolm?«

»In South Queensferry. Werden uns im Supermarkt auf die Lauer legen.«

MacDonald sah zu ihr, verzog das Lenkrad und rammte dabei fast die Leitplanken. »Also, weshalb trägst du den Fummel?«

Miss Armour legte sich die Hände auf den Kopf. »Der Trenchcoat dient meiner Tarnung! Ist es zweckmäßig, dass wir in South Queensferry ermitteln?«

Ermitteln war ein Wort, das die Lass gerne benutzte. Das war ihm schon aufgefallen. »Ich erklär's dir. Der Typ wohnt hier. Wenn er manipulierte Soßen ins Regal stellen lässt, dann im örtlichen Supermarkt.«

»Es wäre sehr unklug, ein Verbrechen da zu begehen, wo man wohnt.«

»Woher weißt du, dass der Typ schlau ist? Außerdem ist es seine Soße. Was sollte das Verbrechen sein?«

»Sie Spaßvogel! Ein Betrug an den Menschen, die versalzene Produkte erwerben!«

»Richtig! Gut, dass ich dich mitgenommen habe. Zusammen sind wir ein unschlagbares Team. Mein Riecher sagt mir, dass wir in South Queensferry richtig liegen.«

»Ist es ebenfalls ein Waitrose-Supermarkt?«

»Na! Zu teuer! Unsereins geht zu Tesco. Da krieg ich das Gleiche für weniger Geld, Kleine.«

»Nein! Das geht zu weit. Lassie, Lass oder auch mein verniedlichter Vorname, aber nicht Kleine!«

»Das Schöne an Tesco hier ist, dass es immer Parkplätze gibt«, sagte Malcolm knapp eine halbe Stunde später und wedelte sich die frische Seeluft zu.

»Man sollte nicht meinen, dass Sie am anderen Ufer wohnen!«, meinte Miss Armour.

»Ob du's glaubst oder nicht, die Luft riecht hier anders. Willst du deinen Columbo-Fummel nicht im Auto lassen?«

»Wenn ich das wollte, würde ich es tun! Gehen wir?«

»Aber ja. Mir nach.«

Miss Armour wunderte sich über die seltsame Ausbuchtung in seinem Jackett. Links trug er seinen Flachmann. Was also konnte sich auf der anderen Seite befinden? Eine Reserveflasche mit Schnaps? »Sollten Sie nicht etwas zurücklassen, Malcolm? Bedenken Sie, dass wir ein Geschäft betreten.«

»Nein, jetzt komm endlich!«

Sie zogen, um nicht aufzufallen, in entgegengesetzter Richtung durch den Supermarkt, zwei Mal, drei Mal, immer an den Soßen vorbei. Irgendwann blieb MacDonald am Getränkeregal stehen.

»Schöne Aussicht?«, fragte die Armour spöttisch.

»Hä?«, antwortete Malcolm gedankenverloren, denn eine gut gebaute Angestellte des Marktes räumte Bierdosen in ein Regal.

»Ich dachte, wir interessieren uns für indische Fertigsoßen?«

»Nicht so laut, Mann!«

»Frau!«

»Zimperliese«, raunzte MacDonald senior.

»Das reicht mir jetzt! Die Manieren haben Sie nicht erfunden. Ich warte im Wagen!«

»Ay, ich sag's ja. Du bist viel zu dünnhäutig.« Dass die Weiber immer alles so kompliziert machen mussten. Sollte sie eben im Auto hocken. Ein echter Detektiv gab nicht so schnell auf! Er drehte unbehelligt seine Runden: Gut aussehende Männer verdächtigte man nicht. Etwa eine Stunde später, er wollte schon mit der Lassie in den Pub gehen, geschah es dann. Eine Frau im Trenchcoat betrat den Supermarkt. Sie wanderte umher, nahm hier und dort einen Artikel aus dem Regal. Dennoch hatte er den Eindruck, dass sie ihr Ziel bereits kannte. Bei den indischen Speisen geschah es, flotter Griff in linke und rechte Manteltasche: zwei Gläschen mit Pathia-Soße! Jackpot! Malcolm zauberte einen Gegenstand aus der Jackentasche und musste sich bremsen, um nicht loszurennen. Die Lassie machte noch eine halbherzige Runde und ging dann nach draußen. Er holte sich die beiden Gläschen und brachte sie zur Kasse.

»Sir, holen Sie sich bitte noch eines.«

»Was ist los?«

»Wer zwei Gläschen dieser Soße kauft, bekommt das dritte geschenkt.«

»Ich will aber nur die beiden!«

Der Kassierer hielt ihn für extrem schwierig, blieb aber höflich. »Es ist natürlich Ihre Entscheidung, Sir.«

»Genau so ist es!« Beschwingt ging er zum Wagen und stieg ein. »Hi, Lass, hier bin ich. Hast du deine Doppelgängerin rauskommen sehen?«

»Ich verstehe nicht, was Sie meinen.«

Malcolm starrte sie an. »Wo ist dein Trenchcoat?«

»Den habe ich einer Bedürftigen geschenkt.«

Bislang hatte sie ihn noch nie angelogen. Wenn sie die Soßentauscherin kannte, wäre es dann nicht ohnehin klüger gewesen, von der Aktion abzuraten, anstatt ihr den alten Mantel in die Hand zu drücken?

»Sind deine Weiber wieder ausgeflogen?«, fragte Alberto seinen Freund.

Angus lachte. »Natürlich, wenn sie hier wären, würde man allerlei grobe Geräusche vernehmen.«

»Muäär!!!«

»Schon sind meine Worte Makulatur. Ist die alte Armour nicht anwesend, blökt stellvertretend ihre Kuh!«

»Willst du nicht mal nach dem Tier schauen? Vielleicht hat es Hunger.«

»Alberto, wenn ich nach dem Rindvieh sähe, dann nicht zu seinem Vergnügen, sondern unter kulinarischen Gesichtspunkten! Nun, was soll das Testament Panickers bedeuten?«

»Non lo so! Ich konnte ihn ja wohl kaum darauf ansprechen.«

»Weil du in seinen privaten Dokumenten gestöbert hast!«

»Das brauchst du gar nicht mit solch bedrohlichem Unterton zu sagen. Den hat bereits meine liebe Frau gepachtet.«

»Konzentrieren wir uns auf den Fall. Panicker will der Conservative Party zehn Millionen Pfund vermachen, ja?«

»So steht es im Testament.«

»Eine zweite Partei bekommt lediglich drei Millionen?«

»Du hast alles richtig verstanden. Bravo!«

»Die zweite Partei könnte aus Familienmitgliedern bestehen.«

»Aber wer? Er hat zwei Söhne, eine Tochter und eine Frau.«

»Vielleicht wird durch vier geteilt und jeder bekommt 750.000 Pfund.«

»Incredibile! Den dicken Batzen schleudert er einer Partei in den Rachen!«

»Wenn man so sagen will.«

»Bist du etwa ein Fan der Konservativen?«

»Wie du sehr gut weißt, schlägt mein Herz für unser Land und damit für die Scottish National Party.«

»Du und deine Unabhängigkeit! Das wird nie etwas werden. Ich kann mich noch genau erinnern, wie ich vor zwanzig Jahren in Edinburgh einen Porcini-Kongress besuchte. Mister *Salmond* hatte im Stockwerk darunter eine Versammlung mit seiner SNP. In der Teepause habe ich den Herrn auf dem Flur getroffen und ihm die Meinung gesagt: Schotten wollen in Abhängigkeit leben, siehe auch euer verlorenes Referendum.«

Nicht zum ersten Mal erzählte Alberto ihm diese Geschichte und so blieb Angus gefasst. »Für mich stellt sich die Frage, warum Panicker als loyaler Bürger South Queensferrys das Geld nicht der SNP spendet.«

»Weil die ihn nicht adeln können!«

»Möglich. Doch wohnt er seit Jahrzehnten in Schottland. Eine gewisse Verbundenheit mit unserem Land sollte man voraussetzen können.«

»Ich tippe auf die Ehefrau, Angus. Sie hätte allen Grund, ihm Knüppel zwischen die Beine zu werfen. Der Alte buttert sie in der Firma unter, hat wahrscheinlich eine Geliebte und wenn sie dann noch sein Testament gesehen hätte, wäre der Ofen aus.«

»Wenn du deine Sprache weiter mit Gastronomischem anreicherst, bekomme ich Hunger.«

»Oder deine kleine Miss Armour steckt dahinter, Angus.«

»Thommie ist nicht meine kleine Miss Armour! Ich habe gestern Edgars Geschäft observiert und …«

»Was! Wieder ohne mich?«

»Es steckte kein böser Wille dahinter, mein Freund. Die Gemengelage in meinem Haus veranlasste mich dazu.«

»Du hast einen Tapetenwechsel gebraucht?«

»So ist es. Thommie war kurz im Planet Veggie und kam mit einer Kiste Pathia-Soße von Mister Panicker herausspaziert.«

»Sind sie manipuliert?«

»Um das sagen zu können, müsste ich wissen, wo Thommie sie versteckte. Zudem habe ich einen Streit zwischen Doktor Kaphi und Mrs Panicker beobachtet.«

»Doch nicht im Planet Veggie?«

»Nein, vor Kaphis Villa. Es hatte den Anschein, als ob er die Dame loswerden möchte. Um auf dein Erlebnis zurückzukommen: Nach der Episode mit der Armbrust zu schließen, scheinen Mister Panicker alle guten Geister verlassen zu haben. Du bist sicher, dass er das nicht nur gespielt hat?«

»Ich habe doch gesehen, wie er auf Soßengläschen schoss! Charles bekam fast einen Schlaganfall! Darf ich dich außerdem an Panickers Handstand im Gästeraum erinnern? Und die Eier! Immer wieder seine gekochten Eier!«

»Ich weiß. Verflixt, auf die Art können wir noch Wochen spekulieren. Wir benötigen mehr Fakten, eindeutige Beweise.«

»Wenn der Inder spinnt und seine Soßen selbst schädigt, wäre das kein Verbrechen gegen gutes Essen und Trinken.«

»Mein guter Freund, da kann ich wieder nicht zustimmen. Seine Pathia-Soße ist ein Gedicht. Wer auch immer sie boykottiert, ob wissentlich oder im Wahn, begeht ein Verbrechen im Sinne meines Vereins Full Food.«

»Klären wir den Fall auf, bekommst du deine vierte goldene Bratpfanne, giusto?«, fragte Vitiello schelmisch.

»Wie du sehr gut weißt, geht es mir nicht um schnöde Medaillen!«

»War das eben die Haustür? Ich glaube, deine Damen sind zurück.«

»Das befürchte ich auch.«

»Hallo, Kleiner«, sagte MacDonald senior. »Ihr streitet wie ein altes Ehepaar. Dachte, du bist schon verheiratet, Römer?«

»Friaul, nicht Rom. Ich komme aus dem Friaul!«

»Mach dir nix draus, kann jedem passieren.«

»Dad, ich sage es sehr ungern, aber wir sind mitten in einer wichtigen Besprechung.«

»Geht es um den Fall?«

»Also, äh …«

»Anguslein, schon als Kind warst du ein schlechter Lügner. Ich werde euch aus der Klemme helfen.«

»Sehr fürsorglich, Dad. Aber wir kommen zurecht.«

»Hat sich aber ganz anders angehört!«

»Sag bloß, du hast wieder gelauscht?«

»Ein Detektiv ist immer im Dienst.«

»Das ist mein Spruch!«

»Lass ihn doch erzählen, Angus.«

»Danke, Mister Vitiello. Ich habe mich in South Queensferry auf die Lauer gelegt.«

»Du warst hoffentlich nicht bei Mister Panicker?«

»Was gibt es zu trinken? Die Seeluft hat mich wahnsinnig durstig gemacht.«

»Famous Grouse ist mir leider ausgegangen!«

»Schwindler. Den kaufst du doch nie. Schande über dich, deinen Dad zu vernachlässigen. Nimm dir ein Beispiel an William.«

»Bitte nicht wieder das Loblied auf meinen unfehlbaren Bruder!«

MacDonald wusste, dass sein Dad ohne Whisky weder seine Geschichte erzählen noch jemals das Haus verlassen würde, gab es doch genügend Präzedenzfälle. Er ging in den Keller und hievte eine Flasche Cutty Sark aus dem Leibwächter. Als er zurückkehrte, hatte Alberto bereits drei Scotchgläschen auf den Tisch gestellt. MacDonald hielt seinem Vater die Flasche vor die Nase wie ein Sommelier. »Genehm, der Herr?«

»Ay! Wurde aber auch Zeit! Also, spitzt die Ohren, ihr beiden. Heute Morgen habe ich die Lassie abgeholt. Wir sind zusammen zu Tesco in South Queensferry gefahren, sie in einem Columbo-Trenchcoat und …«

Alberto gähnte.

»Ich kann auch nur trinken, ohne zu sprechen!«

»Scusi, ich bin es nicht gewohnt, tagsüber Spirituosen zu trinken.«

»Warum hast du nicht an deinem Wohnort eingekauft, Dad?«

»Noch so ein Schlaumeier, was? Weil euer Mister Panicker in South Queensferry wohnt. Mein Riecher sagte mir, dass ich bei Tesco richtig liege.«

Angus und Alberto rückten ihm ein Stück entgegen.

»Ay, jetzt hört ihr endlich zu. Griselda hat bald schlapp gemacht. Ich observationiere also alleine, drehe meine Runden im Supermarkt und nach einer Weile kommt so eine Kleine. Hat einen Columbo-Mantel an wie die Armour. Zieht aus jeder Manteltasche ein Gläschen Soße und stellt sie ins Regal.«

»Pathia-Soße?«, fragte Angus.

»Für wie dämlich hältst du mich?«

»Sorry, Dad.«

»Entschuldigung akzeptiert.«

»Noch etwas«, setzte Angus nach, »Miss Armour trug den gleichen Trenchcoat?«

»Vielleicht sogar denselben! Darf ich bitte zu Ende erzählen? Ay? Thank you very much! Im Auto hatte die Lass den Mantel angehabt und als ich zurückkehrte nicht mehr.«

»Das heißt, sie könnte der Frau den Mantel gegeben haben?«, wollte Alberto wissen.

»Sie behauptet, ihn einer Vagabundin geschenkt zu haben. Die kreuzte angeblich nachher noch mal im Pub auf. Kann natürlich Zufall sein.«

MacDonald wusste, dass er die fehlenden Teile des Erzählpuzzles erfragen musste. »Ihr seid nach der Observation noch einen trinken gegangen?«

»Irgendwann muss auch der härteste Mann die Toilette aufsuchen. Als ich zurückkam, war die Lassie nicht mehr da. Du schaust so hoffnungsfroh, Sohn. Sie wird aber nicht ins Meer geweht worden sein, ist ja ordentlich was dran an ihr. Der Bartender, den ich gut kenne, sagte mir, dass Griselda in der Tat mit einer Frau im Trenchcoat redete. Sie verließen gemeinsam den Pub.«

»All das geschah, während du auf einem gewissen Ort warst?«

»Der Toilette! Ay!«

Alberto hielt es nicht mehr länger aus. »Können Sie die Dame beschreiben?«

»Nur die vom Supermarkt.«

»Sind die beiden nicht identisch?«

»Wenn Armour die Wahrheit sagte, sind es verschiedene Damen«, erklärte Angus.

»Nun, Dad? Wie sieht sie aus?«

Malcolm trank sein Glas leer und hielt es seinem Sohn hin. »Gibt es eine neue Füllung für einen durstigen Mann?« Er knöpfte seine Jacke auf und zog zwei Gläschen Pathia-Soße hervor. »So, hier sind sie. Probieren müsst ihr, und beschreiben werde ich die Person nicht.«

»Dad!«

»Mister MacDonald!«, sagte Alberto, seinen Freund unterstützend.

»Ich sag's ja: wie ein altes Ehepaar. Hol mal deinen tragbaren Computer, Anguslein. Ich hab dir eine E-Mail gesendet.«

Alberto haute mit der Faust auf den Tisch. »Dein Dad bringt mich heute ins Grab! Erzählen Sie doch bitte ein anderes Mal, welches schottische Sprichwort in der Mail steht.«

»Gar keins, du kleiner Riese. Hab ein Bild von der Lassie gemacht.«

*»Gut nae fish till ye get them.«*

Man soll den Tag nicht vor dem Abend loben.

# Wie alles endet

»Du kennst die Frau?«, fragte Malcolm in MacDonalds Käfer. Er hatte darauf bestanden nach South Queensferry mitzukommen und Alberto musste sich in den Fond quetschen.

»Ma certo, aber sicher«, sagte Alberto.

»Dich hat keiner gefragt, Kleiner.«

»Wir haben eine Vermutung, Dad.«

»Was soll das heißen?«

»Nun, das Foto ist etwas unscharf. Aber die anderen Indizien, Farbe der Augen und Haare, geben Hoffnung.«

»Kann man wohl sagen. Die Lassie ist hübsch. Würde sie gerne mal ohne den dicken Mantel sehen.«

»Dad!«

»Was denn? Ist doch nur männlich! Nicht wie du und deine Frau Doktor.«

»Hackst du jetzt auch noch auf mir herum?«

»Oho, da hab ich ein Minenfeld betreten! Tschuldigung.«

»Mein Leben ist im Moment extrem kompliziert.«

»Molto difficile«, sagte Alberto, »bei mir auch.«

»Bin ich nun ein guter Detektiv oder ein guter Detektiv?«

»Nur eines von beiden, Mister MacDonald.«

»Hä, was ist los?«

»Könntet ihr beiden Streithähne bitte an euch halten? Wir sind fast da.«

MacDonald senior reckte den Hals. »Wir müssen bei Tesco nachermitteln und du bist dran vorbeigefahren!«

Den Ausdruck hatte sein Vater wohl in einer Serie im Pantoffelkino aufgeschnappt. »Ich bezweifle, dass uns das weiterbringen würde.«

»Da mosert ihr über mein Foto und seid selbst zu bequem, euch auf die Lauer zu legen! Hab's mit zwei Schmalspurdetektiven zu tun.«

»Die Frau auf deiner wunderbaren Aufnahme könnte Mister Panickers Frau oder Tochter sein. Da wir schon mal in der Gegend sind, fahren wir zum Haus der Familie.«

»Hab mir gleich gedacht, die Lass ist Südländerin, so wie der Mann auf dem Sperrsitz.«

»Meinst du, die Leute sind überhaupt zu Hause?«, fragte Alberto.

»Ich würde sagen, hoffen darf man immer. Oder fällt dir etwas Besseres ein?«

»No, assolutamente no.«

»Gehen wir der Sache auf den Grund!«

»Hey, wie bei *Taggart*!«, meinte Malcom.

»Hab ich es doch gewusst«, sagte Angus.

»Hä?«, grunzte Malcom.

»Ist nicht so wichtig. Gentlemen, bewahren Sie bitte die Façon.«

»Dad, könntest du im Wagen warten?«, fragte Angus vor Panickers Haus.

»Kommt nicht in Frage! Von mir hast du doch die Spur!«

»Einverstanden, aber versprich mir, ruhig zu sein.«

»Sei froh, dass ich mitkomme! Den Langhemden ist nicht zu trauen!«

»Das sagt Mister Dinwiddie auch immer«, meinte Alberto.

»Wer ist Dinwiddie?«, erkundigte MacDonald senior sich beiläufig.

»Mein Hausgepenst, ein ehemaliger Raj.«

Malcolm drehte den Zeigefinger neben der Stirn. »Die Raj sind schon lange ausgestorben.«

»Unverschämtheit, ich bin nicht verrückt!«

»Aber das sagt doch niemand, mein Freund. Ich darf noch einmal um äußerste Konzentration bitten, meine Herren.« Sein Vater salutierte und Alberto nickte finster. Das sollte ihm unter den Umständen genügen. »Wie General Eisenhower am sechsten Juni 1944 zu seinen Männern am englischen Strand sagte: Let's go.«

»Wie wäre es mit ›Whit's fur ye'll no go past ye‹?« als Leitspruch, Anguslein?«

Alberto sah fragend zu Angus, der übersetzte: »Was passiert, passiert!«

Ein Schrei im Garten brachte endlich Besinnung in MacDonalds Detektivgruppe. »Nein, ich sage die Wahrheit! Binde mich los!«

»Wir kommen offensichtlich zur rechten Zeit!«

Das Trio schlich zur Rückseite der Villa. Die literarisch Beschlagenen unter ihnen wussten, dass eine Szene aus »Wilhelm Tell« dargeboten wurde: Mrs Panicker war an den Gartenzaun gefesselt. Anstelle eines Apfels befand sich ein Gläschen Pathia-Soße auf ihrem Kopf. Der Fabrikant stand beim Haus, ungefähr zehn Meter entfernt, mit seiner Armbrust. Die Pfeile, die er bereits abgeschossen hatte, hingen unglücklich geknickt im Zaun. Sein Diener hielt eine Golftasche mit dem Rest der Munition. Devasree saß auf einem Stuhl bei ihrem Vater, ebenfalls gefesselt.

»Mister Panicker«, rief MacDonald, »so hören Sie bitte.«

Der Inder drehte sich um, die Armbrust auch.

»Wären Sie so lieb, Ihre Kriegswaffe zu senken?«

»Nein, die Wahrheid muss ans Lichd!«

»Ich verstehe und bin auf Ihrer Seite.«

Panicker senkte die Waffe. »Sorry, Misder Donald. Es war nichd so gemeind.«

»Es ist alles meine Schuld«, sagte Mrs Panicker.

»Ich höre, meine Gaddin.«

»Die Soßen habe ich verunreinigt. Immer nur geht es um DEINE dumme Pathia-Soße! ICH habe sie erfunden! Anstatt mir zu danken, suchst du dir eine kleine Freundin!«

»Wenn du das glauben möchdesd ... Hasd du deshalb eine Liaison mit Gabhi begonnen?«

Mac nickte erfreut, weil das elegante Wort Liaison verwendet wurde. Als er sich der Dramatik der Situation wieder bewusst wurde, hüstelte er verlegen.

»Das weißt du?«

»Schon lange! Habe ihn überzeugd, mit dir zu brechen. Ein Brief genügde! Ich hädde ihn ruiniert! Meine Gondagdbersonen wardeden nur auf grünes Lichd. Du bisd enderbd! Mein Vermögen deile ich under der Conservadive Pardy und unseren Kindern auf. Ich habe dir in den vergangenen Wochen mehr als eine Chance gegeben, die Wahrheid zu sagen. Aber nichd einmal durch die Arbeid der Dedegdive ließesd du dich einschüchdern. Nur deine große Angsd vor Pfeilen brachde dich zum Reden, was gud isd, denn ich mussde es von dir hören. Ehrlich währd am Längsden. Warum nur hasd du deinen Fehler nichd zugegeben?«

»Als ob du dich nach einer Beichte geändert hättest, Aadi!«

»Genug, ich kann dir nichd mehr drauen.«

»Dad, bitte nicht«, flehte seine Tochter.

Panicker ließ sich einen weiteren Pfeil reichen. Malcolm und Alberto, Männer der Tat, hatten geahnt, dass dieser Inder nicht ablassen würde, und sich entfernt. Als sie mit seinem dickem Picknickteppich zurückkamen, eilte Angus der Dame zu Hilfe und stellte sich mit ausgebreiteten Armen vor sie. »Mister Panicker, halten Sie ein. Wenn einer Ihrer Pfeile trifft, kommen Sie wegen vorsätzlichen Mordes ins Zuchthaus!«

»Misder MacDonald, ich darf Sie höflich auffordern, zur Seide zu dreden, sodass ich meiner unangenehmen Bflichd nachgommen kann. Es isd reinsde Familiensache.«

»Gestatten Sie uns bitte, anwesend zu sein, haben wir doch Ihr Leiden einige Zeit mitverfolgt.«

»Gud, Sie gönnen bleiben. Aber gehen Sie einen Schridd zur Seide bidde.«

Während sie redeten, beobachtete Angus seinen Dad und Alberto, die unbemerkt hinter den Fabrikanten und das Faktotum getreten waren. »Drei«, rief Malcolm und warf mit Vitiellos Hilfe den großen, schweren Teppich über beide Männer, die zu Boden fielen. Einer von beiden schrie grässlich. Man konnte nur hoffen, dass es keine schwere Verletzung war. Malcolm trat gegen das amorphe Bündel.

»Dad, nicht so grob!«

»Bullshit, solche Typen haben es nicht anders verdient! Wehrlose Frauen anzugreifen!« Malcom sah zu Alberto, der auf sein Kommando wartete. »Jetzt, Vitiello!«

Der zog die Decke weg und riss die Armbrust an sich. Im Bein des Dieners steckte ein Pfeil. »Hilfe, zu Hilfe!«

»Angus, ruf einen Krankenwagen für diesen Wicht. Aber vorher befreist du die Lassies!«

Die Ambulanz traf zwanzig Minuten später ein und versorgte auch Mutter und Tochter. Beide litten unter einem Schock. Der Diener schrie und jammerte. »Was für ein Weichling«, schimpfte Malcolm und schlug auf die rückseitige Tür des Wagens als Kommando für den Fahrer. »Zu meiner Zeit hat man wegen eines Pfeilchens kein Aufsehen gemacht!«

»Damals bei William Wallace«, meinte Alberto.

»Ay, so ist es!«

Aadi Panicker lehnte erschöpft an der Hauswand und tat MacDonald fast leid. »Ihre Aktion hätte fatal ausgehen können, Sir.«

»Wie meinen Sie das?«, fragte der Inder traurig.

»Sie setzten Ihre Tochter und Gattin großer Gefahr aus.«

»No, no! Ich bin ein ausgezeichneder Schüdze und dreffe mein Ziel immer.«

»Die Pfeile im Zaun waren also beabsichtigt?«, fragte Malcolm.

»Selbsdverständlich, meine Familie bringe ich niemals in Gefahr. Ich wollde nur sichersdellen, dass meine Gaddin mir alles erzähld. Darf ich fragen, wer Sie sind?«

»Malcolm MacDonald schimpfe ich mich. Bin der Vater von Angus.«

Der Fabrikant drückte ihm wie ein Politiker mit beiden Händen die Rechte. »Sehr erfreud, Sie kennen zu lernen.«

»Ihre Frau hat also bei Waitrose, Sainsbury's und Tesco Gläschen vertauscht und Sie wussten es, ließen sie aber gewähren?«

»Yes.«

Alberto intervenierte: »Wie konnten Sie wissen, dass nicht in zu vielen Geschäften verunreinigte Soßen deponiert wurden?«

»Gud gefragd, Dogdor Spiegel-Ei. Als die ersden schlechden Gläschen aufdauchden, sah ich mir regelmäßig die Bänder aller Supermärgde an, die meine Ware in Edinburgh führen. Dang meiner langjährigen Gondagde war das möglich. Die Herrschafden machen gudes Geld mit meinen Brodugden. Meine Frau isd ein sehr bequemer Mensch. Es lag auf der Hand, dass sie die Sdad nicht verlassen würde.«

»Warum haben Sie bei mir übernachtet, Mister Panicker?« Vitiello hoffte, dass es wegen seines Knowhows in Sachen Spiegeleier war.

Angus stöhnte.

»Weil ich die Heuchelei meiner Frau nicht mehr erdragen gonnde. Auch hield ich Sie für einen inderessanden Menschen.«

»Ist das wahr?« Alberto grinste breit in Malcolm MacDonalds Richtung.

»Aber ja, Herr Dogdor, Sie sind mit einem Gesbensd begannd!«

MacDonald glitt die Konversation zu sehr ins Private und bevor Alberto fragen konnte, ob Panicker auf Dinwiddies historische Rezepte aus war, schritt er ein. »Was wird nun aus Ihrer Familie, Mister Panicker?«

»Oh, das isd völlig glar. Von meiner Frau lasse ich mich scheiden.«

Malcolm war noch nicht zufrieden: »Warum haben Sie Detektive beauftragt, wenn Sie ohnehin alles auf eigene Faust klärten?«

»Nun, ich wollde unbedingd die Beichde meiner Gaddin. Sie Dedegdive solldden durch Ihre Arbeid eine Drohgulisse aufbauen, sie ängsdigen.«

»Unser Job wäre viel einfacher gewesen, wenn Sie uns Bescheid gesagt hätten!«, meinte Alberto.

»Verzeihen Sie bidde. Ich bin es nichd gewohnd, in einem Deam zu arbeiden. Sonsd wäre ich auf die Bidde meiner Dochder, sie zu engagieren, auch gleich eingegangen.«

Stattdessen durften er und Alberto ein Bollywoodmovie für ihn nachstellen, dachte Angus! In diesen Filmen waren die Rollen von Held und Übeltäter überaus klar, so wie auch das Ende der Handlung. Spannend blieb für den Zuschauer eher, wie die Helden sich durchsetzten!

»Haben Sie keine Sorge, dass Ihre Gattin Sie anzeigt?«, fragte MacDonald senior.

»Oh nein, so etwas machen wir nichd.«

»Bemerkten Sie auf den Aufnahmen auch Kaphi?«, erkundigte MacDonald sich.

»No, no, der Mann überlässd Schmudzarbeid anderen.«

»Über ihn haben Sie auch Erkundigungen eingezogen?«

»Was blieb mir übrig?«

»Jetzt verstehe ich, warum Kaphi mich und Mister Vitiello ausspionierte.«

»Er wollde wissen, was Sie herausbegommen haben«, erklärte Panicker, »befürchdede, dass meine Frau auch ihr Verhäldnis zugibd, sobald sie des Soßenverbrechens überführd wird. Was für ein Angsdhase.«

»Warum hat er nicht versucht, Ihre Frau vom Versalzen der Soßen abzubringen?«, fragte Malcolm.

»Gude Frage! Vielleicht machde er das ja.«

»Die Gemüsekiste von Planet Veggie bestellten Sie?«, wollte Angus wissen.

»So isd es. Als mein Dangeschön. Weil Sie doch kein Honorar wollden.«

»Vielleicht auch, um mich auf Finlay Edgar aufmerksam zu machen?«, fragte der Gourmet lächelnd.

Panicker legte sich die Hand aufs Herz. »Sie haben mich auf frischer Dad erdabbd, Sir. Ich halde den Herrn für einen Dunichdgud. Und Sie?«

»Mir gibt zu denken, dass er ein inniges Verhältnis mit einer Freundin Ihrer Tochter hat. Zudem könnte es sein, dass er vorhat, Ihre Firmeninterna auszuplaudern.«

»Ich wussde es! Der Bursche wollde spionieren und sein Wissen meisdbiedend vergaufen. Danach hädde er sich aus dem Sdaub gemachd.«

»Kannten Sie Edgar schon vor Ihrer Tochter?«

»Misder MacDonald, Sie sind ein glänzender Dedegdiv. Ja, er bewarb sich vor einiger Zeit bei uns. Mir war glar, dass er noch nie eine solide Ansdellung über längere Zeit durchhield, unabhängig von seinen fingierden Underlagen. Ich hädde noch eine letzte Bidde.«

»Ja?« Die Frage, die MacDonald befürchtet hatte ...

»Könnden Sie meiner Devasree Ihre Bedengen middeilen? Wenn ihr alder Herr das dud, isd die Wirgung nichd dieselbe.«

»Mit detektivischer Arbeit hat das aber nichts zu tun, Sir.« Panicker sah ihn flehentlich an.

»Mein Vorschlag wäre, dass Sie es selbst versuchen. Sie können sich gerne auf mich berufen. Ich denke, Ihre Tochter zweifelt ohnehin an der Solidität des Bräutigams.«

»Wenn Devasree Sie aber dabeihaben wollde?«

»Dann stehe ich Ihnen natürlich jederzeit zur Verfügung.«

»Soll das etwa heißen, die Hochzeit findet statt?«, fragte Thomasina Angus am folgenden Morgen.

Deshalb hatte sie also bei ihm geklopft, obwohl der Hinweis »Bitte nicht stören« an der Tür hing. Devasree musste sie angerufen haben. »Es liegt im Bereich des Möglichen«, erklärte MacDonald. Das würde die Miss aus der Reserve locken!

»Wieso hat Aadi sich jetzt dazu entschlossen?«

»Weil der Vorfall seine Tochter sehr mitnahm und er sie trösten möchte? Immerhin kann verunreinigte Soße jetzt nicht mehr als Grund fungieren.«

»Aber Finlay liebt sie nicht, will nur mich!«

MacDonald legte sich die Hand auf den Nacken. »Miss Thomasina, das wird mir zu kompliziert. Zu Ihren Gunsten schlägt zu Buche, dass Sie sich von Miss Devasree erweichen ließen, mich für den Fall zu bezirzen. Die Lösung des Falls war aber nicht in Ihrem Sinne und deshalb lieferten Sie mir lückenhafte Informationen!«

»Hä?«

»Ich bin auch mehr als empört, dass Sie Ihre gute Freundin mit dem Bräutigam betrügen! Doch das müssen Sie mit Ihrem Gewissen ausmachen. Verstehen Sie denn nicht, dass der junge Mann Sie mit dem Dabbawallah-Service nur an der Nase herumführt?«

»Was, wieso?!«

»Nun, er scheint Ihre … Gesellschaft zu mögen.«

»Mann, oh, Mann, Sie sind aber ein Moralapostel.«

»Haben Sie mit Mister Panicker auch ein Verhältnis?«

»Was? Mit dem alten Knacker? Jetzt geht's aber los!«

Immerhin kannte sie viele Details des Falls und hatte sich in Fountainbridge gewundert, dass Panicker bei Alberto wohnte. »Es tut mir leid, aber Sie müssen bitte ausziehen.«

»Wer sagt das?« Griselda Armour trat ins Zimmer und hielt mit Siegergeste ein Fax hoch. Die Verkörperung von Mister Chamberlain, als er von seinem Besuch bei Hitler zurückkehrte! Nur dass Miss Griselda eher Nachricht vom Krieg brachte.

»Ist es eine weitere schottische Weisheit meines Dads?«

»Nein! Die Waddells schrieben. Ich bekomme grünes Licht für Ihre Ayurveda-Diät. Tandoori, Briketts, alles abgesegnet.«

Augenblick, dachte MacDonald, hatten die Herrschaften vergessen, wer die Sache finanzierte. »Wie ist das denn passiert?«

»Ich habe einfach nicht nachgegeben und sie immer wieder kontaktiert, bis die Zustimmung eintraf.«

»Sie waren an der Universität?« Das höfliche Ehepaar hätte dann einiges an Spott über sich ergehen lassen müssen.

»Nein, ich habe die Sache telefonisch geregelt.«

Malcolm stolperte im Pyjama auf den Flur und sah ins Arbeitszimmer seines Sohnes. »Bei dem Höllenlärm, den ihr macht, kann kein Mensch schlafen. So, jetzt gehe ich zur Leibgarde und ermittle spirituell.«

»Mein Safe heißt Leibwächter und ist abgeschlossen!«

»Macht nix. Hab die Kombination.«

»Um Gottes willen!« MacDonald trat hektisch von einem Bein aufs andere.

Miss Armour hielt ihn am Ärmel fest. »Moment mal, mein Herr!«

»Nicht jetzt. Dad ist im Begriff, wichtige Forschungsunterlagen zu vernichten.«

»Erstens: Thommie wohnt weiter hier, sonst platzt unser Projekt und wir wissen, was Karen dazu sagen würde. Zweitens meine Frage: Verfügen Sie über einen Jogging-Anzug?«

»Weiß nicht! Muss ich schauen, Miss Armour!« Doch zuvor würde er Senior folgen. Mit seiner Vorliebe für The Famous Grouse, einem guten Blend, aber eben keinem Single Malt, wusste er dessen noch feinere Aromen nicht zu würdigen. Er selbst hatte nach dem Aufstehen geduscht und sich mit einem Becher Tee sofort an die Arbeit gemacht. Das rächte sich nun, denn ohne ein Frühstück setzten sich seine hundertundfünfzig Kilo nur mühsam in Bewegung. »Dad!«, rief er beim Betreten des Kellers. Zu spät! Er hörte eine Flasche »plopp« sagen, als sein Vater den Bügelverschluss öffnete. »Aber den doch nicht!« Malcolm hob die Flasche an den Mund und schluckte. Trinken konnte man das nicht nennen!

»Schmeckt okay«, sagte er lapidar.

»Okay nennst du das? Es ist ein vorzüglicher Hopfengin von Eden Mill in St. Andrew's!«

»Was? Hopfen im Gin??«

»Es ist kein Zufall, war doch die Bierbrauerei vorher da. Dass wir aus Gläsern degustieren, hast du wieder vergessen?«

»*Tak tent!* Ist was für Frauenzimmer. Ein echter Mann trinkt aus der Flasche.«

»Wir sind keine Cowboys, zollen den Produzenten Respekt und bemerken Wacholder, Koriander, Lakritz, natürlich auch Hopfen …«

»Lass mich in Ruhe mit deinem geschwollenen Gerede! Hab dir geholfen, den Fall aufzuklären.«

»Wie hast du überhaupt den Schlüssel gefunden?«

»MacDonald! Wird das heute noch etwas?«, rief Miss Armour vom Anfang der Kellertreppe.

»Geh, Kleiner, deine Ernährungstante steht unter Dampf.«

»Meine Tante und deine Freundin!«

Angus marschierte auf den Feind im eigenen Haus zu. Big Miss Armour erwartete ihn in der Haltung, die sie so liebte, mit verschränkten Armen und den vielen Falten auf der Stirn. Sie trug eine Jogginghose mit zwei Streifen und dazu den Polyacrylpullover. Er musste seinen Dad bei Gelegenheit fragen, ob sie ihn zumindest des Nachts ablegte. »Ich gehe nur kurz nach oben und kleide mich um, Miss Armour.« Eine halbe Stunde später erschien er wieder im Erdgeschoss, in einem Trainingsanzug, den er in der Jugendzeit erworben hatte.

»Hoho! Viel Platz haben Sie in dem Fummel ja nicht. Los geht's!«

Das Lachen würde ihr noch vergehen! »Wo wollen Sie denn mit mir hin, Miss Armour?«

»Lassen Sie uns erst einmal den Bau verlassen.«

»Joggen wir doch am Fluss entlang.«

»Warum ausgerechnet da?«

Eine Frage, auf die er vorbereitet war. »Sie kennen den Weg nicht? Mit seinen vielen Steigungen erfordert er viele Kalorien. Schmal ist er auch. Das heißt, unsere Geschicklichkeit wird erprobt.«

»Sehr gut, das machen wir«, sagte sie und eilte voran.

»Miss Armour, wieso bloß würdigen Sie die Schönheit meines Viertels nicht?«

»Was ist los?«

»Dean Village hieß einst The Village of the Water of Leith und war eine autarke Gemeinde, berühmt für Weberzeugnisse und Backprodukte.«

»Wieder einmal geht es ums Essen!«

»Nennen Sie mir ein Edinburgher Viertel, das malerischer ist!«

»Ich komme von den Orkney-Inseln!«

»Eine denkbar friedliche Atmosphäre: Hohe, elegante Backsteinhäuser, schmale Gassen, Kopfsteinpflaster und der Fluss Leith. Die Zeit könnte Jahrhunderte zuvor stehen geblieben sein.«

»Los, schneller!«

Sie hatten kaum zehn Minuten zurückgelegt, als MacDonalds Plan aufging, denn wegen Baumsägearbeiten war ihnen der Rest der Strecke verwehrt.

»Das gibt's doch nicht«, schimpfte die Armour. »Wussten Sie davon?«

Es missbehagte MacDonalds Gewissen, aber hier war eine Notlüge unvermeidbar. »Nein, Miss Armour.«

»Also gut, dann rennen wir dieselbe Strecke immer wieder vor und zurück.«

»Bitte was?«

»Sie haben mich gut verstanden.«

Angus' mobiles Telefon machte sich bemerkbar. »Einen Moment bitte. Was? Das darf doch nicht wahr sein! Selbstverständlich, ich komme sofort. Nicht einmal meinen Jogginganzug werde ich ablegen.«

Alberto erwartete seinen Freund prustend. »Mein Anruf muss ein Schock für dich gewesen sein. Wo du mich doch darum gebeten hast, hihi!«

»So kann ich nicht mehr leben, Alberto! Wieder und wieder erzählt sie mir vom Verdauungsfeuer. Was soll das nur sein? Und dann will sie wissen, ob ich scharfes Essen vertrage! Wo ich mehrfach den *Killercurry-Wettbewerb* gewonnen habe! Hör mal, du hast doch kürzlich von einer möglichen Vertreibung der Damen gesprochen?«

»Ma si, signore. Wollen wir mit dem Herrn reden?«

»Äh, gerne. Wenn er zugegen ist ...«

Alberto lächelte verschmitzt. »Bin gleich zurück.«

Angus hatte keine Ahnung, wen sein Freund ihm vorstellen wollte, blieb im Wohnzimmer der Vitiellos sitzen und genoss die Einsamkeit.

»Allora, hier ist er!«

»Wer bitte?«

»Unser Mitbewohner und inzwischen auch guter Freund. Oder? Das kann man doch sagen?«

MacDonald griff sich an die Stirn. »Alberto, mit wem redest du da?«

»Mit Mister Dinwiddie natürlich.«

»Aber hier ist niemand.«

»Sagen Sie das nicht, Mister MacDonald.«

»Unfassbar!«, rief Angus. Vor ihm stand ein etwa siebzigjähriger Gentleman, mit weißem Hemd, weißer Hose, schwarzer Krawatte, blauem Frack und hellbraunen Wildlederstiefeln. »Sind Sie ein echter Raj?« Es konnte nur eine Halluzination sein. Die vielen Aufregungen der letzten Zeit forderten ihren Tribut!

»Werde es nicht verleugnen.« Dougal Dinwiddie hatte gekräuseltes, rotblondes Haar und einen feinen Oberlippenbart.

»Alberto, du übst dich nach langen Jahren der Abstinenz wieder in der Zauberei?«

»Soll das heißen, Sie zweifeln meine Existenz an? Albert, das muss ich mir nicht bieten lassen! Ich ziehe mich in meine Räumlichkeiten zurück.«

»Un momento. Er hat es bestimmt nicht so gemeint.« Vitiello sah zu seinem Freund.

Wenn es einer von Albertos Tricks war, warum hatte er Maria dann nicht auf die gleiche Art von Dinwiddies Existenz überzeugt? Wollte er sie im Glauben lassen, übergeschnappt zu sein? Aber warum? Kaum war der Fall geklärt, türmten sich neue Hindernisse auf! Das Einfachste war, er spielte die Klamotte mit. »Ich habe es nicht böse gemeint.«

»Hat er sich entschuldigt?«, fragte Dinwiddie.

»Jawohl, habe ich«, erwiderte MacDonald. Ein Jammer, dass sein Dad nicht dabei war. Der hätte sich prächtig unterhalten. Mit Albert und einem Geist!

»So ist also alles in Ordnung«, sagte Vitiello. »Mister MacDonald freut sich, dass Sie ihm behilflich sein wollen.«

»Kann er nicht für sich selbst sprechen?«

»Doch, doch. Ich bin nur … etwas durcheinander. Ein Gespenst hatte ich mir anders vorgestellt.«

»Dieses … Wort ist so entsetzlich wie Geist! Erwarteten Sie, dass ich mir ein Bettlaken über den Kopf ziehe?«

»Um ganz aufrichtig zu sein …«

»No, no, das denkt er bestimmt nicht«, unterbrach Vitiello ihn. »Angus, ich habe Mister Dinwiddie vom Fall erzählt.

Er spricht gerne mit uns darüber, kennt sich mit den Langhosen gut aus.«

»Langhemden!« Dinwiddie nickte. »Nur zu, MacDonald, frage mich.«

»Thank you. Da wäre die Geschichte mit dem Obst in Panickers Zimmer. Er hat einen ganzen Korb mit Äpfeln im Guest House, schießt aber in Albertos Garten auf Soßengläser. Zu Hause nimmt er dann erneut Soße. Wie sollen wir uns das erklären?«

»So sind sie halt, die Burschen, unlogisch. Vergessen Sie es, MacDonald.«

»Einverstanden.«

»Was haben Sie sonst noch auf dem Herzen?«

»Ich wüsste nicht, was ich, äh …«

»Die Armour, Angus!«

»Natürlich, ja. Ich habe einen Hausdrachen, den ich loswerden möchte, mitsamt Tochter.«

»Hoho! Sie haben einen Hausdrachen anstelle eines Hausgespenstes«, erwiderte Dinwiddie.

MacDonald wusste nicht so recht, was er mit dieser Bemerkung anfangen sollte. Er erwartete ohnedies, dass die Zaubernummer jeden Moment aufflog. »So ist es, Mister Dinwiddie. Griselda Armour, Ernährungsberaterin, macht mir das Leben zur Hölle. Entschuldigung, das war nicht persönlich gemeint.«

»Ist schon gut. Wie kann ich helfen?«

»Vielleicht indem Sie Mutter und Tochter gehörige Schrecken einjagen?«

»Wieder so ein Geisterklischee!«

»Angus, wie kannst du nur so etwas sagen!«

»Wir hatten doch darüber geredet«, jammerte MacDonald.

»Du teilst seine Vorurteile, Albert? Ich bin schwer enttäuscht!«

»No, no! Das ist alles ein Missverständnis. Angus, so hilf mir doch.«

»Also gut, ich will meine Bitte reformulieren. Mister Dinwiddie, könnten Sie mir in irgendeiner Form dabei helfen, meine Mitbewohnerinnen aus dem Haus zu befördern?«

»Überhaupt kein Problem. Rufen Sie einfach an.«
»Verfügen Sie denn über einen Telefonapparat?«
»Nein, aber unser Albert.«

Am Abend zuvor war Thomasina ausgezogen. Dieser … Finlay holte sie ab und trug ihren Seesack. Fanny muhte wie eine ausgewachsene Herde und der Hausherrr duschte gemütlich, ließ sich auch beim Ankleiden Muße. Als er ins Schlafzimmer zurückkam, roch es nicht gerade nach Lilien. »Muäääär!« Die Kuh kratzte sich an der Hauswand den Rücken und glotzte ihn an! Überall im Garten hatte sie große … Ansammlungen von sich gegeben! In der Küche öffnete ein Polyacrylpulloverärmel die Außentür. Zeit für die Kavallerie! Ein wenig hatte er mit sich gehadert, aber nun blieb ihm nichts anderes übrig. Griselda Armour musste weg! Für immer! Er sagte Alberto Bescheid, der ihn eine halbe Stunde später beim Frühstück antraf: Porridge, Toast, Bitterorangenmarmelade und Tee.

»Ist der große Feinschmecker bereits auf Diät gesetzt?«
»Du kommst alleine? Wo ist denn Mister Dinwiddie?«
»Pst! Wir wollen doch nicht, dass Madame uns hört.«
»Welche Madame? Du meinst den Hausdrachen? Sie weiß ja nicht, von wem wir sprechen.«
»Der Kammerjäger kommt bald«, erwiderte Vitiello verschwörerisch.
»Haben wir etwa Mäuse im Haus?«, fragte Miss Armour, aus dem Nichts im Raum auftauchend. »Wundern würde es mich nicht, so faul wie das kleine Biest ist. Am besten, wir entziehen ihm das häusliche Futter. Was essen Sie denn da? Sie sollten zur servierfertigen Ananas greifen!«
»Hatte ich vergessen«, sagte MacDonald.
»Sodom und Gomorrha!«
»Moment mal, bei Sodom und Gomorrha ging es um …«
»Wie meinen?« Miss Armours Stimme hörte sich an, als ob sie aus einer rostigen Gießkanne käme.
»Vergessen Sie es. Das Frühstück betrachten wir als meine Henkersmahlzeit, ja?«

Mit Kompromissen konnte Griselda Armour schwer umgehen.

»Von mir aus!«

»Wohin gehen Sie?«

»Zum Hanteltraining, wenn Sie es genau wissen müssen!«

»Meine Frage, wann Mister Dinwiddie auftaucht, war doch nicht so abwegig?«, meinte MacDonald, nachdem Miss Armour die Küche verlassen hatte.

»Hier bin ich!«

»Dougal Dinwiddie, wie er leibt und lebt!«, sagte MacDonald, ohne es zu glauben. »Pardon, ist mir so rausgerutscht.«

»Macht nichts. Wo ist das Frauenzimmer?«

»Mister Dinwiddie, Sie sollten unsere Ökotrophologin nicht unterschätzen. Miss Armour ist eine abgebrühte Person.«

»Wovon spricht er, Albert?«

»Mister MacDonald will sagen, dass die Ernährungsberaterin vielleicht schon mal jemanden wie Sie gesehen hat.«

»Ausgeschlossen! Das wüsste ich. Nun, wo ist die Mamsel?«

»In ihrem Zimmer, beim Hanteltraining«, informierte Angus ihn.

»Nicht zu fassen, diese Weibsbilder von heute!«

»Meine Rede«, pflichtete der Gourmet ihm bei. »Noch eine Bitte, Mister Dinwiddie. Könnten Sie Miss Armour fragen, warum Sie Pathia-Soße in meinem Garten vergrub und warum Sie uns bat, weiterzuermitteln? Außerdem würde ich gerne wissen, warum sie sich mit Mrs Panicker in einem Unicafé getroffen hat.«

»Mache ich, MacDonald«, sagte das Gespenst und suchte das Weite.

»Alberto, träume ich?«

»No!«

»Meinst du, er bekommt es hin?«

»Aber ja. Er hat sogar Mister Panicker das Fürchten gelehrt.«

»Das hattest du mir gar nicht erzählt.«

»Porca vacca! Wo du und meine Frau mich für verrückt erklärt habt!«

»Sorry, Albert ...« MacDonald hielt inne, denn über ihnen war ein schwerer Gegenstand umgefallen.

»Hülfe! Zu Hülfe!«, rief nun jemand.

»Was hab ich dir gesagt, Angus?«

»So schnell schon? Ich kann mein Glück nicht fassen.«

Miss Armour polterte die Treppe nach unten und rannte davon.

»Erledigt«, sagte Dougal Dinwiddie und schloss die Haustür.

»Thank you very much. Ich stehe in Ihrer Schuld. Darf man fragen, wie Sie die Dame in Panik versetzten?«

»Zunächst habe ich es mit der klassischen Nummer probiert und eine Kanonenkugel durchs Zimmer gerollt. Das hat sie mit heftigem Zwinkern ertragen. Aber als ich dann als ihr Exmann erschien, hat sie sofort das Handtuch geworfen.«

Angus fiel wieder kein passender Anschluss zu diesem Satz ein. »Nur ein Problem sehe ich bei der überraschenden Abreise der Diplom-Ökotrophologin: Sie kommt bestimmt wieder, um ihre Sachen zu holen.«

»Bring der Armour doch ihren Krempel vorbei«, schlug Alberto vor.

»Dazu müsste ich wissen, wo sie wohnt.«

»Fahr alles zu Karen. Bestimmt heult sie sich bei ihr aus.«

»Ich weiß nicht …«

»MacDonald! Die Versöhnung mit Ihrer Herzensdame wird Ihnen auf dem Silbertablett serviert!«

»Mister Dinwiddie hat Recht, Angus. Du erzählst Karen einfach, dass Griselda wie eine Furie aus dem Haus stürmte und du das sehr ungebührlich fandest. Wo du doch an die Nachbarn denken musst.«

»Auch wollen Sie eine Ayurveda-Diät machen.«

»Ihr beide seid genial! Konnten Sie der Armour meine Fragen stellen, Mister Dinwiddie?«

»Selbstverständlich. Sie wollte die Tochter davor bewahren, die Soße als ihre eigene auszugeben. Vergraben hat sie die Gläschen, weil frau gesunde Lebensmittel nicht wegwirft.«

»Miss Armour wollte die Pathia-Soße später noch essen?«

»Sie haben es erfasst, MacDonald. Außerdem hegte sie die vage Hoffnung, dass Edgar von Ihnen als Täter überführt würde und der Curry-Service dann platzte. Denn ihre Berufung liegt in der Ernährungsdingsda, nicht im Ausfahren von Essen.«

»Warum traf sie Mrs Panicker an der Universität?«

»Um ihr als Frau zur Seite zu stehen, Unterdrückung durch den Gatten, blablabla.«

»Muäääähr!«

»Oh Gott, die Kuh hatte ich ganz vergessen. Mister Dinwiddie ...?«

»Ich kümmere mich später darum. Konzelebrieren wir, Gentlemen!«

»Signor Dinwiddie, es wäre hilfreich, wenn Sie sich etwas zeitgemäßer ausdrücken.«

»Konzelebrieren bedeutet gemeinsam feiern, Alberto.«

»Sie gefallen mir!«, antwortete Dinwiddie. »Ich ahne eine wunderbare Freundschaft.«

MacDonald schluckte, fürchtete, mit der Vertreibung der Armour-Damen aus der Bratpfanne ins Feuer gefallen zu sein.

»Keine Sorge, MacDonald, ich bin ein friedlicher Geist! Solange man mich anständig behandelt. Was trinken wir?«

»Alberto, jetzt sage mir bitte, dass du zauberst. Das ist doch ein Bekannter von dir, oder?«

»Ich habe keine Ahnung, wovon du redest, Amico.«

»Schön! Dann ist Mister Dinwiddie sicher bereit, seine Rezepte mit uns zu teilen!«

»Irgendwann bestimmt«, meinte Alberto lachend.

# Rezepte

# Currys etc.

Willies sagenhafte Pathia-Soße für fast jedes Curry

Curry Vindaloo mit Schweinefleisch

Willies Lammcurry/Rindercurry mit Aprikosen

Süßsaures Fischcurry

Erbsencurry mit indischem Käse

Kidneybohnencurry mit frischen Pilzen

Feierabend-Curry mit gekochten Eiern

# Willies sagenhafte Pathia-Soße für fast jedes Curry

Ursprünglich kommt Pathia-Soße aus Persien: Als Teile der Parsi-Bevölkerung vor Jahrhunderten ins indische Gujarat übersiedelten, brachten sie diese mit. Traditionell wurde Pathia für besondere Anlässe wie die Geburt eines Kindes oder eine Hochzeit vorbereitet. Inzwischen wird sie auch im Alltag und in anderen Gebieten Indiens genossen.

Mein Freund Willie Bremner aus Edinburgh hat das folgende Rezept kreiert und zwei Jahre lang unermüdlich weiter verbessert. Das Resultat kann sich sehen lassen.

Die »Pathia-Curry-Soße« wird aus zwei Soßen »montiert«, der Curry-Basis und dem Pathia-Segment (siehe unten). Dann wird sie in Portionen aufgeteilt. Sie lässt sich einfrieren oder man füllt sie in Einmachgläser. Die lange Zutatenliste mag abschrecken, doch ist zu bedenken, dass man auf Vorrat arbeitet: Was kann es Schöneres geben, als müde von der Arbeit nach Hause zu kommen, ein Glas selbst gemachte Soße zu öffnen und sich in wenigen Minuten ein authentisches, indisches Essen zu kochen? Wie das geht, erfahren Sie am Ende des Rezepts.

Zutaten für die Curry-Basis

ein EL Kreuzkümmel
ein EL Koriander
ein EL Bockshornklee
ein kg rote Zwiebeln
eine Karotte
200 g rote Paprika
300 g Weißkohl
zwei EL Ghee
zehn Knoblauchzehen und etwa sieben Zentimeter frischer, geschälter Ingwer (sowie 250 ml Wasser)

ein halber EL Paprikapulver
300 ml Passata (flüssige Tomaten)
300 ml Wasser
vier EL Ghee
ein EL Gelbwurz

Zutaten für das Pathia-Segment

100 ml Ananassaft
100 ml Ketchup
100 ml Mangochutney
ein EL Minzsauce (in English oder Asia Shops erhältlich)
zwei EL Kreuzkümmel
ein EL Koriander
fünf Knoblauchzehen und fünf Zentimeter frischer, geschälter Ingwer (sowie 100 ml Wasser)
ein halber EL Chili (oder eineinhalb, wenn man gerne scharf isst …)
ein EL Tandoorigewürz (Tandoori Powder) oder Currypulver

Schritt eins: Curry-Basis zubereiten

Kreuzkümmel, Koriander und Bockshornklee in einer beschichteten Pfanne ohne Fett anrösten und dann klein mahlen. Die Zwiebeln und das Gemüse klein schneiden. In zwei Esslöffeln Ghee in einem sehr großen Topf stark erhitzen und dann etwa zwanzig Minuten köcheln. Knoblauch, Ingwer und die 250 ml Wasser im Mixer pürieren. Mit allen Gewürzen (außer dem Gelbwurz) in den Topf geben. Rühren, dann Passata und Wasser dazugießen. Etwa zehn Minuten köcheln. Die vier Esslöffel Ghee in einem Topf gut erhitzen, Gelbwurz dazugeben und etwa eine Minute kochen. Dann in den großen Topf zum Rest geben, eine halbe Stunde köcheln und pürieren. Angsthasen (Willie nennt sie »Feardies«) pürieren alles erst nach dem Abkühlen.

Schritt zwei: Pathia-Segment zubereiten

Die ersten vier Zutaten des Pathia-Segments in einer Schüssel mischen. Kreuzkümmel und Koriander in einer beschichteten Pfanne leicht anrösten und dann klein mahlen. Knoblauch mit Ingwer und Wasser pürieren. Dann in einem Topf ein paar Minuten geringfügig erhitzen. Alle Gewürze dazugeben und eine Minute köcheln. Dann den Inhalt der Schüssel dazugeben. Zehn Minuten köcheln. Wer selbstgemachtes Chutney (mit Mangostücken) verwendet, muss das Pathia-Segment eventuell noch pürieren.

Schritt drei: »Montage«

Curry-Basis und Pathia-Segment mischen und alles gut verrühren. Dann in sterilisierte Halblitergläser füllen und kühl lagern oder eingefrieren. Es sollten ca. 1,8 Liter sein.

Schritt vier: Genießen!

Huhn, Lamm, Garnelen oder auch Gemüse (etwa Staudensellerie) in mundgerechte Stücke schneiden, in Pflanzenöl oder Ghee scharf anbraten, die Soße dazugeben und bei mittlerer Temperatur weiter erhitzen, bis alles gar und schön warm ist. Die verwendete Menge hängt davon ab, wieviel Soße man mag. Als Richtwert: einen halben Liter Soße für 500 bis 750 g Fleisch bzw. Gemüse (für zwei bis drei Personen).

# Curry Vindaloo mit Schweinefleisch

Vindaloo, korrekt Vindalho, ist eine Verbindung der portugiesischen Worte Vinho (Wein, in dem Fall Weinessig) und Alho (Knoblauch). »Erfunden« wurde es im südindischen Goa. Hier eine Version ohne Knoblauch. Da Goa eine portugiesische Kolonie war, wird Schweinefleisch verwendet. Vorsicht: sehr scharf!

Zutaten für zwei bis drei Personen

    eine große rote Zwiebel
    500 g Schweinefleisch (von der Nuss)
    600 g festkochende Kartoffeln
    ein EL Ghee oder zwei EL Öl
    ein TL Zucker
    ein TL Salz

Für die Gewürzmischung (das Masala)

    vier bis fünf sehr scharfe Chillies (z. B. Habanero, rot, oder Piri-Piri), weitgehend entkernt
    vier Zentimeter frischer Ingwer, geschält
    ein halber TL schwarzer Pfeffer
    ein TL Fenchel
    ein TL Kreuzkümmel
    ein TL Koriander
    ein TL Gelbwurz
    zwei Zentimeter Zimtstange, in kleine Stücke gebrochen
    ein EL schwarze Senfkörner
    drei Nelken
    drei EL Apfelessig + 100 ml Wasser
    etwa 200 ml warmes Wasser

Und so wird's gemacht

Alle Zutaten für die Gewürzmischung in einen Mixer geben, durchmixen und zur Seite stellen. Das Fleisch in etwa drei Zentimeter lange Würfel schneiden. Kartoffeln schälen und in etwa einen halben Zentimeter breite Würfel schneiden. Die Zwiebel klein schneiden. Das Fleisch in Ghee oder Öl bei mittlerer Hitze von allen Seiten braten, bis es Farbe annimmt. Dann aus dem Topf nehmen und warm halten. Nun die Zwiebelstücke bei mittlerer Hitze glasig braten. Kartoffeln dazugeben. Nach einer Minute das Masala dazugeben und rühren. Alles bei milder Hitze braten, bis die Kartoffeln fast gar sind. Bei Bedarf immer wieder vom warmen Wasser dazugeben. Es sollte eine leicht sämige »Soße« im Topf sein. Fleischstücke dazugeben. Noch weiter braten, bis diese vollständig durch sind. Mit Salz und Zucker würzen.

Neben Reis ist zu diesem Curry unbedingt ein Becher Lassi zu empfehlen: Joghurt nimmt der Schärfe die Spitze.

# Willies Lammcurry/Rindercurry mit Aprikosen

Auch dieses schmackhafte Rezept hat mir mein Freund Willie aus Edinburgh überlassen. Sie können es wahlweise mit Lamm oder auch mit Rind zubereiten. Das ist durchaus kein Sakrileg, denn auch in Indien wird Rind gegessen: siehe das Rezept aus dem indigenen Nordosten im Buch »Indien« von Pant (vgl. Glossar).

Zutaten für vier Personen

    ein kg Lammkeule/Rind (Wade oder Nacken), in mundgerechte Stücke geschnitten
    ein EL Ghee oder drei EL Pflanzenöl
    ein EL Zimtstange, in kleine Stücke gebrochen
    vier grüne Kardamomkörner
    eine große rote Zwiebel, gewürfelt
    ein EL Currypaste (z. B. von Patak)
    ein TL Kreuzkümmel
    ein TL Koriander
    ein halber TL Salz
    zwölf getrocknete Aprikosen
    400 ml Lammbrühe bzw. Rinderbrühe

Und so wird's gemacht

Ghee bzw. Pflanzenöl in einem Topf auf mittlere Temperatur erhitzen. Zimtstange und Kardamomkörner dazugeben und für zwei Minuten braten. Dann die Zwiebelstücke dazugeben und alles weitere zehn Minuten erhitzen. Currypaste, Kreuzkümmel, Koriander und Salz dazugeben und fünf Minuten braten. Die Aprikosen und die Hälfte der Brühe dazugeben. Alles in den Mixer geben und durchmixen, bis eine glatte, dickliche Masse entstanden ist. Mit dem Rest der Brühe und dem Fleisch in den Topf geben. Auf sehr kleiner Flamme etwa zwei Stunden kochen, bis das Fleisch zart ist.

# Süßsaures Fischcurry

In Goa liebt man Fischcurries. Sternanis unterstreicht den süßsauren Geschmack dieses Currys sehr gut.

Zutaten für zwei Personen

    300 g Filet von (weißem) Fisch mit eher festem Fleisch
    zwei EL Tamarindenpaste
    ein TL schwarze Senfkörner, in einem Pfännchen ohne Öl etwa eine Minute angebraten
    ein halber TL Pfeffer
    ein halber TL Salz

Für die Gewürzmischung (das Masala)

    zwei sehr scharfe Chillies (Piri-Piri), Kerne weitgehend entfernen. (Es sei denn, Sie essen gerne sehr scharf.)
    ein TL Gelbwurz
    ein EL Sternanis, in kleine Teile gebrochen
    ein TL Zucker
    200 ml Kokosmilch

    eine rote Zwiebel, klein geschnitten
    eineinhalb EL Ghee

    zwei EL frischer Koriander zum Garnieren

Und so wird's gemacht

Den Fisch in mundgerechte Stücke schneiden. Tamarindenpaste mit Senfkörnern, Pfeffer und Salz in einer Tupperbox vermischen und den Fisch darin mindestens eine Stunde im Kühlschrank marinieren. Das Masala mixen und zur Seite stellen. Die Zwiebelstücke im Ghee bei mittlerer Hitze braten, bis sie glasig sind. Masala dazugeben und nach zwei Minuten die Fischstücke. Gut rühren. Hitze leicht erhöhen und alles einige Minuten kochen, bis der Fisch durch und die Soße schön warm ist. Koriander kleinhacken und darüberstreuen.

Post Scriptum: Wenn Sie Fusion Food, also der Kreuzung zweier Länderküchen nicht abgeneigt sind, nehmen Sie anstatt Reis 250 Gramm Pasta (zum Beispiel Penne), die Sie (gekocht) in den Topf geben und mit dem Curry mischen.

# Erbsencurry mit indischem Käse

Paneer ist indischer Käse, der aus Milch und Zitronensaft bzw. Essig gemacht und in Blöcken verkauft wird. Das Protein, das er liefert, ist Vegetariern willkommen.

Zutaten für zwei Personen

  250 g Paneer
  zwei EL Pflanzenöl

Für die Gewürzmischung (das Masala)

  eine große rote Zwiebel, klein gehackt
  zwei Zentimeter frischer Ingwer, geschält und grob gehackt
  eine kleine rote Chilischote, entkernt
  zehn Cashew-Nüsse, grob zerkleinert
  sechs schwarze Pfefferkörner
  eine Dose Tomatenstücke (Füllgewicht: 400 ml; Abtropfmenge: 240 ml)
  eine Nelke
  eineinhalb TL Kreuzkümmel
  eineinhalb TL Koriander

  eine Prise scharfes Chilipulver
  eine Prise Salz
  eine Prise Gelbwurz

  225 g Erbsen, tiefgefroren
  ein TL Garam Masala
  zwei bis drei EL frischer Koriander, kurz vor dem Servieren des Gerichtes klein hacken

Und so wird's gemacht

Paneer in zwei Zentimeter lange und breite Stücke schneiden. Das Pflanzenöl in einen Topf geben. Den Käse bei mittlerer Hitze rundum anbraten. Das dauert etwa fünf Minuten. Auf Küchenpapier abtropfen lassen. Alle Masala-Zutaten in einen Mixer geben, dann in den Topf. Bei mittlerer Hitze etwa fünf Minuten kochen. Chili, Salz und Gelbwurz dazugeben, rühren, eine Minute kochen. Die Erbsen dazugeben, gut fünf Minuten bei mittlerer Hitze braten (oder auch etwas länger. Ein Blick auf den Packungstext verschafft Aufklärung …), dann den Paneer dazugeben. Jeweils gut rühren, sodass Erbsen und Käse gut vom Masala bedeckt sind. Nun Garam Masala unterrühren. Mit Koriander garnieren.

## Kidneybohnencurry mit frischen Pilzen

Mit einfachen Zutaten und einigen Gewürzen eine schmackhafte (vegetarische) Mahlzeit zu kreieren, ist eine große Stärke der indischen Küche. Nehmen Sie die besten Kidneybohnen, die Sie auftreiben können, am besten Bio-Qualität.

Zutaten für zwei Personen

250 g getrocknete Kidneybohnen
drei Lorbeerblätter
vier EL Butter oder zwei EL Ghee
eineinhalb TL Kreuzkümmel
eine große, rote Zwiebel, klein geschnitten
ein EL Salz
ein TL Pfeffer
250 ml Joghurt (3,8 Prozent Fettgehalt)
ein EL Chilipulver
250 g Champignons
ein bis eineinhalb TL frischer Ingwer, geschält und sehr klein geschnitten

Und so wird's gemacht

Bohnen in einen großen Topf geben, mit reichlich lauwarmem Wasser über Nacht einweichen. Am nächsten Tag mit frischem Wasser und den Lorbeerblättern aufkochen, dann auf mittlerer Flamme belassen, bis die Kidneybohnen durch sind. Durch ein Sieb schütten, dabei etwa einen halben Liter vom Kochwasser aufheben und in einer Schüssel bereithalten. Die Butter bzw. das Ghee in einen großen Topf geben und bei mittlerer Temperatur schmelzen. Kreuzkümmel im Mörser leicht anstoßen, beifügen und eine Minute braten. Zwiebel beigeben. Alles noch zwei, drei Minuten braten, dann die Kidneybohnen und fünf Esslöffel vom Kochwasser dazugeben. Einige Minuten kochen, dann Salz, Pfeffer und Joghurt unterheben, gut rühren. Nun das Chilipulver dazugeben. Etwa fünf Minuten köcheln lassen. In dieser Zeit die Champignons reinigen, in mundgerechte Stücke schneiden und mit einem Viertelliter Kochwasser unterrühren. Erhitzen, bis alles gut warm ist. Topf vom Herd nehmen und die Ingwerstückchen untermischen.

# Feierabend-Curry mit gekochten Eiern

Eine Spezialität aus Bengalen. Das Bestechende an diesem Curry ist, dass Sie es in wenigen Minuten zubereiten können. Wer die Eier am Vorabend kocht, sitzt noch schneller am Tisch. Da soll noch mal jemand sagen, alleine zu essen mache keinen Spaß!

Zutaten für eine Person

eineinhalb EL Ghee
ein TL Chilipulver
drei große, gekochte Eier
eine rote Zwiebel, klein geschnitten
ein Zentimeter frischer Ingwer, geschält und klein geschnitten
ein TL Korianderkörner
ein halber TL schwarze Senfkörner
200 ml Kokosmilch
ein halber TL Salz
ein halber TL Zucker

Und so wird's gemacht

Ghee auf mittlere Temperatur erhitzen, Chilipulver dazugeben und nach einer Minute die Eier. Diese mehrfach wenden, bis sie etwas rote Farbe annehmen. Zwiebel- und Ingwerstücke dazugeben und einige Minuten braten, bis die Zwiebelstücke glasig sind. Koriander- und Senfkörner beigeben und nach einer Minute die Kokosmilch, Salz und Zucker. Zwei, drei Minuten weiter erhitzen, die Eier halbieren und das Curry in einen Suppenteller geben.

# Beilagen

Basmati-Reis

Naan

Schokoladen-Naan

Vollwertmehl-Fladenbrot (Tandoori Roti)

Apfelchutney

Zitronenchutney

Steckrübenchutney

Zitronenpickles, Version I

Zitronenpickles, Version II

## Basmati-Reis

Für die indische Küche nehmen wir Langkornreis, der nicht klebt: Basmati.

Zutaten für zwei Portionen

200 g Basmatireis
zwei EL Butter
eineinhalb bis zwei TL Salz
heißes Wasser

Und so wird's gemacht

Den Reis in ein feines Sieb geben. Unter dem Wasserhahn mit kaltem Wasser waschen, bis es klar wird. Reis abtropfen lassen. Die Butter in einem nicht zu kleinen Topf bei großer Hitze zerlassen. Reis dazugeben und eine halbe Minute rühren. Mit heißem Wasser auffüllen und salzen. Das Wasser sollte etwa einen halben Zentimeter über dem Reis stehen. Noch etwa eine Minute auf hoher Flamme belassen. Dann ein biologisches Baumwolltuch auf den Topf legen und darauf einen Deckel. Bei niedriger Hitze 15 bis 20 Minuten garen, bis das Wasser komplett verdampft ist. Abschmecken und nach Wunsch nachsalzen.

## Naan

Brot wird eher im Norden Indiens und in Zentralindien gegessen. Im Süden bevorzugt man Reis. Wenn Sie das Naan beim ersten Mal nicht perfekt hinbekommen, ist das völlig normal.

Zutaten für vier Fladenbrote

250 g Weißmehl
ein halber TL Salz
ein halber TL Backpulver

sieben EL Milch
ein halber Würfel frische Hefe
ein halber TL Zucker

ein Eigelb
fünf EL Joghurt

ein EL Pflanzenöl

zwei TL schwarze Senfkörner
zwei TL Sesamsamen

zwei EL Ghee zum Backen des Naan

Und so wird's gemacht

Mehl mit Salz und Backpulver in einer Schüssel vermengen. Die Milch auf Körpertemperatur erhitzen, Hefe darin zerbröseln und den Zucker dazugeben. Rühren, bis die Hefe sich vollständig aufgelöst hat. Die Mischung zum Mehl geben, dann den Eigelb-Joghurt-Mix. Alles gut vermengen und kneten, bis eine Teigkugel entsteht, die nicht mehr an den Händen klebt. Wenn der Teig zu trocken ist, noch etwas Milch dazugeben.

Das Pflanzenöl in eine Schüssel geben und die Teigkugel darin wenden. An einem warmen Ort zugedeckt stehen lassen, bis sich der Teig verdoppelt hat. Dann in vier Teile schneiden, ausrollen und auf jedes Brot ein Viertel der Gewürze streuen. Vier Kugeln formen und diese wieder aufgehen lassen. Zu Kreisen ausrollen und dann an beiden Enden auseinanderziehen, sodass die typisch ovale Form der Naans entsteht, in unserem Fall etwa zwanzig Zentimeter lang und fünfzehn breit. Eine große Pfanne stark erhitzen, einen Esslöffel Ghee dazugeben. Zwei Naans hineinlegen und (etwa zwei Minuten) braten, bis sie Blasen werfen, dann auf der anderen Seite braten. Mit dem Rest der Brote genauso verfahren.

## Schokoladen-Naan

Ein extravagantes Fladenbrot, inspiriert vom Restaurant Kismot in Edinburgh.

Zutaten für vier Brote

200 g Weißmehl
50 g Zartbitterschokolade (70 Prozent), gerieben
ein halber TL Salz
ein halber TL Backpulver

sieben EL Milch
ein halber Würfel frische Hefe
ein TL Zucker

ein Eigelb
fünf EL Joghurt

ein EL Pflanzenöl

zwei EL Ghee

Und so wird's gemacht

Mehl mit Schokolade, Salz und Backpulver in einer Schüssel gut vermengen. Die Milch auf Körpertemperatur erhitzen, Hefe darin zerbröseln und den Zucker dazugeben. Rühren, bis sich die Hefe vollständig aufgelöst hat. Die Mischung zum Mehl geben, dann die Eigelb-Joghurt-Mischung. Alles gut vermengen und kneten, bis eine Teigkugel entsteht, die nicht mehr an den Händen klebt. Wenn der Teig zu trocken ist, noch etwas Milch dazugeben. Das Pflanzenöl in eine Schüssel geben und die Teigkugel darin wenden. An einem warmen Ort zugedeckt stehen lassen, bis sich der Teig verdoppelt hat. Dann in vier

Teile schneiden, Kugeln formen und diese wieder aufgehen lassen. Zu Kreisen ausrollen und dann an beiden Enden auseinanderziehen, sodass die typisch ovale Form der Naans entsteht, in unserem Fall etwa zwanzig Zentimeter lang und fünfzehn breit. Eine große Pfanne stark erhitzen, einen Esslöffel Ghee dazugeben. Zwei Naans hineinlegen und vier, fünf Minuten braten, dann umdrehen und auf der anderen Seite genauso lange braten. Mit dem Rest der Brote gleichfalls verfahren.

# Vollwertmehl-Fladenbrot (Tandoori Roti)

Dieses schmackhafte Fladenbrot ist im Norden Indiens bei allen Mahlzeiten sehr beliebt und wird im Tandoori-Ofen gebacken.

Zutaten für vier Brote

   250 g Vollwertmehl
   ein halber TL Salz
   etwa 100 ml körperwarmes Wasser
   zwei EL Ghee oder zwei EL Pflanzenöl

Und so wird's gemacht

Das Mehl mit dem Salz in eine Schüssel geben. Wasser nach und nach dazugeben und gut damit mischen. Kneten, bis ein geschmeidiger Teig entsteht, der nicht an den Händen klebt. Zugedeckt etwa eine Viertelstunde ruhen lassen. Dann auf einer bemehlten Fläche in vier Portionen teilen, diese zu Kugeln formen. Noch einmal fünf bis zehn Minuten stehen lassen. Den Backofen auf 180 Grad vorheizen. Die Kugeln zu Kreisen von etwa 15 Zentimetern ausrollen. Einen Esslöffel Ghee in einer großen Pfanne schmelzen und mit einem Pinsel verteilen. Zwei Brote hineinlegen, drehen und in den Backofen geben. Vier, fünf Minuten backen, umdrehen und weitere vier bis fünf Minuten backen. Auf Küchenpapier legen, trocken tupfen und warm halten. Die restlichen zwei Brote ebenso zubereiten.

# Apfelchutney

Das Rezept funktioniert gleichermaßen mit süßen wie sauren Äpfeln. Wählen Sie bitte nach Ihrem Geschmack.

Zutaten für etwa 1,7 kg Chutney

 ein halber l Apfelessig
 drei kg Äpfel
 fünf EL Grapefruitsaft
 300 g Zucker
 ein TL Salz
 ein TL Chiliflakes
 eineinhalb EL getrocknete Minze
 eineinhalb TL getrockneter Koriander

Und so wird's gemacht

Essig in einen großen Topf füllen. Die Äpfel schälen, vom Kerngehäuse befreien und in zwei bis drei Zentimeter große Stücke schneiden. Die Apfelstücke nach und nach in den Topf geben. Den Essig stark erhitzen, dann köcheln, bis die Äpfel weich werden. Das dauert gut eine halbe Stunde. Dabei häufig rühren. Wer sein Chutney glatt, das heißt ohne Apfelstücke möchte, kann an dieser Stelle mit dem Zauberstab alles pürieren. Grapefruitsaft, dann nach und nach den Zucker unterrühren. Weitere zehn bis fünfzehn Minuten köcheln, bis das Chutney geliert. Auch hierbei öfter umrühren. Einmachgläser sterilisieren. Die Gewürze in den Topf geben, rühren und alles zwei Minuten unter Rühren aufkochen. Abfüllen und mindestens einen Monat ziehen lassen.

Anmerkung: Großzügig geschält haben wir ungefähr 1,6 kg Äpfel. Zum Konservieren nehmen wir deshalb einen halben Liter Essig und dreihundert Gramm Zucker, also halb soviel »Masse«. Wenn Sie nach dem Schälen mehr Äpfel haben, erhöhen Sie diese Menge. Und wer sein Chutney lieber etwas süßer mag, mischt Essig und Zucker zu gleichen Teilen.

# Zitronenchutney

Der Essig macht die Zitronenstücke über Nacht mürbe, sodass sich die Kochzeit erheblich verringert.

Zutaten für etwa 2 kg Chutney

1,35 kg Bio-Zitronen
450 g süße, rote Bio-Äpfel
zwei EL Salz
ein halber l Apfelessig
850 g Zucker
ein TL Nelken, gemahlen
ein TL schwarzer Pfeffer
ein TL Zimt
ein TL Gelbwurz

Und so wird's gemacht

Die Zitronen unter fließend warmem Wasser gut abbürsten. Trocken reiben, in dünne Scheiben schneiden und diese in kleine Stücke. Kerne dabei möglichst entfernen. Die Zitronenstücke in den Einmachtopf geben, das Salz dazugeben und alles gut durchmischen. Essig ebenfalls dazugeben und wieder gut verrühren. Jetzt die Äpfel mit Schale klein schneiden, vom Kerngehäuse befreien und auch dazugeben. Gut umrühren. Deckel auf den Topf legen und alles über Nacht ziehen lassen. Am nächsten Tag stark erhitzen, dann etwa zwanzig Minuten köcheln, bis die Zitronenstücke gar sind. Stichproben (Vorsicht, heiß!) können helfen. Nach und nach den Zucker beifügen und alles gut verrühren. Wieder kurz aufkochen, dann etwa zwanzig Minuten köcheln, bis das Chutney geliert. Auch hierbei öfter umrühren. Einmachgläser sterilisieren. Die Gewürze in den Topf geben, rühren und alles zwei Minuten nochmals unter Rühren aufkochen. Abfüllen und mindestens einen Monat ziehen lassen.

# Steckrübenchutney

Zum Abschluss noch eine Version mit einem typischen schottischen Gemüse, der Rübe. Die Trockenpflaumen geben dem Chutney (in Kombination mit dem Sherryessig und den Gewürzen) eine pikante Note und machen es schön sämig.

Zutaten für etwa 2,5 kg Chutney

700 g Steckrüben
500 g Karotten
200 g Bio-Zitronen
500 g Trockenpflaumen
300 g Zwiebeln
700 ml Sherryessig (mit 8 Prozent Säure)
ein EL Salz
500 g Zucker
ein TL Paprikapulver
ein TL Garam Masala
ein TL Zimt

Und so wird's gemacht

Steckrüben und Karotten schälen und in kleine Stücke schneiden. Zitronen unter fließend warmem Wasser gut abbürsten, zerkleinern und die Kerne möglichst entfernen. Trockenpflaumen und Zwiebeln ebenfalls klein schneiden. Alles mit Essig und Salz in einen Topf geben und gut mischen. Einen Deckel auflegen und über Nacht ziehen lassen. Am nächsten Morgen (oder Mittag) stark erhitzen, dann 60, 70 Minuten köcheln, dabei öfter rühren. Den Zucker dazugeben. Erst stark aufkochen, dann weitere 20 bis 30 Minuten köcheln, bis das Chutney geliert. Auch hierbei öfter umrühren. Einmachgläser sterilisieren. Die Gewürze in den Topf geben, rühren und alles zwei Minuten unter Rühren aufkochen. In die Gläser füllen und dabei darauf achten, dass keine Frucht- oder Gemüsestückchen herausragen. Mindestens einen Monat ziehen lassen.

# Zitronenpickles, Version I

Als weitere Beigabe zu einem Curry können Sie Zitronenpickles machen, die mit diesem Rezept verhältnismäßig schnell herzustellen sind.

Zutaten für ein 800-ml-Glas

 ein kg Bio-Zitronen
 200 ml Wasser
 drei EL Salz
 vier EL Zucker
 drei EL frischer Ingwer, geschält und sehr fein geschnitten
 ein EL Korianderkörner, in einem Pfännchen ohne Pflanzenöl eine Minute anbraten, dann klein mahlen.
 ein EL Chiliflakes
 ein TL Granatapfelkerne, bereits gemahlen

Und so wird's gemacht

Die Zitronen unter fließend warmem Wasser abbürsten und gut abtrocknen. Zwei Zitronen auspressen. Die anderen in mundgerechte Stücke schneiden. Dabei Kerne entfernen. Zitronenstücke mit Zitronensaft, Wasser, Salz und Zucker in einen Topf geben, gut rühren und über Nacht stehen lassen. Am nächsten Tag mit den restlichen Gewürzen aufkochen, dann gut fünf Minuten köcheln, bis die Flüssigkeit ein wenig eingedickt ist und die Zitronenstücke bissfest sind. In ein sterilisiertes Einmachglas geben und die leicht abgekühlte Flüssigkeit darübergießen. Die Pickles können sofort gegessen werden, schmecken aber besser, wenn man ihnen noch zwei, drei Wochen Zeit gibt.

# Zitronenpickles, Version II

Zum Konservieren benutzen wir Öl. Der Zeitaufwand ist etwas höher. Dafür wird man mit einer zusätzlichen Geschmackskomponente belohnt.

Zutaten für ein 1200-ml-Glas

ein kg Bio-Zitronen
drei EL Salz
250 ml Pflanzenöl
zwei EL schwarze Senfkörner
zwei EL Gelbwurz
zwei EL Paprikapulver

Und so wird's gemacht

Die Zitronen unter fließend warmem Wasser abbürsten und gut abtrocknen. In mundgerechte Stücke schneiden. Dabei Kerne entfernen. In einer Schüssel mit dem Salz vermengen und 30 Minuten stehen lassen. Dann mit einer perforierten Schöpfkelle in ein sterilisiertes Einmachglas schichten. In der Zwischenzeit etwas vom Pflanzenöl in einem Töpfchen erhitzen. Senfkörner dazugeben und etwa eine Minute braten, bis sie springen. Gelbwurz, Paprikapulver und den Rest des Öls dazugeben und gut rühren. Gewürzöl leicht abkühlen lassen und über die Zitronen gießen. Alles gut vermengen. Ein Tuch über die Öffnung legen und den Deckel lose darüber. Im Sommer einen und im Winter zwei Tage an einem warmen Platz stehen lassen, zum Beispiel in der Nähe des Herds. Dann das Glas schließen, in den Kühlschrank stellen und die Pickles mindestens zwei Wochen ziehen lassen. Etwa alle zwei Tage gut umrühren, sodass immer alle Pickles von der Marinade bedeckt sind.

Vor den Servieren mit Küchenpapier abtupfen.

# Getränke

Lassi-Variationen:

Standard-Lassi, salzig

Standard-Lassi, süß

Banane-Minze-Lassi

Granatapfel-Kaffee-Lassi

Kokos-Lassi

Ananas-Lassi

## Lassi-Variationen

Inder trinken Lassi gerne unterwegs, machen das erfrischende Getränk aber auch zu Hause. Der Joghurt sollte (wie überhaupt alle Zutaten beim Essen und Trinken ...) von sehr guter Qualität sein. Der Fettgehalt bleibt Ihnen überlassen. Empfehlung: 3,8 Prozent.

### Standard-Lassi, salzig

Zutaten für einen halben Liter

    250 g Joghurt
    250 ml Wasser
    ein halber TL Kreuzkümmel, gemahlen
    eine Prise Salz

Und so wird's gemacht

Joghurt, Wasser und Gewürze mixen und Lassi kühlstellen.

### Standard-Lassi, süß

Zutaten für einen halben Liter

    250 g Joghurt
    250 ml Wasser
    ein halber TL Zucker

Und so wird's gemacht

Joghurt, Wasser und Zucker mixen und kühlstellen.

## Banane-Minze-Lassi

Zutaten für einen halben Liter

250 g Joghurt
200 ml Wasser
eine kleine Banane, grob zerkleinert
ein TL getrocknete Minze, gemahlen
eine Prise Zucker

Und so wird's gemacht

Alle Zutaten mixen, dann kühlstellen.


## Granatapfel-Kaffee-Lassi

Zutaten für einen halben Liter

300 g Joghurt
200 ml starker Filterkaffee
ein gehäufter TL gemahlene Granatapfelkerne

Und so wird's gemacht

Alle Zutaten sehr fein mixen, Lassi kühlstellen. Vor dem Trinken gut umrühren.

## Kokos-Lassi

Zutaten für einen halben Liter

  250 g Joghurt
  200 ml Milch
  vier EL geraspelte Kokosnuss
  1,5 TL selbstgemachter Vanillezucker (oder normaler Zucker)

Und so wird's gemacht

Alle Zutaten sehr fein mixen, Lassi kühlstellen. Vor dem Trinken gut umrühren. Selbst mit einem guten Mixer werden sich die Kokosraspel nicht komplett auflösen. Wen das stört, der lässt sie weg und ersetzt die Milch durch Kokosmilch. Da es diese allerdings selten unverdünnt zu kaufen gibt, wird der Drink bei weitem nicht so intensiv nach Kokos schmecken. Empfehlung: Nicht zum Essen, sondern zwischendurch trinken.


## Ananas-Lassi

Zutaten für einen halben Liter

  250 g Joghurt
  250 ml Ananassaft

Und so wird's gemacht

Zutaten mixen, Lassi kühlstellen.

# Glossar schottischer, britischer wie auch indischer Begriffe

**Bas!:** »genug« auf Hinglish (siehe auch das Stichwort zu Hinglish).

**Chi-chi!:** Ausdruck des Missfallens in Hinglish, übersetzbar etwa mit »igitt!«.

**Dressed to kill:** aufgedonnert sein.

**Falkirk Wheel:** gewaltiges Hebewerk, das Boote vom Forth and Clyde Canal zum Union Canal befördert.

**Ghee:** geklärtes Butterfett aus Kuh- oder Wasserbüffelmilch. Butter wird gekocht, bis das Fett durchsichtig wie eine Träne und das Wasser verdampft ist. Dann lässt man das Ghee kurz stehen und führt es durch einen feinen Filter in ein Gefäß. Dieses wird fest verschlossen. Entwickelt wurde Ghee, um Butter im indischen Klima länger haltbar zu machen. »Es wird vor allem, aber nicht ausschließlich, zum Braten von Fleisch verwendet und ist essentieller Bestandteil vieler indischer Gerichte.« (Alan Davidson, »The Oxford Companion to Food«, Oxford University Press, 1999, S. 337)

**Gin:** aus Getreide (Gerste, Roggen) destillierter Alkohol, der mit Wacholderbeeren bzw. anderen Kräutern und Gewürzen fusioniert wird. Für Whiskybrenner, die allermindestens drei Jahre warten müssen, bis sie ihren Scotch verkaufen können, ist Gin, der nicht reifen muss, ein willkommenes Zubrot.

Siebzig Prozent aller britischen Gins werden in Schottland produziert. Zum ersten Mal wurde das Getränk im 17. Jahrhundert hergestellt. Franz de la Boe, auch als Doktor Sylvius (1614-1672) bekannt, Professor an der holländischen Universität Leiden, betrachtete Gin als Medizin. Und so wurde er auch (erfolgreich!) verkauft.

Die im Text verkosteten schottischen Gins sind in der Reihenfolge ihres Auftretens:

- The Botanist Gin von Bruichladdich, Isle of Islay, S. 29
- Indian Summer Gin, Huntly, Aberdeenshire, S. 49
- NB Gin Small Batch, North Berwick, East Lothian, S. 128
- Edinburgh Gin: Canonball, S. 150
- Hendrick's Gin von William Grant, Ayshire. S. 152
- Oaked Highland Gin der Strathearn Destillerie, Methven, Perthshire, S. 163
- Hop Gin (Hopfengin) von Eden Mill in St. Andrews, Fife, S. 242

**Griselda**: Kurzform »Grizel«, ein Name aus dem Altdeutschen; heute eher selten vertreten, doch in der schottischen Geschichte wohlbekannt. Die Bedeutung von Griselda ist »graue, junge Kriegerin«.

**Gub-shup:** Hinglish für »get-together«, launige Zusammenkunft, Gespräch.

**Haud yer wheesht!:** »Sei ruhig!« auf Schottisch.

**Hinglish:** Baljinder K. Mahal schreibt in »The Queen's Hinglish. How to speak pukka« (Glasgow 2006: Harper Collins, S. 54): »In Großbritannien entspricht Hinglish Englisch mit Worten aus einer südasiatischen Sprache wie Hindi, Urdu oder Punjabi. In Indien ist es Hindi, Urdu oder Punjabi mit englischen Einsprengseln.«

**Hoo's it gauin?:** Übersetzung aus dem Schottischen: »Wie stehen die Dinge?«

**Kebab Mahal:** Eine der besten Adressen für indisches Essen in Edinburgh. Aus Zufall wird man sich nicht in dieses kleine, spartanisch eingerichtete Restaurant am Nicholson Square (Hausnummer 7) in der Old Town verirren. Clarissa Dickson Wright, eine der »Two Fat Ladies« in der gleichnamigen TV-Serie der BBC und leider bereits verstorben, empfahl Kebab Mahal dem Autor einst.

**Killercurry-Wettbewerb:** Wer teilnimmt, muss die Veranstalter im Voraus aus jeglicher Verantwortung nehmen, und wenn ein Bewerber stirbt, dürfen die Tischnachbarn die Zeche zahlen! Curie (kein Schreibfehler) Kim, eine Austauschstudentin aus den USA, nahm zum Beispiel 2011 teil und beschrieb ihre Erfahrung der BBC Scotland: »Es war, als ob jemand eine Kettensäge durch meinen Magen zog, mit scharfer Soße auf deren Spitze!« Kim musste innerhalb von fünf Stunden zwei Mal ins Krankenhaus gebracht werden. Sie war im Laufe der Jahre nicht die Einzige, belegte aber immerhin einen respektablen zweiten Platz.

Veranstaltet wird das jährliche Ereignis vom Restaurant Kismot, seit 2015 in deren Killer-Restaurant (wie passend!) in Tollcross, gegenüber vom King's Theatre. Für das Killercurry werden die (nach dem Guiness-Buch der Rekorde) fünf schärfsten Chilischoten der Welt verwendet. Kismot ist in der Vergangenheit auch für seine ausgefallenen kulinarischen Kreationen bekannt geworden, wie zum Beispiel Chocolate Naanbread.

**Lassie:** eine junge (in der Regel) unverheiratete Frau.

**Leslie's Bar:** Der traditionsreiche Pub (45-47, Ratcliffe Terrace) wurde 1896 von Ann McCallum Middlemas eröffnet. Sie engagierte den Architekten und versierten Pub-Designer P. L. Henderson, der auch The Abbotsford, Deacon Brodie's und The Central Bar entwarf. Von 12 bis 21 Uhr wird warmes Essen serviert: zum Beispiel hausgemachte Burger, Fischfrikadellen, Haggis, Neeps und Tatties, Veggie Burger und jeden Tag ein anderes Special. Nicht zu vergessen die stattliche Auswahl an Bier, Whisky und Gin.

**Loch Lomond:** Nach der gescheiterten schottischen Erhebung im Jahr 1745 wurden zwei von Bonnie Prince Charlies Männern gefangen genommen. Einer von ihnen wurde hingerichtet, der andere freigelassen. Der Geist des toten Soldaten reiste über die »low road« und erreichte Schottland vor seinem Kameraden, der über den realen Weg, durch felsenreiches, zerklüftetes Gelände marschierte, die »high road«.

**Madhur Jaffrey:** Jaffrey (1933 in Delhi, Indien, geboren) ist Schauspielerin und die Grande Dame der Indian Cuisine. Sie hat mittlerweile 15 Kochbücher verfasst. Die »Ultimative Curry Bible« (auf Deutsch als »Currys, Currys, Currys: indisch – kreolisch – asiatisch« im Christian Verlag, München, erschienen) hält Angus MacDonald für ihr bestes Werk. Von den 225 Rezepten widmen sich fast alle den Currys aus aller Welt. Der Rest entfällt auf Chutneys, Pickles und Relishes etc. Wie sich zeigt, wird Curry in vielen Ländern geschätzt: neben Indien und den nahe liegenden Kandidaten Pakistan, Bangladesch und Indonesien finden sich beispielsweise Vietnam, Südafrika, Guayana, Sri Lanka wie auch Japan. Dort ist Curry so beliebt wie Hamburger in den USA. Mindestens einmal in der Woche nehmen die Japaner es zu sich, mit japanischem Reis und speziellen, ausschließlich zu Currys servierten, japanischen Pickles. Das ist nur eine von vielen Geschichten, die auf eigenen Themenseiten erzählt werden. Die Autorin gibt außerdem zu jedem Gericht eine Einführung, sodass man eine sehr gute Rezeptsammlung wie auch ein unterhaltsames Nachschlagewerk in Händen hält.

**Musibat:** Hinglish für »Problem«.

**Pataka:** Ein sehr gutes indisches Restaurant in Newington/Edinburgh (www.patakarestaurant.co.uk).

**Posh:** Englisch für »nobel«, »feudal«.

**Pudding:** In Deutschland wird damit immer eine Süßspeise verbunden. Doch ein schottischer Pudding kann auch herzhaft sein, gekocht oder gedämpft werden. Beispiele: Black Pudding (Blutwurst), Fish Pudding …

**Pushpesh Pant:** Der Autor, Professor an der Universität Delhi, Indien, hat einige Kochbücher verfasst. »India« (auf Deutsch als »Indien« im Edel Verlag, Hamburg, erschienen) ist sein Opum Magnus. Zwanzig Jahre lang sammelte er unermüdlich Rezepte und bearbeitete sie. Eintausend von ihnen verrät er seinen Lesern in dem 1,5 Kilo schweren Buch. Die Unerschöpflichkeit der indischen Küche wird hier augenscheinlich. Allein das Kapitel »Gewürzmischungen und Pasten« hat zum Beispiel dreißig Seiten. Zu »Brot« und »Reis« gibt es je vierzig Seiten und so weiter. Es ist keine Untertreibung zu sagen, dass man an diesem Buch jahrelang Vergnügen hat. Selbst wenn man jeden Tag nur ein Rezept ausprobiert, ist man fast drei Jahre angenehm beschäftigt.

**Quarter Mile:** Auf dem Gelände des früheren Royal Infirmary of Edinburgh (riesiges Krankenhaus) entstand ein Gebäudekomplex namens Quarter Mile, u. a. mit Appartements, Büros, einem Supermarkt und Hotel. Nicht alle Menschen sind mit der eigenwilligen Kombination Norman Fosters aus bewahrten und hypermodernen Häusern glücklich.

**Raj:** So hießen die Briten, die vom 17. Jahrhundert an bis 1947 in Indien lebten.
Ihr Personal führte die britischen Herren (mit ihren traditionell sehr konservativen Gaumen) unermüdlich an die exotische Küche heran. Das erklärt z. B. den großen Erfolg der indischen Restaurants in Großbritannien.

Oft wurden die indischen Speisen natürlich auch extrem abgewandelt. Das bekannteste Raj-Gericht ist Mulligatawnysuppe: »Als die Briten nach Indien kamen, wollten sie auf Suppen nicht verzichten. Das einzige Gericht, das diesem Gang ähnelte, war Millagu-tannir, Tamilisch für Pfefferwasser, das man mit etwas Fisch kochte. Die Kolonialherren fügten lieber Fleisch, Brühe, gebratene Zwiebeln und mehr Gewürze dazu und kreierten so ihre Mulligatawnysuppe.« (Frank Winter: »Schottisch kochen«, Göttingen 2014, S. 72)

Weitere Beispiele dieser hybriden Küche sind Fischfrikadellen mit Muskat und Worcestershiresoße oder auch Aal aus den großen indischen Flüssen, der in Stücke geschnitten und mit einer Paste aus Gelbwurz, getrockneten Chillies, Knoblauch, Salz und Curripalliblättern eingerieben und gebraten wurde; vgl auch: »The Raj at Table« von David Burton, 1993 bei Faber and Faber in London erschienen. Der Autor gibt auf Seite 108 ein schönes Rezept für dieses Aal-Gericht.

**Salmond, Alex (geb. 1954):** ehemaliger First Minister of Scotland, Pendant zum Prime Minister in Großbritannien. Nach dem verlorenen Unabhängigkeitsreferendum am 18. September 2014 trat Salmond zurück. Seit Mai 2015 ist er im britischen Parlament schottischer Abgeordneter für den Wahlbezirk Gordon, der sich aus Aberdeen/West und Aberdeen/Ost zusammensetzt, und auch Sprecher seiner Partei SNP (Scottish National Party) für internationale Angelegenheiten und Europa. Nicola Sturgeon (geb. 1970) wurde neue First Minister.

**Sari:** die bekannteste Kleidung für indische Frauen. Für gewöhnlich werden fünf bis sechs Meter Stoff verwendet, Baumwolle, oder in der besonders edlen Version auch Seide mit Goldfäden. Als Oberteil wird eine kurze Bluse (Choli) getragen.

**Shite:** im Englischen als Shit bezeichnet …

**Shukriya:** »danke« in Hinglish.

**Sikh:** Sikhs (Hindi für »Schüler«) sind die Anhänger des Sikhismus, »einer Ende des 15. Jh. in Nordindien (Pandschab) vom Wanderlehrer (Guru) Nanak begründete religiöse Reformbewegung mit dem Anliegen, Hindus und Muslime auf der Grundlage eines bilderfreien Monotheismus zu einigen.« (aus »Die Zeit, das Lexikon in 20 Bänden«, Bd. 13., S. 404)

**South Queensferry:** Namensgeberin für den Ort war Queen Margaret. Die Frau von König Malcolm III. ließ in Dunfermline, wo sie 1070 geheiratet hatte, eine Kirche errichten. Um diese zu erreichen, musste Margaret den Fluss Forth überqueren. So entstand The Queen's Ferry, finanziert durch Margaret und betrieben von Mönchen in Dunfermline. Auf Seiten South Queensferrys gab es keinen festen Anlegepunkt. Entsprechend Wetter und Gezeiten musste man flexibel sein.

**Stevenson, Robert (1772-1850):** Der Großvater des Schriftstellers wurde in Glasgow geboren. In seinen 47 Jahren als First Engineer of the Northern Lighthouse Board konstruierte er 23 schottische Leuchttürme. Der bekannteste ist der bei Arbroath. Als Ingenieur wurde er auch gerne und oft konsultiert, wenn es um Straßen, Brücken, Häfen, Kanäle und Eisenbahnen ging. Drei Söhne, zwei Enkel und ein Urenkel traten in seine Fußstapfen und wurden ebenfalls renommierte Leuchtturm-Ingenieure (s. auch »Chambers Scottish Biographical Dictionary«, Edinburgh, 1992, S. 411).

**Taggart:** schottische Krimiserie, die 1983 zum ersten Mal ausgestrahlt wurde und Schluss machte mit einem stereotypen Bild Schottlands als Ansammlung von Heidelandschaften, Whisky und schrecklich netten Gemeinden. »Taggart« wurde in über fünfzig Länder verkauft.

**Tak tent!:** »Pass auf« im Schottischen.

# »Popping out for a Curry!« – Indisches Essen in Großbritannien

Fragt man einen Deutschen, was er unter Curry versteht, wird man in den meisten Fällen auf Currypulver verwiesen. Die Briten verstehen darunter indisches Essen oder ein (sehr) würziges indisches Gericht mit Soße. »Popping out for a Curry« bedeutet »in ein indisches Restaurant gehen«. Und das machen die Bewohner der britischen Inseln außerordentlich gerne, vor allem am Wochenende.

Ein Inder wiederum spricht lediglich von Curry-Blättern. Woher kommt nun diese begriffliche Verwirrung? Alan Davidson erläutert in »The Oxford Companion to Food« (Oxford 1999, S. 235 f.), dass »Kari« das tamilische Wort für eine würzige Soße/Suppe ist, die in Südindien mit Reis verzehrt wird. Für jede Variante, ob mit Fleisch, Fisch, Geflügel oder Gemüse, kennt das Tamilische ein anderes Wort. Den europäischen Kolonialherren war das zu kompliziert. Sie benutzten eine einzige Vokabel für alle Gerichte: So sprachen die Portugiesen nur von »Karil«, die Holländer von »Karie« und die Briten von »Currey«, später dann Curry.

Während die Inder ihre Gewürzmischung (Masala genannt) immer frisch zubereiteten und das heute noch tun – jede Familie/jeder Koch hat ihre/seine eigene Mischung –, wollten die Briten auch hier Simplizität und kreierten das kommerzielle Currypulver, das sie auch in ihrer Heimat verwenden konnten. Undenkbar in Indien, wo die Gewürze vor dem Mahlen noch in der Pfanne geröstet werden.

Die Kolonialherren machten sich aber auch um die indische Küche verdient. So schifften die Portugiesen Anfang des sechzehnten Jahrhunderts beispielsweise die Chilischote aus Südamerika nach Indien. Kaum zu glauben, aber zuvor war Pfeffer das schärfste Gewürz in der indischen Küche. Auch Papayas, Guaven und Ananas brachten die Portugiesen ins Land. Tomaten und Kartoffeln wiederum »wurden erst dann in die kulinarische indische Welt integriert, als die Briten ihren Köchen zeigten, wie man sie verwendet« (»Curry« von Lizzie Collingham, London 2005, Chatto and Windus, S. 71). Aus den Vorlieben jener entstanden immer wieder »hybride« Gerichte. Im 20. Jahrhundert zählt dazu etwa Chicken Tikka Masala, Hühnerbrust, die mit Joghurt und reichlich Gewürzen (Ingwer, Nelken, Chili, Koriander) mariniert wird. Es wäre schwierig, Chicken Tikka in Großbritannien auf der Speisekarte eines (einfachen) indischen Restaurants nicht zu finden ...

Neben den traditionell sehr guten Curry Houses etablier(t)en sich auch prämierte Restaurants. Im Buch »Guide Great Britain & Ireland, 2016« der Michelin-Redaktion sind 70 Restaurants zu finden, die sich auf indische oder indische vegetarische Küche spezialisiert haben, davon sind sechs mit einem Stern ausgezeichnet und fünf mit einem Bib Gourmand (der Auszeichnung für gutes Essen zu fairen Preisen).

Der Heimkoch wiederum findet in jedem guten Supermarkt ein reichhaltiges Segment an indischen Waren mit Chutneys, Pickles und Pasten. Oder er kocht seine »Fertigsoße« selbst: siehe das Rezept für Pathia-Soße.

Die britische Kampagne vor einigen Jahren, das Wort »curryholic« ins Wörterbuch (Oxford Dictionary) aufnehmen zu lassen, war also nicht abwegig. In den Zeitungen sind immer wieder kuriose Geschichten über solche »Abhängige« zu lesen. »Bei einem Verkehrsunfall im Norden Englands bat ein Verletzter die amüsierten Passanten an erster Stelle um ein Curry und erst dann um einen Krankenwagen.« (»Curry. The Story of the Nation's Favourite Dish« von Sharabani Basu, Gloucestershire 2003, Sutton Publishing, S. XVII). Denkwürdig auch die Geschichte der zehn schottischen Fußballfans, die in Frankreich solches »Heimweh« bekamen, dass sie sich von einem indischen Restaurant in Bournemouth (im Südosten Englands) Currys nach Bordeaux fliegen ließen. Für den günstigen Betrag von 1.400 Pfund (Basu, S. XV f.)!

Frank Winter
**Das Auge des Feinschmeckers**
Schottland-Krimi mit Rezepten
*Mord und Nachschlag 12*

ISBN
978-3-946938-30-9
Broschur
286 Seiten
16,90 €

Unglaublich, was für ein abscheuliches Gericht man Angus MacDonald in einem mexikanischen Restaurant in Edinburgh serviert. Der bedeutendste Gastro-Journalist Großbritanniens, gleichermaßen gefürchtet wegen spitzer Feder und feiner Zunge, kann zum ersten Mal eine Fleischsorte nicht erkennen. Nachdem er eine gepfefferte Kritik verfasst hat, fordert ein anonymer Anrufer ihn auf, seine Weisheiten in Zukunft für sich zu behalten. MacDonald lässt sich nicht einschüchtern und wird kurzerhand niedergeschlagen. Er forscht nach, um den Kriminellen das Handwerk zu legen, denn nichts weniger als die kulinarische Kultur seiner Heimatstadt steht auf dem Spiel. Unterstützt wird er von seinem italienischen Freund Alberto Vitiello, einem quirligen Guest House-Betreiber. Die beiden Detektive folgen dem Restaurant-Besitzer Francis Drake bis auf die Äußeren Hebriden. Hinter der kulinarischen Bühne betreibt Drake höchst kuriose Geschäfte. Und wer sich ihm in den Weg stellt, hat um sein Leben zu fürchten ...

Frank Winter
**Dicke Luft in der Küche**
Schottland-Krimi mit Rezepten
*Mord und Nachschlag 15*

ISBN
978-3-946938-31-6
Broschur
317 Seiten
16,90 €

Angus Thinnson MacDonald soll endlich einige Pfunde purzeln lassen: Karen Miller, seine Ärztin und Dame des Herzens in Personalunion, lässt nicht locker! In dieser Angelegenheit ein wenig ratlos, konzentriert er sich gerne auf seinen neuesten Fall. Eine junge Frau und ihre kleine Tochter sind verschwunden. Die Spur führt zu einer Sekte, die ihren Mitgliedern unmenschliche Opfer abverlangt. Furchtlos ermittelt MacDonald und mimt sogar mehrfach den Duke of Edinburgh, besser bekannt als Prinz Philip. Doch was bitte hat der Fall mit der Kulinarik zu tun?, fragt er sich. Eine ganze Menge, stellt sich langsam, aber umso sicherer heraus.
Mit von der Partie ist wieder Alberto Vitiello, italienischer Guest House-Besitzer und im Duo der Dottore Watson. Ständig im Clinch mit seinen Gästen, verdächtigt er sogar einige von ihnen. Feinschmecker MacDonald bleibt allerdings skeptisch. Als die beiden nicht mehr weiterkommen, bucht er einen teuren Kurs bei den Aerophiten, so nennt sich die Sekte, und wagt sich in ihr Zentrum ...

Frank Winter
**Whisky für die Engel**
Schottland-Krimi mit Rezepten
*Mord und Nachschlag 18*

ISBN
978-3-946938-32-3
Broschur
303 Seiten
16,90 €

Alastair Carnegie, Master Blender bei McVicar and Whitelaw in Glasgow, kann sein Glück nicht fassen:
Er erhält eine Probe des legendären MacRitchie-Whiskys, der über hundert Jahre unter dem ewigen Eis der Antarktis ruhte, und kreiert diesen neu. Zwei Wochen vor der Premiere des Scotch wird er von einem Unbekannten erpresst. Carnegies Ruf steht auf dem Spiel, aber auch das Überleben der Firma, denn die edle Spirituose, der Whisky für die Engel, soll ihr aus der finanziellen Talsohle helfen. Ein Paradefall für Angus Thinnson MacDonald, der seinem alten Freund nur zu gerne unter die Arme greift. Mit seinem Detektivkollegen Alberto Vitiello fährt er nach Pitlochry, in die Highlands, wo Carnegie Urlaub macht. Doch wer ist der Täter? Ein Neider aus der Branche, der neurotische Hotelkoch, ein skurriler Arzt oder …? Den beiden Ermittlern rauchen ob der vielen Verdächtigen bald die Köpfe. Mit Hilfe einiger Scotch bewahren sie die Ruhe und ermitteln beständig weiter. Doch die Uhr tickt und der Präsentationstermin für den Jahrhundertwhisky rückt immer näher …